Springer-Lehrbuch

Hans Josef Wieling • Thomas Finkenauer

Bereicherungsrecht

6. Auflage

Hans Josef Wieling
(1935-2018)
Trier, Deutschland

Thomas Finkenauer
Juristische Fakultät – Lehrstuhl für
Bürgerliches Recht, Römisches Recht
und Europäisches Privatrecht
Universität Tübingen
Tübingen, Deutschland

ISSN 0937-7433   ISSN 2512-5214 (electronic)
Springer-Lehrbuch
ISBN 978-3-662-70899-6   ISBN 978-3-662-70900-9 (eBook)
https://doi.org/10.1007/978-3-662-70900-9

Die Deutsche Nationalbibliothek verzeichnet diese Publikation in der Deutschen Nationalbibliografie; detaillierte bibliografische Daten sind im Internet über https://portal.dnb.de abrufbar.

© Der/die Herausgeber bzw. der/die Autor(en), exklusiv lizenziert an Springer-Verlag GmbH, DE, ein Teil von Springer Nature 1993, 1999, 2004, 2007, 2020, 2025

Das Werk einschließlich aller seiner Teile ist urheberrechtlich geschützt. Jede Verwertung, die nicht ausdrücklich vom Urheberrechtsgesetz zugelassen ist, bedarf der vorherigen Zustimmung des Verlags. Das gilt insbesondere für Vervielfältigungen, Bearbeitungen, Übersetzungen, Mikroverfilmungen und die Einspeicherung und Verarbeitung in elektronischen Systemen.
Die Wiedergabe von allgemein beschreibenden Bezeichnungen, Marken, Unternehmensnamen etc. in diesem Werk bedeutet nicht, dass diese frei durch jede Person benutzt werden dürfen. Die Berechtigung zur Benutzung unterliegt, auch ohne gesonderten Hinweis hierzu, den Regeln des Markenrechts. Die Rechte des/der jeweiligen Zeicheninhaber*in sind zu beachten.
Der Verlag, die Autor*innen und die Herausgeber*innen gehen davon aus, dass die Angaben und Informationen in diesem Werk zum Zeitpunkt der Veröffentlichung vollständig und korrekt sind. Weder der Verlag noch die Autor*innen oder die Herausgeber*innen übernehmen, ausdrücklich oder implizit, Gewähr für den Inhalt des Werkes, etwaige Fehler oder Äußerungen. Der Verlag bleibt im Hinblick auf geografische Zuordnungen und Gebietsbezeichnungen in veröffentlichten Karten und Institutionsadressen neutral.

Springer ist ein Imprint der eingetragenen Gesellschaft Springer-Verlag GmbH, DE und ist ein Teil von Springer Nature.
Die Anschrift der Gesellschaft ist: Heidelberger Platz 3, 14197 Berlin, Germany

Wenn Sie dieses Produkt entsorgen, geben Sie das Papier bitte zum Recycling.

Zum Geleit: Nichts Neues unter der Sonne

Unsere Gnade hat oft überlegt, welches der Grund ist, dass trotz so hohen ausgesetzten Belohnungen, mit denen die Wissenschaften und ihr Studium gefördert werden, es so wenige, ja seltene Personen gibt, die sich in vollem Umfang die aller betrüblichen Blässe durchgearbeiteter Nächte kaum der eine oder andere zu einer soliden, abgeschlossenen Gelehrsamkeit gelangt ist. Damit aber niemand weiterhin mit nutzlosem Eifer vorgehen muss, bei solch einer gewaltigen Menge von Büchern, bei einer solchen Vielfalt von Klagen und solcher Schwierigkeit der Fälle, die unseren Geist behindern; bei solch einer drückenden Kenntnis des Zivilrechts aneignen, und warum bei Masse von Gesetzen, die gewissermaßen in einem dichten Nebel der Finsternis verborgen sind und sich wie durch einen Wall gegen die menschliche Erkenntnis sperren; deshalb haben wir die für unsere Zeit passende Aufgabe übernommen, die Finsternis vertrieben und durch eine kurze Zusammenfassung Licht in die Gesetze gebracht.

Kaiser Theodosius II. im Einführungsgesetz zum Codex Theodosianus, Konstantinopel, den 15. Februar 438.

Vorwort zur 6. Auflage

Das Bereicherungsrecht gilt gemeinhin als schwieriges, undurchdringbares, ja geradezu unprüfbares Rechtsgebiet. Niemand kann die schier unübersehbare Vielfalt der in Rechtsprechung und Schrifttum vertretenen Rechtsauffassungen kennen. Dieses Lehrbuch soll dem Leser dagegen auf möglichst knappem Raum Orientierung geben, indem es sich auf die wenigen allgemeinen und wissenschaftlich begründeten Prinzipien konzentriert, deren Beherrschung notwendig, aber auch hinreichend für die Lösung bereicherungsrechtlicher Fälle ist. Auf das nachstehende lesenswerte Vorwort von Hans Wieling zur ersten Auflage sei ausdrücklich hingewiesen.

An der bewährten Grundkonzeption des Buchs habe ich nichts geändert: Richtungsweisende Entscheidungen werden zitiert und die wichtigsten Auffassungen im Schrifttum inhaltlich berücksichtigt, allerdings wie auch in den Vorauflagen ohne Literaturangabe. Denn solche Angaben hätten den Umfang des Buchs erheblich anschwellen lassen, ohne dass damit seinen Zielen gedient gewesen wäre.

Meinem Lehrstuhlteam bin ich ebenso wie allen Lesern, die mit ihren Hinweisen dieses Lehrbuch zu verbessern geholfen haben, zu großem Dank verpflichtet.

Tübingen, Deutschland Thomas Finkenauer
Dezember 2024

Vorwort zur 1. Auflage

Dieses kleine Büchlein wendet sich an Leser, welche sich in kurzer Zeit und mit angemessenem, aber nicht übermäßigem Aufwand über die Grundprinzipien des Bereicherungsrechts informieren wollen. Es wendet sich etwa an Studenten, die sich auf das Bereicherungsrecht für Klausuren und mündliche Prüfungen vorbereiten wollen, Situationen, in welchen es unmöglich ist, über all die komplizierten, widersprüchlichen und verwirrenden Gedankengänge der zahlreichen Autoren und Gerichtsentscheidungen zu diesem Thema Auskunft zu geben. Es sollen ihnen in kurzer, aber jedenfalls hinreichender Form die Kenntnisse vermittelt werden, welche in den genannten Situationen von ihnen verlangt werden können. Wollte man den Prüfungsstoff nicht in dieser Weise begrenzen, so würde man das Bereicherungsrecht zu einer unprüfbaren Materie machen.

a) Im Folgenden sollen also die Grundprinzipien des Bereicherungsrechts dargestellt werden, d. h. das Bereicherungsrecht soll kurz und doch wissenschaftlich abgehandelt werden. Aber ist das überhaupt noch möglich? Zunächst einmal kurz: Die Literatur zum Bereicherungsrecht ist kaum noch überschaubar, wovon man sich durch einen Blick auf die Lehrbücher, Kommentare, Monographien und Gerichtsurteile schnell überzeugen kann; auch als Dissertationsthema ist das Bereicherungsrecht recht beliebt. Und überall finden sich neue Ideen und Lehren, faszinierend vielleicht für den, der sich mit diesem Thema näher beschäftigen will und kann. Wie aber ist die Situation für den, der sich nicht näher damit beschäftigen will oder kann, etwa für Studenten oder Praktiker? Schließlich ist das Bereicherungsrecht nicht das einzige Gebiet des Zivilrechts! Wer viel Zeit hat zum Ergründen all der Lehrmeinungen, etwa als Student bei Haus- und Seminararbeiten, der kann sich darüber im Schweiße seines Angesichts informieren. Meist aber wird er weder Zeit noch Lust dazu haben, und auch das ist verständlich, denn Überfluß erzeugt bekanntlich Überdruß, und der Erfolg solcher Bemühungen steht regelmäßig in keinem Verhältnis zur aufgewandten Mühe. Was also kann man tun, um sich hinreichend über das Bereicherungsrecht zu informieren? Ganz einfach, man muss nicht versuchen, eine Unzahl einzelner Ansichten zu den verschiedensten Themen auswendig zu lernen, vielmehr muß man wissenschaftlich vorgehen, was ja im Grunde immer zu verlangen ist.

b) Kann man Bereicherungsrecht bei der Fülle der vorhandenen Literatur noch in kurzer Form *wissenschaftlich* darstellen? Die Antwort kann nur dahin gehen, daß eine kurze Darstellung überhaupt nur noch in wissenschaftlicher Form möglich ist. Es gehört zwar auch zur wissenschaftlichen Bearbeitung eines Themas, die verschiedensten Lehren zu allen möglichen Problemen ausführlich darzustellen, doch gilt das nur für wissenschaftliche Handbücher, die man zum Nachschlagen benutzt, nicht aber zum Erlernen eines Rechtsgebietes. Kurze Darstellungen des Bereicherungsrechts müssen in dem Sinne streng wissenschaftlich sein, als sie streng vom Gesetz und von den anerkannten dogmatischen Grundsätzen ausgehen und diese bei allen Entscheidungen zugrunde legen; geht man so vor, so kann man darauf verzichten, den Lehren bis in die äußersten Verästelungen zu folgen und viele Einzelheiten darzustellen. Denn sollten Detailfragen auftauchen, so lassen sie sich anhand der allgemeinen Grundsätze immer vertretbar entscheiden, auch wenn man die Lehren zu gerade diesem Gebiet nicht kennt. Diese Anwendung von Dogmen – das sei nebenbei bemerkt – hat nichts mit Begriffsjurisprudenz zu tun; die Dogmen sind das Ergebnis von Interessenbewertungen, und diese Interessenbewertungen, die hinter den Dogmen stehen, hat ein wissenschaftlich vorgehender Bearbeiter zu kennen, so daß er auch feststellen kann, ob im gegebenen Fall die Interessensituation vom Normalfall abweicht und ob deshalb in concreto eine abweichende Entscheidung am Platze ist. Auf diese Weise kann sich eine Darstellung auf die wichtigsten Grundprobleme beschränken und doch einen umfassenden Überblick über die Materie geben. Wer diese Grundsätze beherrscht, ist hinreichend für Aufgaben, in welchen keine Literatur benutzt werden kann, gerüstet. Denn kein vernünftiger Prüfer wird speziellere Antworten auf seine Fragen erwarten, Antworten, die er selbst noch nicht kannte, bevor er sich auf die Prüfung vorbereitet hatte. Wenn ich auch nicht wie der Kaiser Theodosius hoffen kann, mit meinem Büchlein in alle Unklarheiten Licht zu bringen, so glaube ich doch, daß es geeignet ist, das Erlernen und Verstehen des Bereicherungsrechts zu vereinfachen.

Ziel dieses Buches ist es somit, das Bereicherungsrecht für den, der es systematisch erlernen oder seine Kenntnis darüber auffrischen will, zu vereinfachen und von unnötigen Komplikationen zu befreien. Es wird daher darauf verzichtet, von den allgemeinen Dogmen überflüssige Ausnahmen zu machen und so unnötige Schwierigkeiten einzuführen. Wo solche Ausnahmen diskutiert werden, ist daher regelmäßig zugunsten des allgemeinen Rechtssatzes entschieden. Die vorgetragenen Ansichten entsprechen meist der h. M., welche freilich oft nicht leicht zu ermitteln ist;[1] gegen die h. M. ist nur dann entschieden, wenn sie grundlos gegen anerkannte allgemeine Dogmen verstößt; diese Fälle sind gekennzeichnet.

---

[1] Soll man einfach die Stimmen zählen und etwa eine wohlbegründete Gegenmeinung in gleicher Weise werten wie eine autoritätsgläubige Zustimmung ohne jede eigene Stellungnahme? Nach Schiller, Demetrius 475, soll man die Stimmen wägen und nicht zählen, und skeptisch wird hinzugefügt: „Was ist Mehrheit? Mehrheit ist der Unsinn, Verstand ist stets bei wen'gen nur gewesen".

c) In der Literatur, insbesondere in den Entscheidungen des BGH, findet sich häufig die Behauptung, man könne einen Fall nicht nach allgemeinen Regeln lösen, es komme immer auf die Besonderheiten des Einzelfalles an. Vor solchen Aussagen sollte man sich hüten, sie bedeuten eine Bankrotterklärung der Rechtswissenschaft. Daß man einen Fall als Richter oder Student immer nach den gegebenen Einzelheiten entscheiden muß, ist ohnehin selbstverständlich. Daß man aber bei der Entscheidung nicht die tragenden allgemeinen Grundsätze angeben will oder kann, ist im höchsten Maße bedenklich. Dadurch wird eine Entscheidung zur Willkür, die auch für die Zukunft jede Hilfe für die Entscheidung ähnlich gelagerter Fälle verweigert. Wer ein Problem nicht in den Komplex der vorhandenen Normen und Dogmen eingliedern kann, kann nicht wissenschaftlich arbeiten. Dieses Subsumieren unter die anerkannten Dogmen bedeutet freilich nicht, daß man auch immer nach diesen Dogmen entscheiden müsse; liegt im gegebenen Fall die Interessensituation ganz anders als die, welche dem Dogma zugrunde lag, muß man davon abweichen; aber auch in diesem Fall muß man sagen können, warum man von dem sonst geltenden Prinzip abgewichen ist, man muß einen Grund angeben können, der auch künftig in ähnlichen Fällen ein Maßstab für Entscheidungen sein kann.

Dagegen besteht kein Grund, für alle möglichen Fallvarianten gänzlich neue Argumentationsgebäude zu errichten, ein solches Vorgehen macht die Behandlung des Bereicherungsrechts unübersichtlich und unwissenschaftlich. In allen Fällen ist zunächst auf die allgemeinen Dogmen zurückzugreifen; will man sie nicht anwenden, so hat man anzugeben, inwieweit die Interessenlage von derjenigen der allgemeinen Situation abweicht und weshalb dadurch eine abweichende Regelung unbedingt erforderlich wird. Nur so kann die Übersichtlichkeit des Bereicherungsrechts wiederhergestellt werden.

d) Im vorliegenden Buch ist keine Literatur angegeben, aus leicht erkennbaren Gründen. Die Erörterung des Bereicherungsrechts beschränkt sich auf die Grundprinzipien, Literaturangaben hätten bei Anspruch auf Vollständigkeit den Umfang des Buches zu sehr anschwellen lassen.[2] Im übrigen läßt sich die Literatur durch Nachschlagen in den Lehrbüchern, Kommentaren und Fallsammlungen sowie in den speziellen Werken zum Bereicherungsrecht[3] leicht ermitteln. Für die Vorbereitung auf Klausuren und mündliche Prüfungen ist die Angabe von weiterführender Literatur nicht erforderlich. Alles, was man hierfür wissen muß, ist im Folgenden dargestellt.

Trier, Deutschland   Hans Josef Wieling

---

[2] Denn die Anführung von Literatur hätte nur Sinn, wenn auch der Inhalt zumindest kurz dargestellt und dazu Stellung genommen würde.
[3] Vgl. das nachstehende Verzeichnis der Literatur zum Bereicherungsrecht.

Literaturauswahl

I. Zur Gesetzgebung

Jakobs/Schubert (Hrsg.), Die Beratung des Bürgerlichen Gesetzbuches, 1978 ff.
Motive zu dem Entwurfe eines Bürgerlichen Gesetzbuches für das Deutsche Reich, II: Recht der Schuldverhältnisse, III: Sachenrecht, 1888, auch abgedruckt bei Mugdan
Mugdan, Die gesamten Materialien zum Bürgerlichen Gesetzbuch für das Deutsche Reich, II: Recht der Schuldverhältnisse, III: Sachenrecht, 1899
Schubert (Hrsg.), Die Vorentwürfe der Redaktoren zum BGB, Recht der Schuldverhältnisse III (v. Kübel), 1980; Sachenrecht I (Johow), 1982

II. Zum Besonderen Schuldrecht

Althammer, Schuldrecht III – Besonderer Teil 2: Gesetzliche Schuldverhältnisse, 2015
Brox/Walker, Besonderes Schuldrecht, 48. Aufl. 2024
Emmerich, BGB – Schuldrecht Besonderer Teil, 16. Aufl. 2022
Esser/Weyers, Schuldrecht II, Besonderer Teil, 8. Aufl. 2000
Fritzsche, Fälle zum Schuldrecht II. Gesetzliche Schuldverhältnisse, 7. Aufl. 2024
Larenz/Canaris, Schuldrecht II/2, 13. Aufl. 1994
Looschelders, Schuldrecht, Besonderer Teil, 20. Aufl. 2025
Medicus, Gesetzliche Schuldverhältnisse, 5. Aufl. 2007
Medicus/Lorenz, Schuldrecht II, Besonderer Teil, 18. Aufl. 2018
Medicus/Petersen, Bürgerliches Recht, 29. Aufl. 2023
Peifer, Schuldrecht, Gesetzliche Schuldverhältnisse, 7. Aufl. 2023
Röthel, Schuldrecht BT/2, Gesetzliche Schuldverhältnisse, 3. Aufl. 2018
Staake, Gesetzliche Schuldverhältnisse, 2. Aufl. 2022
Wandt, Gesetzliche Schuldverhältnisse, 11. Aufl. 2022

III. Zum Bereicherungsrecht

Beuthien/Weber, Schuldrecht II, Ungerechtfertigte Bereicherung und Geschäftsführung ohne Auftrag, 2. Aufl. 1987
Grigoleit/Auer/Kochendörfer, Schuldrecht III, Bereicherungsrecht, 3. Aufl. 2022
Gursky/Linardatos, 20 Probleme aus dem Bereicherungsrecht, 7. Aufl. 2023
Koppensteiner/Kramer, Ungerechtfertigte Bereicherung, 2. Aufl. 1988
Larenz/Canaris, Schuldrecht, Besonderer Teil, 2. Halbband, 13. Aufl. 1994
Loewenheim, Bereicherungsrecht, 3. Aufl. 2007
Mehrtens, Bereicherungsrecht, 20 Klausurprobleme aus dem BGB, 2. Aufl. 1982
Reeb, Grundprobleme des Bereicherungsrechts, 1975
Reuter/Martinek, Ungerechtfertigte Bereicherung, 1983; dies., Ungerechtfertigte Bereicherung, 2. Teilband, 2. Aufl. 2016

IV. Monographien und Aufsätze

v. Caemmerer, Gesammelte Schriften I, 1969
Finkenauer, Das faktische Synallagma und die Lehre von der Gesamtabrechnung, JuS 1998, 986; ders., Der Kondiktionsausschluss des § 817 S. 2 BGB am Beispiel des verbotenen Online-Glücksspiels, ZfPW 2023, 133
Flume, Studien zur Lehre von der ungerechtfertigten Bereicherung, 2003
Kiehnle, Fehlüberweisungen und Bereicherungsausgleich nach der Zahlungsdiensterichtlinie, Jura 2012, 895
Loyal, Der fremdnützige Leistungszweck, JZ 2012, 1102
Solomon, Der Bereicherungsausgleich in Anweisungsfällen, 2004
Wieling, Drittzahlung, Leistungsbegriff und fehlende Anweisung, JuS 1978, 801
Wieling, Empfängerhorizont – Auslegung der Zweckbestimmung und Eigentumserwerb, JZ 1977, 291
Wilburg, Die Lehre von der ungerechtfertigten Bereicherung nach österreichischem und deutschem Recht, 1934

Inhaltsverzeichnis

§ 1. Einleitung und Einteilung 1
   I. Einleitung 1
      1. Zum Begriff der „Kondiktion". 1
      2. Bereicherungsrecht als allgemeines Billigkeitsrecht? 1
      3. Abgrenzung zum Schadensersatz 2
   II. Einteilung 2
      1. Der BGB-Vorentwurf v. Kübels. 3
      2. Der erste BGB-Entwurf 3
      3. Der zweite BGB-Entwurf 4
      4. Gang der Darstellung. 6
§ 2. Das erlangte „Etwas" als Objekt der Bereicherung 9
      1. Beliebiger Vorteil. 9
      2. Abgrenzung zur Bereicherung. 9
      3. Bestimmung des Erlangten 10
   I. Positive Vermögensmehrung 10
      1. Erwerb absoluter Rechte 10
      2. Erwerb obligatorischer Rechte 11
      3. Erwerb des Besitzes. 11
      4. Erwerb einer Verfügungsmöglichkeit 12
      5. Erwerb einer geschützten Rechtsposition 12
   II. Befreiung von einer Verbindlichkeit 13
   III. Verwertung fremder Rechte und Dienstleistungen 14
      1. Verwertung fremder Dienste oder Rechte und Ersparnis
         von Aufwendungen 14
      2. Nutzungsmöglichkeit. 15
      3. Minderjährige 16

§ 3. Die Leistungskondiktion ... 17
I. Die Leistung ... 17
1. Der Leistungsbegriff ... 17
2. Die Leistungszwecke ... 20
3. Die Zweckbestimmung und der Empfängerhorizont ... 23
II. Das Fehlen des Rechtsgrunds ... 28
1. Zweckverfehlung ... 28
2. Unwirksamkeit des Grundgeschäfts ... 29
III. Die einzelnen Leistungskondiktionen ... 29
1. Die condictio indebiti, § 812 I 1 (1) ... 29
2. Die condictio ob causam finitam, § 812 I 2 (1) ... 33
3. Die condictio ob rem, § 812 I 2 (2) ... 34
4. Die Kondiktion wegen einer datio obligandi causa, §§ 684, 812 I 2 (2) ... 42
5. Die condictio ob turpem vel iniustam causam, § 817, 1 ... 42
6. Ausschluss der Leistungskondiktionen wegen Sitten- oder Gesetzesverstoßes des Leistenden, § 817, 2 ... 44
IV. Übersicht über die Leistungskondiktionen ... 51

§ 4. Die Nichtleistungskondiktion ... 55
I. Einleitung ... 55
1. Das Merkmal „auf Kosten" ... 55
2. Unmittelbarkeit der Bereicherung ... 56
3. Exkurs: Die Versionsklage ... 56
4. Eingriffs- und Verwendungskondiktion ... 58
5. Rückgriffskondiktion? ... 58
II. Die Eingriffskondiktion ... 58
1. Der Vorgang der Bereicherung ... 58
2. Das Tatbestandsmerkmal „auf Kosten" ... 60
3. Ohne Rechtsgrund ... 61
4. Bereicherung durch Verbindung, Vermischung, Vermengung und Verarbeitung ... 63
III. Die Verwendungskondiktion ... 65
1. Einleitung ... 65
2. Der Verwendende hat die Hauptsache in Eigenbesitz ... 66
3. Der Verwendende ist Fremdbesitzer der Hauptsache ... 66
4. Der Verwendende ist nicht im Besitz der Hauptsache ... 67
IV. Die Eingriffskondiktion nach § 816 ... 68
1. Die Kondiktion nach § 816 I 1 ... 68
2. Die Kondiktion nach § 816 II ... 77
3. Die Kondiktion nach § 816 I 2 ... 78
V. Übersicht über die Nichtleistungskondiktionen ... 79

§ 5. Der Inhalt des Bereicherungsanspruchs 83
   I. Die Haftung des unverklagten, gutgläubigen Bereicherten 83
      1. Nutzungsherausgabe, § 818 I (1) 83
      2. Herausgabe der Surrogate, § 818 I (2) und (3) 84
      3. Wertersatz, § 818 II 85
      4. Entreicherung nach § 818 III, aufgedrängte Bereicherung und Saldotheorie 87
      5. Die Haftung aus § 822 99
   II. Die verschärfte Bereicherungshaftung wegen Rechtshängigkeit oder Bösgläubigkeit 101
      1. Voraussetzungen der verschärften Haftung 101
      2. Folgen der verschärften Haftung 103
      3. Fortbestehen des Wertersatzanspruchs 104
   III. Die Bereicherungseinrede, § 821 104
      1. Anwendungsbereich 104
      2. Konkurrenz zur dolo-agit-Einrede 105

§ 6. Leistungsketten und Dreiecksverhältnisse 107
   I. Einleitung 107
      1. Leistungsketten 107
      2. Dreiecksverhältnisse 108
      3. Mindestvoraussetzung eines Valuta- als Leistungsverhältnisses ... 109
      4. Gleichbehandlung von Kette und Dreieck 110
   II. Das Ziel 110
   III. Die Gründe 110
      1. Störung des Valuta- und Deckungsverhältnisses 112
      2. Störung des Valutaverhältnisses 114
      3. Störung des Deckungsverhältnisses 115
      4. Unzulässigkeit eines Durchgriffs in allen Konstellationen 115
   IV. Die dogmatischen Hilfsmittel 115
      1. Der Leistungsbegriff 115
      2. Die Subsidiaritätsregel 116
   V. Ausnahmen von der Subsidiaritätsregel 118
      1. Analoge Anwendung des § 822 118
      2. Der Rechtsfortwirkungsanspruch 120
   VI. Besondere Arten der Dreiecksverhältnisse 123
   VII. Die rechtsgrundlose Verfügung eines Nichtberechtigten 123
      1. Einheits- oder Doppelkondiktion? 123
      2. Die Vorteile der Doppelkondiktion 124
      3. Ausnahmsweise Zulässigkeit eines Durchgriffs 125
      4. Ausschluss der Leistungskondiktion 125

§ 7. Einige besondere Dreiecksverhältnisse		129
I. Leistung auf fremde Schuld nach § 267 I		129
1. Unzulässigkeit eines Durchgriffs		129
2. Ausnahmsweise Zulässigkeit eines Durchgriffs		132
II. Fehlende und fehlerhafte Anweisung		133
1. Terminologie		133
2. Störung des Deckungsverhältnisses		134
3. Störung des Deckungs- und Valutaverhältnisses		135
4. Ausnahmsweise Zulässigkeit des Durchgriffs		138
5. Sperrwirkung des Zahlungsdiensterechts?		139
III. Vertrag zugunsten Dritter		140
1. Störung des Deckungsverhältnisses		140
2. Störung des Deckungs- und Valutaverhältnisses		141
3. Ausnahmsweise Zulässigkeit eines Durchgriffs		141
§ 8. Die Verjährung des Bereicherungsanspruchs		143
Gesetzesverzeichnis		147
Sachregister		151

Abkürzungsverzeichnis

ALR   Allgemeines Landrecht für die Preußischen Staaten von 1794
D.   Digesta Iustiniani von 533 n. Chr.
E I   Entwurf eines Bürgerlichen Gesetzbuches für das Deutsche Reich. Erste Lesung. Ausgearbeitet durch die von dem Bundesrathe berufene Kommission, Berlin/Leipzig 1888
TE   Teilentwurf zum BGB, vom Redaktor der 1. Kommission für das Recht der Schuldverhältnisse (v. Kübel) und für das Sachenrecht von 1880 (Johow), abgedruckt in: Schubert (Hrsg.), Die Vorentwürfe der Redaktoren zum BGB, Recht der Schuldverhältnisse III (v. Kübel), 1980; Sachenrecht I (Johow), 1982

§ 1. Einleitung und Einteilung

I. Einleitung

1. Zum Begriff der „Kondiktion"

Bereicherungsklagen werden auch Kondiktionen genannt, nach dem Namen einer altrömischen Klage, *condictio*, mit welcher u. a. Bereicherungsansprüche geltend gemacht wurden, aber auch z. B. Ansprüche auf Darlehensrückzahlung. Das bereits zeigt das Hauptanwendungsgebiet auch des heutigen Bereicherungsanspruchs: Darlehensrückzahlungs- und Bereicherungsanspruch setzten nämlich ursprünglich eine erbrachte Leistung voraus, also eine *datio*, wie die Römer sagten. Damals wie heute steht im Bereicherungsrecht die Leistungskondiktion im Vordergrund.

Ihren Namen hat die Kondiktion von der alten *legis actio per condictionem*, mit der die Parteien sich einander ein Treffen in 30 Tagen vor dem Richter ansagten.[1] Der Beklagte erhielt so Zeit, die eingeklagte Schuld zu tilgen. Der Name *condictio* bringt also keine näheren Aufschlüsse über das Wesen der Bereicherungsklagen.

2. Bereicherungsrecht als allgemeines Billigkeitsrecht?

Der Bereicherungsanspruch ist keineswegs ein allgemeiner Billigkeitsanspruch, den man ohne Prüfung der Voraussetzungen zubilligen könnte, wenn dies angemessen erscheint. Er soll zwar – wie die gesamte Rechtsordnung – der Billigkeit dienen, er darf jedoch nur dann bejaht werden, wenn alle seine Tatbestandsvoraussetzungen nach strenger Prüfung bejaht werden konnten.[2]

---

[1] *Condicere in trigensimum diem*.

[2] Das wird insbesondere bei der Nichtleistungskondiktion oft vernachlässigt, insbesondere in Dreiecksverhältnissen, vgl. unten § 7.

3. Abgrenzung zum Schadensersatz

3   Das Bereicherungsrecht soll – wie der Name deutlich sagt – eine *Bereicherung* des bereicherten Schuldners abschöpfen. Dagegen spielt eine *Entreicherung* des Gläubigers keine Rolle, es handelt sich nicht um Entreicherungsrecht. Bezugsperson für die Feststellung der Bereicherung ist also der bereicherte Schuldner. Damit steht das Bereicherungsrecht in einem offensichtlichen Gegensatz zum Schadensersatzrecht:

4   a) Der *Schaden* wird festgestellt im Hinblick auf den Gläubiger des Schadensersatzanspruchs, Bezugsperson ist also allein der Geschädigte. Es wird festgestellt, um wieviel sein Vermögen durch die Schädigung gemindert ist. Dagegen hat es im Schadensersatzrecht keinerlei Bedeutung, ob das Vermögen des Schuldners, des Schädigers, vermehrt ist: Hat der Schädiger eine Sache gestohlen, so ist er bereichert und haftet auch auf Schadensersatz. Hat er dagegen eine Fensterscheibe eingeworfen, so ist er nicht bereichert und haftet trotzdem auf Schadensersatz.

5   b) Genau umgekehrt ist es im *Bereicherungsrecht*; hier kommt es nur auf die Bereicherung des Schuldners an; ob der Gläubiger entreichert ist, ist von keinerlei Bedeutung. Das ist lange Zeit verkannt worden, weil man meinte, die Worte „auf dessen Kosten" in § 812 I 1 bedeuteten, der Gläubiger müsse einen Verlust erlitten haben. Das trifft jedoch nicht zu. Die Worte „auf dessen Kosten" verweisen lediglich darauf, dass bei einer Nichtleistungskondiktion das Recht, aus welchem die Bereicherung stammt, dem Gläubiger zugewiesen sein muss (§ 4 Rn. 11). Es wäre also ein schwerer Fehler, einen Bereicherungsanspruch mit der Begründung zu verneinen, der Gläubiger habe keinen Nachteil erlitten. Bezugsperson im Bereicherungsrecht ist allein der Schuldner, nur auf dessen Bereicherung kommt es an. Hat etwa jemand eine Leistung ohne Rechtsgrund erbracht, so ist der Empfänger bereichert, der Leistende entsprechend entreichert; er kann die Leistung kondizieren. Hat jemand ein fremdes Feld bestellt und abgeerntet, so hat er in fremdes Eigentum eingegriffen; er haftet auf Herausgabe der Bereicherung (Nichtleistungskondiktion).[3] Ob der Eigentümer dadurch entreichert ist, spielt keine Rolle; denn er hat den Bereicherungsanspruch auch dann, wenn er das Feld nicht bestellt hätte, etwa weil er demnächst darauf bauen will.

II. Einteilung

6   Der Grundgedanke des Bereicherungsrechts liegt darin, dass ein rechtsgrundloser Erwerb keinen Bestand haben soll. Das ist jedoch eher ein Programmsatz, mit welchem dogmatisch noch nicht viel gewonnen ist. Traditionsgemäß unterscheidet die Rechtsordnung deshalb verschiedene Arten von Kondiktionen, die jedoch aufgrund

---

[3] Wobei seine eigenen Aufwendungen wie Arbeit, Saatgut, Dünger natürlich abzuziehen sind.

II. Einteilung

einer Ungeschicklichkeit des Gesetzgebers, genauer der zweiten BGB-Kommission, in § 812 I so miteinander vermengt wurden, dass sie vom Text des Gesetzes her nicht mehr zu unterscheiden sind; sie sind nur aus der Geschichte des Bereicherungsrechts verständlich:

1. Der BGB-Vorentwurf v. Kübels

Das gemeine Recht des vorigen Jahrhunderts unterschied zunächst in römischrechtlicher Tradition die Gruppe der Leistungskondiktionen von der Nichtleistungskondiktion. Eine Einteilung der Bereicherungsansprüche in „Rückforderung wegen Leistung auf eine Nichtschuld, Rückforderung wegen Nichteintritts des vorausgesetzten künftigen Ereignisses, Rückforderung wegen verwerflichen Empfanges" und „Rückforderung wegen Grundlosen Habens" findet sich im Vorentwurf v. Kübels zum Schuldrecht.[4]

7

2. Der erste BGB-Entwurf

Der gemeinrechtlichen Einteilung folgte auch der erste Entwurf des BGB (E I): Er regelte in den §§ 735–747 E I die Leistungskondiktion und in § 748 E I die Nichtleistungskondiktion, die sogenannte *condictio sine causa*. Im Einzelnen enthielten die Vorschriften des E I die folgende Regelung:

8

a) Condictio indebiti – § 812 I 1 (1)

Es handelt sich um einen Bereicherungsanspruch wegen Leistung auf eine Schuld, deren Bestehen der Leistende irrig annimmt, die aber nicht besteht; es geht hier also um ein *indebitum solutum*.[5] § 737 I E I hatte die Fassung: „Wer zum Zweck der Erfüllung einer Verbindlichkeit eine Leistung bewirkt hat, kann, wenn die Verbindlichkeit nicht bestanden hat, von dem Empfänger das Geleistete zurückverlangen". Das Fehlen des Rechtsgrunds liegt darin, dass die Schuld durch die Leistung nicht getilgt wurde, sei es, weil sie nicht bestand, sei es, dass ein *aliud* mit nicht tilgender Wirkung geleistet wurde.[6]

9

---

[4] Vgl. v. Kübel bei Schubert, 655–659.

[5] D. h. eine Leistung auf etwas Nichtgeschuldetes. Diese lateinischen Ausdrücke werden auch im Folgenden beibehalten, einmal weil sie eingebürgert sind, sodann weil man leichter *condictio indebiti* sagt oder schreibt als „Bereicherungsanspruch wegen Leistung auf eine nicht bestehende Schuld".

[6] Auch § 434 V ist nicht so zu verstehen, als tilge jedes auf die Schuld geleistete *aliud* diese Schuld und lasse dem Käufer nur noch die Ansprüche wegen Sachmangels. Die Lieferung eines Spielzeugautos tilgt deshalb nicht den Anspruch auf den gekauften Pkw, weil das Spielzeugauto von vornherein nicht erfüllungstauglich ist.

b) Condictio ob rem – § 812 I 2 (2)

10 Hier geht es um einen Bereicherungsanspruch wegen einer nicht geschuldeten Leistung, die man unter der Voraussetzung erbracht hat, dass künftig ein bestimmtes Ereignis eintritt, etwa dass man eine Gegenleistung erhalte, auf welche man keinen Anspruch hat.[7] § 742 E I formulierte recht präzis: „Wer unter der ausdrücklich oder stillschweigend erklärten Voraussetzung des Eintritts oder Nichteintritts eines künftigen Ereignisses oder eines rechtlichen Erfolgs eine Leistung bewirkt hat, kann, wenn die Voraussetzung sich nicht erfüllt, von dem Empfänger das Geleistete zurückfordern". Das Fehlen des Rechtsgrunds liegt darin, dass das vorausgesetzte künftige Ereignis nicht eintritt.

c) Condictio ob causam finitam – § 812 I 2 (1)

11 Bei dieser Kondiktion ist nachträglich der Rechtsgrund entfallen. Der erste BGB-Entwurf formulierte in § 745: „Wer eine Leistung aus einem Rechtsgrunde bewirkt hat, welcher später weggefallen ist, kann von dem Empfänger das Geleistete zurückfordern."

d) Condictio ob turpem vel iniustam causam – § 817, 1

12 Es geht um die Kondiktion wegen gesetz- oder sittenwidrigen Empfangs einer Leistung. § 747 I E I formulierte: „Ist von dem Empfänger einer Leistung durch deren Annahme nach dem Inhalte des Rechtsgeschäftes gegen die guten Sitten oder die öff. Ordnung verstoßen worden, so kann der Geber das Geleistete zurückfordern."

e) Condictio sine causa – § 812 I 1 (2)

13 Unter diesem nichtssagenden Titel war im ersten BGB-Entwurf die Nichtleistungskondiktion geregelt, d. h. die Bereicherung ohne Leistung aus Rechtsgütern, die einer anderen Person zugeordnet sind. Sie greift etwa ein, wenn jemand durch die Nutzung fremden Eigentums oder fremder Arbeitskraft bereichert ist und dafür kein besonderer Rechtsgrund gegeben ist. § 748 I E I formulierte: „Derjenige, aus dessen Vermögen nicht kraft seines Willens oder nicht kraft seines rechtsgültigen Willens ein Anderer bereichert worden ist, kann, wenn hierzu ein rechtlicher Grund gefehlt hat, von dem Anderen die Herausgabe der Bereicherung fordern". Das Fehlen des Rechtsgrunds besteht im Mangel eines Rechtfertigungsgrunds dafür, dass man Vorteile erlangt hat, welche die Rechtsordnung einem anderen zuweist.

3. Der zweite BGB-Entwurf

14 An dieser Regelung wollte auch die zweite Kommission inhaltlich nichts ändern, sie hat jedoch die Regeln in höchst verwirrender Weise miteinander vermengt, weil sie wie beim Deliktsrecht in § 823 I auch für das Bereicherungsrecht eine Generalklau-

---

[7] Vgl. das Onkel-Nichte-Beispiel unten § 3 Rn. 11.

sel schaffen wollte.[8] Die Kommission erwog: „Der Entw. stelle bei der ungerechtfertigten Bereicherung nicht, wie bei den unerlaubten Handlungen ..., den allgemeinen Grundsatz an die Spitze, sondern behandle im Anschlusse an das röm. Recht zunächst vier Fälle, bei denen die ungerechtfertigte Bereicherung ihren Grund in einer Leistung habe, und füge dann im § 748 eine ergänzende Vorschrift für alle übrigen Fälle hinzu; dagegen mache der Gegenentw.[9] im Anschluss an das schweiz. ObligR. ... die ergänzende Vorschrift des § 748 Abs. 1 zum allgemeinen Grundsatze. Die Vorschriften gewännen hierdurch wesentlich an Übersichtlichkeit und Klarheit; auch systematisch sei es richtiger, das allgemeine, die ganze Lehre beherrschende Prinzip an die Spitze zu stellen und verdiene dies jedenfalls vom Standpunkte der Gesetzgebungstechnik den Vorzug, zumal hierdurch die Möglichkeit geschaffen werde, die gerade in diesem Titel häufig wiederkehrenden Verweisungen einer Gesetzesstelle auf die andere zu vermeiden."

Die angestrebte Klarheit hat die zweite BGB-Kommission mit ihrem Entwurf sicher nicht erreicht. Zudem enthielt § 748 in Wirklichkeit nicht ein allgemeines Prinzip des Bereicherungsrechts, sondern den Sonderfall der Nichtleistungskondiktion. Er wurde auch nicht dadurch zu einem allgemeinen Prinzip des Bereicherungsrechts, dass er in § 812 I 1 mit der *condictio indebiti* vermengt wurde. Die Wissenschaft hat Jahrzehnte gebraucht, um die verwirrende Vermengung der Kondiktionsarten wieder zu entknoten.[10] Eine genauere Kenntnis der historischen Entwicklung des Bereicherungsrechts hätte den Prozess freilich beschleunigen können.

a) § 812 I 1
§ 812 I 1 enthält in der ersten Variante die *condictio indebiti* sowie in der zweiten die *condictio sine causa* und ist daher wie folgt zu lesen:

aa) Condictio indebiti Zunächst ist die Fassung des Gesetzes im Sinne des § 737 E I dahin zu präzisieren, dass die Leistung zum Zwecke der Tilgung einer Schuld vorgenommen sein muss (Rn. 9), was der undeutliche Wortlaut des Gesetzes nicht erkennbar werden lässt. Denn wörtlich genommen würde § 812 I 1 (1) alle Leistungskondiktionen umfassen, also auch die in § 812 I 2 (2) geregelte *condictio ob rem* (Rn. 19); denn dass eine Leistung rechtsgrundlos ist, also der mit ihr bezweckte Erfolg nicht eintritt, ist ebenso die Voraussetzung jeder anderen Leistungskondiktion.

Weiter gehört das Tatbestandsmerkmal „auf dessen Kosten" nach dem Willen des Gesetzes nicht zur Leistungskondiktion, sondern allein zur Nichtleistungskondiktion, was in der Folge oft übersehen wurde und zu vielen Problemen führte. Man forderte etwa bei der Leistungskondiktion zu Unrecht eine „unmittelbare Vermögensverschiebung" vom Gläubiger des Bereicherungsanspruchs auf den Bereicherten mit der Folge der Entreicherung beim Gläubiger (Rn. 5).

---

[8] Vgl. Protokolle der zweiten Kommission, in: Mugdan II, 1170.
[9] Also der zum Gesetz gewordene Vorschlag.
[10] Dabei sind insbesondere die Verdienste Wilburgs und v. Caemmerers zu würdigen.

Nach allem ist § 812 I 1 (1) wie folgt zu lesen:

Wer durch die Leistung eines anderen, welche zum Zweck der Erfüllung einer Schuld erfolgte, etwas ohne rechtlichen Grund erlangt hat, ist ihm zur Herausgabe des Erlangten verpflichtet.

17 **bb) Condictio sine causa** Nur hier spielt das Merkmal „auf Kosten" eine Rolle; § 812 I 1 (2) ist also wie folgt zu verstehen:

Wer auf Kosten eines anderen, aber ohne dessen Leistung, sondern in sonstiger Weise und ohne rechtlichen Grund etwas erlangt hat, ist ihm zur Herausgabe des Erlangten verpflichtet.

b) § 812 I 2

18 § 812 I 2 enthält in seiner ersten Variante die *condictio ob causam finitam* und in seiner zweiten die *condictio ob rem*.

aa) Condictio ob causam finitam Sie ist wie folgt zu lesen:

Wer eine Leistung aus einem Rechtsgrund bewirkt hat, der später weggefallen ist, kann vom Empfänger das Geleistete zurückfordern.

19 **bb) Condictio ob rem** Diese Kondiktion ist völlig unklar formuliert, denn um eine rechtsgrundlose Leistung, bei welcher also der bezweckte Erfolg nicht eintritt, geht es bei allen Leistungskondiktionen, auch bei der *condictio indebiti*, welche immer dann eingreift, wenn eine mit der Leistung bezweckte Schuldtilgung nicht erfolgt. Gemeint sind mit der *condictio ob rem* nur die Fälle, die nicht schon von der *condictio indebiti* erfasst sind. Es sind also die Fälle, in welchen der Leistende weiß, dass er nicht zur Leistung verpflichtet ist, er sie vielmehr in Erwartung eines künftigen Ereignisses erbringt; er kann die Leistung zurückfordern, wenn seine Erwartung enttäuscht wird.

§ 812 I 2 (2) ist also wie folgt zu lesen:

Wer zur Erreichung eines nach dem Inhalt des Rechtsgeschäfts bezweckten Erfolgs wissentlich eine nicht geschuldete Leistung erbringt, kann Herausgabe des Erlangten verlangen, wenn der Erfolg nicht eintritt.

4. Gang der Darstellung

20 Es soll nun zunächst im § 2 das Bereicherungsobjekt erörtert werden, also das erlangte „Etwas", um welches der Bereicherte bereichert ist. Es folgen in § 3 die Leistungskondiktionen, in § 4 wird die Nichtleistungskondiktion behandelt. § 5 soll den Inhalt des Bereicherungsanspruchs erörtern, § 6 die Dreiecksverhältnisse. In § 7 werden einige besondere Dreiecksverhältnisse dargestellt, und schließlich wird in § 8 kurz die Verjährung der Kondiktionen erörtert.

II. Einteilung

Zur Wiederholung
1. Kommt es im Bereicherungsrecht entscheidend auf die Bereicherung an, auf die Entreicherung oder auf beides gemeinsam? (Rn. 3 ff.)
2. Welche beiden Kondiktionen sind in § 812 I 1 enthalten? (Rn. 15 ff.)
3. Zu welcher Kondiktion gehört das Tatbestandsmerkmal „auf dessen Kosten" in § 812 I? (Rn. 17)
4. Welche Kondiktionen sind in § 812 I 2 enthalten? (Rn. 18)
5. In welchem Verhältnis steht die *condictio ob rem* zur *condictio indebiti*? (Rn. 19)

§ 2. Das erlangte „Etwas" als Objekt der Bereicherung

Die Erörterung über das Bereicherungsobjekt (das erlangte „Etwas") kann der Behandlung der einzelnen Kondiktionen vorangestellt werden, weil es für alle Arten von Kondiktionen in gleicher Weise festgestellt werden kann. Das Gesetz macht insoweit keinen Unterschied, und es gibt auch keinen Grund, einen solchen einzuführen; das entspricht auch der h. M.

1

1. Beliebiger Vorteil

Der Schuldner muss gemäß § 812 I 1[1] „etwas erlangt" haben, sonst ist er nicht bereichert. Nach einer früher verbreiteten Ansicht sind damit nur Vermögensvorteile gemeint, doch ergibt sich das aus dem Gesetz nicht. Unter dem erlangten „Etwas" ist vielmehr jeder beliebige Vorteil zu verstehen. Kondizierbar sind auch persönliche Briefe oder Familienfotos ohne materiellen Wert. Nur ein Geldersatz nach § 818 II ist in diesen Fällen natürlich ausgeschlossen.

2

2. Abgrenzung zur Bereicherung

Das Erlangte muss nicht identisch sein mit der herauszugebenden Bereicherung. Die Bereicherung und die Haftung des Bereicherten kann sich durch Entreicherung nach § 818 III mindern, wenn dessen Voraussetzungen vorliegen. Hier geht es nicht um die schließlich herauszugebende Bereicherung, sondern um das ursprünglich vom Bereicherten Erlangte; zum Haftungsumfang vgl. unten § 5.

3

---

[1] Vgl. auch §§ 816, 817, 1 sowie 818 I.

3. Bestimmung des Erlangten

4   Das Erlangte ist genau zu bestimmen:

> **Beispiel**: V hat dem K seine goldene Uhr verkauft und übereignet, V ficht den Vertrag an und verlangt die Uhr heraus.

Ein häufig gemachter Fehler besteht darin, zu sagen, K sei um die Uhr bereichert und müsse sie nach § 812 I 1 herausgeben. Was aber kann V verlangen, wie muss er etwa seinen Klageantrag formulieren? Auf Rückgabe des Besitzes? Das ist richtig, wenn auch die Übereignung infolge der Anfechtung unwirksam und V somit noch Eigentümer der Uhr ist. Ist aber nur der Kaufvertrag angefochten, so ist K Eigentümer der Uhr, er ist also nicht nur um den Besitz, sondern darüber hinaus auch um das Eigentum bereichert; V kann Rückgabe des Besitzes und Rückübereignung der Uhr nach § 929 verlangen![2] In solchen Fällen ist also genau festzustellen, ob K den Besitz oder aber Besitz und Eigentum erlangt hat. Mit der Feststellung, K sei „um die Uhr" bereichert, ist nichts gewonnen.

Das erlangte „Etwas" kann in drei Formen auftreten: 1. als positive Vermögensmehrung (Rn. 5 ff.), 2. als Befreiung von einer Verbindlichkeit (Rn. 11), 3. als Verwertung fremder Rechte und Dienstleistungen (Rn. 12 ff.).

I. Positive Vermögensmehrung

5   Die Bereicherung durch positive Vermögensmehrung kann in den verschiedensten Arten geschehen. Alles, was geleistet werden oder was sonstwie durch Eingriff erworben werden kann, kann auch eine Vermögensmehrung sein. Dabei ist der Ausdruck „Vermögensmehrung" zu eng, da auch Dinge ohne Vermögenswert eine Bereicherung ausmachen können. Man kann verschiedene Fallgruppen unterscheiden, doch ist diese Aufzählung eher willkürlich und keineswegs abschließend.

1. Erwerb absoluter Rechte

6   Das Vermögen kann durch das Eigentum, aber auch durch beschränkte dingliche Rechte wie Nießbrauch, Hypothek, Anwartschaft usw. vermehrt werden.

> **Beispiel**: S hat dem G für eine bestehende Geldschuld seine goldene Uhr gemäß §§ 1204 f. als Pfand gegeben; es existiert aber kein wirksamer Vertrag, auf Grund dessen S zur Pfandbestellung verpflichtet wäre.

---

[2] Tut er das nicht und wird K nur zur Rückübertragung des Besitzes verurteilt, so kann V aufgrund des Urteils zwar den Besitz zurückerlangen, doch K bleibt mangels Rückübereignung Eigentümer! Dessen Herausgabeanspruch nach § 985 würde allerdings an der Bereicherungseinrede des V nach § 821 scheitern (§ 5 Rn. 35).

I. Positive Vermögensmehrung

S kann das Pfandrecht und den Besitz an der Uhr kondizieren, d. h. er kann gemäß § 812 I 1 (1) Rückgabe der Uhr und Verzicht auf das Pfandrecht (vgl. § 1255) verlangen.

Eine Vermögensmehrung kann auch in einem besseren Rang eines Rechts liegen, der dem Bereicherten nicht zukommt.

Beispiel: E hat dem H_1 eine erstrangige, dem H_2 eine zweitrangige Hypothek versprochen, infolge eines Versehens ist für H_2 eine erstrangige Hypothek eingetragen worden.

E kann von H_2 gemäß § 812 I 1 (1) die Bewilligung zur Eintragung verlangen, dass seine Hypothek zweitrangig sei.

2. Erwerb obligatorischer Rechte

Auch durch den Erwerb obligatorischer Rechte kann das Vermögen gemehrt werden, wenn etwa V dem K eine Forderung verkauft (§ 453) und abgetreten hat (§ 398), der Kaufvertrag aber unwirksam ist; K muss die Forderung wieder an V abtreten, gemäß §§ 812 I 1 (1), 398. Ebenso kann das Vermögen rechtsgrundlos um eine Kondiktion gegen einen Dritten gemehrt sein, sie kann dann vom Bereicherungsgläubiger kondiziert werden.[3]

Ein Sonderfall – Leistung eines abstrakten Schuldversprechens oder Schuldanerkenntnisses gemäß §§ 780 f. – ist in § 812 II geregelt:

Beispiel: V hat dem K eine Sache verkauft und übereignet, aber den Kaufpreis noch nicht erhalten. Auf Drängen des V gibt K ihm ein abstraktes Schuldanerkenntnis.

Stellt sich der Kaufvertrag als unwirksam heraus, so kann K das abstrakte Schuldanerkenntnis gemäß § 812 II kondizieren, V muss dann auf den Anspruch aus dem abstrakten Schuldanerkenntnis nach § 397 I verzichten. Macht V die Forderung aus dem abstrakten Schuldanerkenntnis geltend, so hat K die Einrede der Bereicherung, § 821 (§ 5 Rn. 35).

3. Erwerb des Besitzes

Auch der Besitz ist ein tatsächlicher Vermögenswert, weil er die tatsächliche Nutzungsmöglichkeit gibt; bei beweglichen Sachen gibt er die Verfügungsmöglichkeit (vgl. §§ 929, 932) und begründet die Möglichkeit der Ersitzung (§ 937) sowie die Vermutung nach § 1006.

---

[3] S. als Beispiel für eine Kondiktion einer Kondiktion § 6 Rn. 35.

Beispiel: Der Minderjährige M hat dem K eine Sache veräußert und übereignet, der gesetzliche Vertreter verweigert die Genehmigung.

Kauf und Übereignung sind nach §§ 107 f. unwirksam, M kann von K gemäß § 812 I 1 (1) den Sachbesitz kondizieren.[4]

4. Erwerb einer Verfügungsmöglichkeit

9 Auch eine Verfügungsmöglichkeit – Eintragung im Grundbuch oder eine Abtretungsanzeige – kann kondiziert werden:

Beispiel 1: V hat dem K ein Grundstück verkauft und übereignet, V ficht den Kaufvertrag und die Übereignung wirksam an.

Mit der Anfechtung der Übereignung ist V wieder Eigentümer des Grundstücks, aber K ist noch als Eigentümer im Grundbuch eingetragen. K kann daher über das Grundstück gegenüber einem gutgläubigen Dritten gemäß § 892 wirksam verfügen, etwa es veräußern oder eine Hypothek daran bestellen. V hat gegen K deshalb den Berichtigungsanspruch nach § 894, daneben aber auch den „schuldrechtlichen Berichtigungsanspruch" aus § 812: V kann die Buchstellung des K kondizieren, d. h. gemäß § 812 I 2 (1) oder § 812 I 1 (1)[5] von ihm die Bewilligung der Berichtigung des Grundbuchs verlangen.

Beispiel 2: G zeigt seinem Schuldner S an, dass er seine Forderung gegen S an Z abgetreten habe. Die Zession war jedoch unwirksam.

G ist hier Inhaber der Forderung geblieben, aber durch die Anzeige hat Z die Verfügungsmöglichkeit über die Forderung erlangt, d. h. er kann sie gemäß § 409 einziehen mit der Wirkung, dass der Anspruch des G erlischt. Diese Verfügungsmöglichkeit kann G von Z kondizieren, d. h. er kann von Z Zustimmung zur Rücknahme der Anzeige gegenüber S verlangen, vgl. § 409 II.

5. Erwerb einer geschützten Rechtsposition

10 Das Vermögen des Bereicherungsschuldners kann auch durch den Erwerb einer geschützten Rechtsposition gemehrt sein:

---

[4] Zum Wert des Sachbesitzes vgl. unten § 5 Rn. 7.
[5] Zur Frage der Anspruchsgrundlage § 3 Rn. 34.

Beispiel: E hat dem A eine Hypothek bewilligt, danach ebenso dem B; über den Rang ist in beiden Verträgen nichts bestimmt.[6] A stellt den Antrag auf Eintragung seiner Hypothek beim Grundbuchamt, später stellt auch B den Eintragungsantrag. Die Hypothek für B wird zuerst eingetragen. Kann A von B Rangtausch verlangen?

A hatte eine Aussicht auf eine erstrangige Hypothek, diese Aussicht war auch gemäß § 17 GBO geschützt. Man kann sie als Anwartschaft bezeichnen, sie stellt aber kein dingliches oder sonstiges Recht dar.[7] In diese geschützte Rechtsposition hat B durch den Erwerb seiner erstrangigen Hypothek eingegriffen, er hat die Erwerbsaussicht des A vereitelt und selbst den ersten Rang erworben. Ob dieser Erwerb mit oder ohne Rechtsgrund erfolgte, ist umstritten; nach zutreffender Ansicht ist § 879 Rechtsgrund für den Erwerb des Rangs, so dass eine Kondiktion ausgeschlossen ist.[8]

II. Befreiung von einer Verbindlichkeit

Das Erlangte kann in der Befreiung von einer Verbindlichkeit liegen, wenn der Rechtsinhaber etwa grundlos auf ein dingliches Recht oder auf eine Forderung verzichtet.

Beispiel 1: S hat sich zur Bestellung eines Pfandrechts für eine Schuld gegenüber G verpflichtet und deswegen dem G gemäß §§ 1204 f. seine goldene Uhr verpfändet. G nimmt später irrig an, S habe die Schuld getilgt, und gibt ihm die Uhr zurück.

Das Pfandrecht erlischt gemäß §§ 1253 I, 1255, S ist von dem Pfandrecht des G jedoch rechtsgrundlos befreit. G kann deshalb die Aufgabe des Pfandrechts kondizieren, also von S Neubestellung des Pfandrechts verlangen.[9]

Beispiel 2: S schuldet dem G 1000 €, kann aber momentan nicht zahlen. Sein Freund F zahlt die Schuld an G, um sich das Geld später von S zurückzuholen.

S hat die Befreiung von der Schuld erlangt (§ 267 I).

---

[6] Anders als in Rn. 6.
[7] Dingliche Rechte an Grundstücken werden gemäß § 873 nur aufgrund Einigung und Eintragung erworben.
[8] A hat aber nach § 839, Art. 34 GG einen Schadensersatzanspruch gegen den Fiskus, dessen Höhe jedoch erst feststellbar ist, wenn A wegen der Zweitrangigkeit seiner Hypothek einen Schaden erlitten hat.
[9] Den gleichen Anspruch hat er eventuell auch aus dem ursprünglichen Verpflichtungsvertrag.

III. Verwertung fremder Rechte und Dienstleistungen

1. Verwertung fremder Dienste oder Rechte und Ersparnis von Aufwendungen

12 Das erlangte „Etwas" kann schließlich in der Verwertung fremder Rechte oder fremder Dienstleistungen bestehen. Diese Art der Bereicherung wirft die meisten Fragen auf.

> **Beispiel 1**: Die Minderjährige M geht in einen Kosmetiksalon und unterzieht sich dort einer kostspieligen Behandlung für 80 €. Dann erklärt sie, sie habe kein Geld und könne nicht zahlen; ihre gesetzlichen Vertreter verweigern die Genehmigung zum abgeschlossenen Vertrag.

Der Geschäftsinhaber G hat gegen M einen Bereicherungsanspruch, was aber hat die M erlangt? Früher pflegte man die Bereicherung in solchen Fällen in der *Ersparnis von Aufwendungen* zu sehen. M hat durch die Behandlung des G 80 € erspart, sie schuldet dem G also nach Bereicherungsrecht 80 €. Das gilt aber nur dann, wenn die M ohne die Behandlung durch G anderwärts für eine vergleichbare Leistung 80 € ausgegeben hätte. Hier war das aber nicht der Fall, denn die M hatte kein Geld, zudem kann sie ggf. erklären, sie habe für kosmetische Behandlungen noch nie Geld ausgegeben und werde das auch in Zukunft nicht tun. Sie hat in solchen Fällen überhaupt keine Aufwendungen *erspart*, da sie kein Geld anderweitig dafür ausgegeben hätte; sie hat nichts erlangt und ist daher nicht bereichert.

Um solche unbefriedigenden Ergebnisse zu vermeiden, sieht man heute das Erlangte nicht mehr in der Ersparung von Aufwendungen, sondern in der Verwertung der fremden Rechte und Dienstleistungen selbst, d. h. in deren objektivem Wert. Das ist auch zutreffend, denn das unmittelbar Erlangte ist hier die Dienstleistung, die Ersparung der anderweitigen Aufwendung ist nur die Folge, die sich sekundär aus dem Erlangen der fremden Dienste ergibt. Die Frage, welche Aufwendungen M erspart hat, stellt sich erst, wenn es um die Feststellung geht, welchen Umfang die Bereicherung der M erreicht.[10]

> **Beispiel 2**: Student S lässt sich beim Friseur F die Haare schneiden, der Preis dafür ist in der Aushängetafel mit 15 € bezeichnet. F verlangt 18 €, weil er sich nachweislich beim Beschriften der Tafel verschrieben hat. S sagt, er gehe nur zu billigen Friseuren, die nicht mehr als 15 € verlangten. Hätte er gewusst, dass F 18 € haben wollte, wäre er zu einem anderen Friseur gegangen.

S ist um die Dienstleistung des F bereichert, wenn F den Vertrag wegen Irrtums anficht; hierin besteht das erlangte „Etwas". Die Leistung des F mag auch 18 € wert sein. Bei der Feststellung der Anspruchshöhe kann S sich darauf berufen, dass er

---

[10] Vgl. dazu unten § 5 Rn. 9.

III. Verwertung fremder Rechte und Dienstleistungen

nur 15 € erspart hat, weil er zu einem billigeren Friseur gegangen wäre; er kann sich insoweit auf Entreicherung nach § 818 III berufen.

Die M im Beispiel 1 dagegen war bösgläubig,[11] sie kann sich nicht auf Entreicherung berufen, §§ 819 I, 818 IV. Daher bleibt es dabei, dass sie den vollen Wert der erlangten Dienstleistung, also 80 €, bezahlen muss. Der Anspruch ist auch aus § 823 II i. V. m. § 263 StGB begründet.

Die neue Lehre ist entwickelt worden im Anschluss an den *Flugreise-Fall*,[12] in welchem ein Minderjähriger sich in ein Flugzeug eingeschlichen hatte und in die USA geflogen war; Geld für die Reise hatte er nicht. Nach der alten Lehre hätte er nicht nach Bereicherungsrecht gehaftet, da er keine Aufwendungen erspart hat. Der BGH nahm zutreffend an, dass M um den Wert der erlangten Dienstleistung „Beförderung" bereichert sei und dass M sich wegen seiner Bösgläubigkeit nicht auf Entreicherung berufen kann. Die neue Lehre stammt allerdings nicht vom BGH selbst, sondern ist in der Diskussion um diesen Fall entwickelt worden.

13

2. Nutzungsmöglichkeit

Auch das Erlangen einer Nutzungsmöglichkeit kann eine Bereicherung sein; das wird zwar bisweilen bestritten, jedoch zu Unrecht.[13] Zwar kann selbstverständlich eine Eingriffskondiktion nicht damit begründet werden, der Schuldner habe eine Nutzungsmöglichkeit gehabt, er habe in ein fremdes Recht eingreifen können, habe es aber korrekterweise nicht getan. Mit der Eingriffskondiktion haftet nur, wer tatsächlich in fremde Rechtspositionen eingreift, wer also dadurch bereichert ist, dass er Vermögensvorteile, die einem anderen zugewiesen waren, in seinem Vermögen hat.[14] Denkbar ist aber eine Bereicherung dadurch, dass eine Nutzungsmöglichkeit geleistet wurde.

14

> **Beispiel**: E hat dem X für einen Monat seinen Pkw für 500 € vermietet. X nutzt den Wagen nicht, weil er entgegen seinen Erwartungen keine Aufträge bekommt. Es stellt sich heraus, dass der Mietvertrag unwirksam ist.

E hat dem X eine Leistung erbracht, die Nutzungsmöglichkeit des Pkw.[15] Ob X den Pkw tatsächlich nutzt, ist seine Sache. Nicht eine Nutzung, sondern die Nutzungsmöglichkeit ist dem X für 500 € überlassen. Diese muss X dem E nach Bereicherungsrecht ersetzen.

---

[11] Zur Bösgläubigkeit nicht voll Geschäftsfähiger und zu ihrer Haftung vgl. unten § 5 Rn. 29.
[12] BGHZ 55, 128 ff.
[13] Anders aber BGHZ 196, 285 Rn. 26 f.
[14] Vgl. unten § 4 Rn. 11 ff.
[15] E hat dem M nicht etwa nur den Besitz geleistet, den auch ein Verwahrer hat, sondern dazu die Einwilligung zur Nutzung, also die Nutzungsmöglichkeit, die ein Mieter hat, § 535 I.

Der Einwand, nach § 818 I seien nur die tatsächlich gezogenen Nutzungen zu ersetzen, geht fehl: § 818 I betrifft Nutzungen, welche aus dem Bereicherungsobjekt gezogen werden. Wenn etwa der Bereicherungsschuldner um den Besitz eines Pkw bereichert ist und diesen nutzt, so muss er nach § 812 I den Pkw herausgeben und nach § 818 I auch die gezogenen Nutzungen; der Anspruch auf die Nutzungen ist ein Nebenanspruch. Hier dagegen ist die Nutzungsmöglichkeit das Bereicherungsobjekt selbst, X ist nicht um den Pkw, sondern um die Nutzungsmöglichkeit an dem Pkw bereichert, die er ersetzen muss.

3. *Minderjährige*

15 Problematisch ist der Erwerb einer Nutzungsmöglichkeit durch einen Minderjährigen.

Beispiel: Der Minderjährige M mietet für vier Tage ein Fahrrad. Muss er die erlangte Nutzungsmöglichkeit ersetzen?

Die h. M. verneint das zu Recht, andernfalls würde er im Ergebnis so behandelt, als wäre der Vertrag wirksam, was gegen § 107 verstieße.

Zur Wiederholung
1. Sind unter dem erlangten „Etwas" nur Vermögensvorteile zu verstehen? (Rn. 2)
2. Zählen Sie beispielhaft Fallgruppen auf, die unter den Oberbegriff „positive Vermögensmehrung" fallen! (Rn. 5 ff.)
3. Warum spricht man besser von einer Bereicherung „durch Verwertung fremder Rechte und Dienstleistungen" als von einer Bereicherung durch „Ersparung von Aufwendungen"? (Rn. 12)
4. Anhand welchen Falles ist die unter 3. genannte Lehre entwickelt worden? (Rn. 13)

§ 3. Die Leistungskondiktion

Die Leistungskondiktion ist historisch und dogmatisch der Ausgangspunkt des Bereicherungsrechts;[1] sie ist auch im Gesetz am ausführlichsten behandelt: § 812 I 1 (1) regelt die *condictio indebiti*, § 812 I 2 (1) die *condictio ob causam finitam*, § 812 I 2 (2) die *condictio ob rem*, § 817, 1 die *condictio ob turpem vel iniustam causam*. 1

Jede Leistungskondiktion erfordert neben einem erlangten „Etwas" (vgl. § 2) eine Leistung (Rn. 2 ff.) sowie das Fehlen eines für die Leistung gesetzten Rechtsgrunds (Rn. 23 f.).

I. Die Leistung

Das zentrale Tatbestandsmerkmal der Leistungskondiktion ist der Leistungsbegriff. Ihn hat die Rechtswissenschaft so ausgeformt, dass sie durch ihn insbesondere die schwierigen Fragen der Kondiktion in Dreiecksverhältnissen sachgerecht lösen kann, vgl. unten §§ 6 f. 2

1. Der Leistungsbegriff

Leistung im Sinne der Leistungskondiktion ist eine bewusste und zweckgerichtete Mehrung fremden Vermögens. 3

---
[1] S. oben § 1 Rn. 1.

a) Bewusste Vermögensmehrung

4 Die Leistung ist zunächst die bewusste Mehrung fremden Vermögens. Eine unbewusste Mehrung fremden Vermögens ist keine Leistung im Sinne der Leistungskondiktion.

Beispiel: Hausmeister H verfeuert für das Haus seines Arbeitgebers irrtümlich seine eigenen Kohlen.

H hat das Vermögen seines Arbeitgebers vermehrt, aber nicht bewusst, sondern unbewusst; er hat keine Leistung im Sinne der Leistungskondiktion erbracht. Ihm steht lediglich eine Nichtleistungskondiktion in Form der Verwendungskondiktion zu.[2]

b) Zweckgerichtetheit der Vermögensmehrung

5 Die bewusste Mehrung fremden Vermögens muss zweckgerichtet sein, sie muss einen bestimmten Zweck verfolgen, dessen Verfehlung eine Leistungskondiktion auslöst.

Beispiel: V hat dem K ein Fahrrad verkauft, er übergibt und übereignet es ihm. Zweck der Leistung des V – Übergabe sowie Übereignung – ist die Tilgung seiner Schuld aus § 433 I 1.

Der Leistungszweck wird also in den Leistungsbegriff aufgenommen, und zwar aus zwei Gründen: um festzustellen, ob ein Rechtsgrund für die Leistung besteht (Rn. 6), und um die Parteien der Leistungskondiktion festzustellen (Rn. 7):

6 **aa) Rechtsgrund** Erstens kann anhand des Leistungszwecks festgestellt werden, ob ein Rechtsgrund für die Leistung besteht. Ein Rechtsgrund besteht, wenn der mit der Leistung verfolgte Zweck erreicht wurde. Wird im Beispiel aus Rn. 5 durch die Lieferung des Fahrrads die Schuld des V getilgt, so ist der Leistungszweck erreicht, § 362 I. Das setzt voraus, dass die Schuld des V überhaupt bestand. K hat die Leistung in diesem Fall mit Rechtsgrund erlangt und kann sie behalten. Wird die Schuld jedoch nicht getilgt, etwa weil sie nicht bestand oder weil ein nicht schuldtilgendes *aliud*[3] geleistet wurde, so ist der Leistungszweck – Tilgung der Schuld aus § 433 I 1 – nicht erreicht; die Leistung ist ohne Rechtsgrund erfolgt, K muss sie herausgeben, er haftet dem V mit der Leistungskondiktion.

7 **bb) Parteien der Leistungskondiktion** Die Aufnahme des Leistungszwecks in den Leistungsbegriff ermöglicht es weiter, die Parteien der Leistungskondiktion festzustellen. Gläubiger der Leistungskondiktion kann nur der Leistende sein, Schuldner der Leistungskondiktion nur der, an den geleistet wurde. Wer Leistender ist und wer Leistungsempfänger, gerade etwa in Dreiecksverhältnissen, bestimmt sich nach dem Leistungszweck.

---

[2] Dazu unten § 4 Rn. 27 ff.
[3] Zum *aliud* vgl. oben § 1 Fn. 6.

I. Die Leistung

Beispiel: D hat dem S sein Bild „Der Elfenreigen" für 10.000 € verkauft, aber noch nicht übereignet. S verkauft es für 11.000 € weiter an G. S bittet den D, das Bild an G zu übergeben, was auch geschieht. Der Kaufvertrag zwischen S und G ist unwirksam, D verlangt von G das Bild zurück, da dieser es ohne Rechtsgrund erhalten habe.

Wenn D das Bild an G übergibt, so liegt darin keine Leistung des D an G, denn D verfolgt gegenüber G keinen Leistungszweck. D verfolgt mit der Übergabe an G den Zweck, seine Schuld aus § 433 I 1 gegenüber dem anweisenden S zu erfüllen. D hat also an S geleistet, indem er das Bild in dessen Auftrag dem G gab, vgl. auch § 362 II.[4]

In der Übergabe durch D an G liegt aber noch eine weitere Leistung: S wollte durch die Übergabe, zu welcher er die Anweisung gegeben hatte, seine Pflicht aus § 433 I 1 gegenüber G erfüllen. Die Übergabe von D an G stellt also weiter eine Leistung des S an G dar.

In der Übergabe durch D an G liegt also einmal eine Leistung D – S und weiter eine Leistung S – G, der Leistungszweck ist jeweils die Tilgung der Schuld aus dem Kaufvertrag, § 433 I 1. Im Verhältnis D – S ist der Leistungszweck erreicht, der Anspruch des S gegen D aus § 433 I 1 ist getilgt; daraus folgt, dass ein Bereicherungsanspruch des D gegen S nicht in Betracht kommt. Dagegen ist durch die Leistung des S an G der verfolgte Leistungszweck nicht erreicht, ein Anspruch des G gegen S aus § 433 I 1 konnte nicht getilgt werden, da ein solcher Anspruch infolge der Unwirksamkeit des Kaufvertrags nicht bestand. S hat also eine *condictio indebiti* gegen G aus § 812 I 1 (1).

Dagegen liegt eine Leistung des D an G nicht vor, D hat keine Leistungskondiktion gegen G. D hat zwar das Vermögen des G bewusst gemehrt, er verfolgte aber gegenüber G keinerlei Leistungszweck.[5] Eine solche bewusste Vermögensmehrung ohne Leistungszweck wird im Gegensatz zur Leistung als *Zuwendung* bezeichnet. Die Zuwendung ist also eine Vermögensmehrung ohne Verfolgung eines Leistungszwecks; sie ist im Recht der Leistungskondiktion irrelevant. Sie ist aber auch keine Verwendung im Sinne der Verwendungskondiktion, vgl. unten § 4 Rn. 27. Näher sind die Dreiecksverhältnisse unten unter § 6 behandelt.

---

[4] Dritter im Sinne des § 362 II ist hier G, der von S zum Leistungsempfang nach § 185 I ermächtigt wurde.
[5] Zu den Leistungszwecken vgl. unten Rn. 8 ff.

Es zeigt sich damit die Wichtigkeit des Leistungsbegriffs, der u. a. die Person des Gläubigers und Schuldners der Leistungskondiktion bestimmt. Der Leistungsbegriff, der den Leistungszweck mit umschließt, ist von der Rechtswissenschaft in dieser exakten Weise entwickelt worden, und zwar nicht als dogmatische Spitzfindigkeit, sondern um mit seiner Hilfe in wissenschaftlicher und dogmatisch sauberer Weise zu befriedigenden Ergebnissen zu kommen, insbesondere um in Dreiecksverhältnissen einen Durchgriff (hier: des D gegen G) auszuschließen. Der Leistungsbegriff ist der Oberbegriff, aus dem diese Ergebnisse deduziert werden können. Welche Wertungen hinter diesem modernen Leistungsbegriff stehen, soll unten in § 6 Rn. 9 ff. gezeigt werden.

2. Die Leistungszwecke

a) Die relevanten Zwecke

8 Leistungszweck im Sinne der Leistungskondiktion kann nicht jedes beliebige Motiv oder jeder beliebige Zweck sein, etwa seiner Schwiegermutter eine Freude zu machen, dem X das Eigentum an einer Sache zu verschaffen, dem Y zu helfen usw. Es ist vielmehr leicht einzusehen, dass nur ein solcher Zweck in Betracht kommt, dessen Fehlen eine der vom Gesetz geregelten Leistungskondiktionen auslöst, dessen Vorliegen dagegen als Rechtsgrund die Kondiktion ausschließt. Der Kreis der möglichen Leistungszwecke ist leicht überschaubar, es gibt fünf verschiedene Zwecke, die sich aber auf nur zwei Hauptzwecke reduzieren lassen:

1. datio solvendi causa = Leistung, um eine Schuld zu tilgen

9 Wird der Zweck verfehlt, weil etwa die Schuld nicht besteht, so folgt daraus die *condictio indebiti*, § 812 I 1 (1). Fällt der Leistungszweck später weg, löst das die *condictio indebiti* in der Unterart der *condictio ob causam finitam* aus, § 812 I 2 (1).

2. datio donandi causa = Leistung schenkungshalber

10 Es handelt sich um einen Unterfall der *datio solvendi causa*, der auch in dieser mitverstanden sein könnte. Die Besonderheit dieses Leistungszwecks bei der Handschenkung liegt darin, dass nicht eine vorher bereits bestehende Schuld getilgt werden soll, sondern eine Schuld, die erst infolge der Leistung entsteht, vgl. § 518 II. Schuldbegründung und Tilgung erfolgen durch denselben Vorgang. Wird der Leistungszweck verfehlt, etwa weil die Schenkung unwirksam ist oder angefochten wird, so löst das die *condictio indebiti* aus.

3. datio ob rem = Erbringen einer nicht geschuldeten Leistung unter der Voraussetzung, dass ein bestimmtes künftiges Ereignis eintritt

11 Der Leistende will etwa den Empfänger zu einer nicht geschuldeten Gegenleistung veranlassen oder ihn zu einem bestimmten Verhalten bewegen. Tritt der erwartete Erfolg nicht ein, so löst das die *condictio ob rem* aus, § 812 I 2 (2).

I. Die Leistung

Beispiel: N vereinbart mit ihrem Onkel O, dass sie ihn pflegen werde und er sie dafür in seinem Testament zur Erbin einsetze.

Die Vereinbarung ist gemäß § 2302 kein wirksamer Vertrag. Pflegt N den O, so erbringt sie eine nicht geschuldete Leistung. Erfolgt die erwartete Gegenleistung nicht, setzt O die N also nicht zur Erbin ein, so kann N den Geldwert ihrer Leistung von den Erben kondizieren, §§ 812 I 2 (2), 818 II.

4. datio obligandi causa = Leistung, um sich einen anderen zu verpflichten
Dieser Leistungszweck tritt auch auf als *datio negotii gerendi causa*, d. h. um als Geschäftsführer ohne Auftrag ein fremdes Geschäft zu führen, oder als *datio credendi causa*, d. h. um dem Empfänger einen Kredit zu gewähren. Der Leistende erbringt die Leistung, um gegen den Empfänger (= Geschäftsherrn) einen Anspruch auf Ersatz seiner Verwendungen nach §§ 683, 670 zu erlangen. Es handelt sich um einen Unterfall der *datio ob rem*,[6] noch § 758 E I hatte das deutlich zum Ausdruck gebracht: „Entspricht die Geschäftsbesorgung nicht den Voraussetzungen des § 753 [= § 683 BGB], so hat der Geschäftsführer gegen den Geschäftsherrn nur einen Anspruch aus §§ 742–744" [= § 812 I 2 (2)]. Die zweite BGB-Kommission billigte den Vorschlag der ersten Kommission, überließ es aber der Redaktionskommission, ob sie den Hinweis auf die *condictio ob rem* aufnehmen wolle oder allgemein auf Bereicherungsrecht verweisen wolle.[7] Letzteres geschah in § 684.

12

Beispiel 1: G lässt während einer Abwesenheit seines Nachbarn N dessen schadhaftes Hausdach reparieren. Er tut dies in der Erwartung, einen Ausgleichsanspruch aus § 683 gegen N zu erwerben.

Entsprach die Reparatur dem Interesse und Willen des N, so kann G von ihm erwartungsgemäß nach § 683 Ersatz seiner Aufwendungen verlangen; der Leistungszweck ist erreicht. Andernfalls, wenn G den Anspruch aus § 683 nicht erwirbt, weil die Reparatur dem Willen und Interesse des N nicht entsprach, und der Leistungszweck daher verfehlt wird, hat G die *condictio ob rem* aus §§ 684, 812 I 2 (2).

Beispiel 2: G hat eine Forderung von 1000 € gegen S. Da S momentan nicht zahlen kann, zahlt sein Freund D für ihn an G:

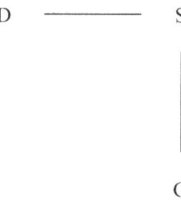

---
[6] So ausdrücklich auch die Motive II, 866 f.
[7] Mugdan II, 1201.

D hat *obligandi causa* an S geleistet,[8] er will mit der Leistung freiwillig ein Geschäft des Geschäftsherrn S führen, um diesen gemäß § 683 zum Ersatz seiner Aufwendungen zu verpflichten.[9] Wird dieser Zweck nicht erreicht, weil die Voraussetzungen des § 683 nicht erfüllt sind, weil etwa die Leistung nicht dem Interesse oder Willen des Geschäftsherrn entsprach,[10] so löst das die *condictio ob rem* nach §§ 684, 812 I 2 (2) aus. Natürlich gilt das nur, wenn der Leistende mit dem Willen handelte, sich seine Aufwendungen vom Geschäftsherrn ersetzen zu lassen, wenn er also einen Verpflichtungswillen, den *animus obligandi*, hatte;[11] das wird vermutet. Wenn der Leistende dem Geschäftsherrn die erbrachte Leistung aber schenken wollte, so leistet er *donandi causa* an ihn (Rn. 10); er kann in diesem Fall keinen Ersatz verlangen, vgl. § 685.

Es handelt sich bei der Verweisung in § 684 also um eine Rechtsgrundverweisung auf das Bereicherungsrecht, nicht um eine bloße Rechtsfolgenverweisung auf §§ 818 ff.[12] Dass die Voraussetzungen des Anspruchs bereits in § 684 formuliert sind und insofern § 812 I 2 (2) keine neuen Voraussetzungen liefert, ist unschädlich; entscheidend ist, dass die §§ 815, 817 anwendbar sind.

5. datio ob turpem vel iniustam causam = Leistung in der Weise, dass der Empfänger durch ihre Annahme gegen die guten Sitten oder gegen die Rechtsordnung verstößt

13 Je nach Lage des Falles liegt darin ein Unterfall entweder der *datio ob rem* (Rn. 50) oder der *datio solvendi causa* (Rn. 51). Eine solche Leistung entbehrt immer des Rechtsgrunds (§§ 134, 138) und kann kondiziert werden, vgl. § 817, 1.

b) Dreipersonenverhältnisse

14 Es gibt also im Grunde nur zwei für die Leistungskondiktion relevante Leistungszwecke, die *datio solvendi causa* und die *datio ob rem*. Einer dieser beiden Leistungszwecke muss verfolgt und verfehlt worden sein, wenn eine Leistungskondiktion entstehen soll. Andere Motive oder Zwecke der Leistung können keine Leistungskondiktion auslösen. Im obigen Beispiel (Rn. 7) hat D dem S den „Elfenreigen" verkauft, S hat das Bild an G (unwirksam) weiterverkauft, D liefert es auf Bitten des S direkt an G:

---

[8] Es besteht keine Leistung des D an G, vgl. oben Rn. 7.
[9] In der Zahlung durch D an G liegt weiter eine Leistung des S an G, S hat *solvendi causa* durch D an G geleistet. Vgl. zur Leistung eines Dritten nach § 267 näher unten § 7 Rn. 2 ff.
[10] Die Forderung des G war z. B. verjährt.
[11] Vgl. Motive II, 863.
[12] Anders BGH WM 1976, 1056, 1060.

Mit seiner Zuwendung an G verfolgte D keinerlei Leistungszweck gegenüber G. Dass D dem G die Sache zukommen lassen wollte, dass er ihm Besitz und vielleicht sogar Eigentum verschaffen wollte, ist kein für eine Leistungskondiktion relevantes Motiv. Denn verwirklicht sich dieses Motiv nicht so, wie es beabsichtigt war, so erwirbt D dadurch dennoch keine Leistungskondiktion gegen G. Auch wenn D sich bewusst war, dass mit seiner Zuwendung an G die Schuld des S gegenüber G aus § 433 I 1 getilgt werden sollte, ist das kein Leistungszweck im Verhältnis D – G. Denn D wollte sich mit seiner Zuwendung an G weder von einer Schuld gegenüber G befreien (keine *datio solvendi causa*), noch wollte er sich den G verpflichten (keine *datio obligandi causa*). Durch die Aufnahme des Leistungszwecks in den Leistungsbegriff ist hier erreicht, dass D durch die Zuwendung an G[13] nur an S geleistet hat, und zwar *solvendi causa*, nur S kommt als Gegner einer Leistungskondiktion für D in Betracht.

Eine Leistungskondiktion kann also nur zwischen Personen begründet sein, zwischen welchen ein anerkannter Leistungszweck verfehlt wurde. Auch im obigen Beispiel 2 zur Leistungskondiktion wegen verfehlter *datio obligandi causa* (Rn. 12) verfolgte D mit seiner Zuwendung an G diesem gegenüber keinen Leistungszweck, er wollte sich vielmehr seinen Freund S verpflichten, indem er dessen Geschäft führte; eine Leistungskondiktion des D kann sich also nur gegen S richten. Vielleicht handelte D mit der Zahlung an G auch aus dem Motiv, die Forderung des G zu begleichen; das ist jedoch kein Leistungszweck zwischen D und G, denn D zahlte nicht, um eine eigene Schuld zu erfüllen (*solvendi causa*), sondern um die Schuld des S zu erfüllen. Das ist aber ein anerkannter Leistungszweck zwischen S und G, welcher auch nur zwischen diesen eine Leistungskondiktion begründen kann.

3. Die Zweckbestimmung und der Empfängerhorizont

a) Einseitigkeit der Zweckbestimmung

Die Zweckbestimmung bei der Leistungskondiktion ist der Tilgungsbestimmung i. S. d. § 362 weitgehend gleich.[14] In beiden Fällen setzt der Leistende einseitig fest, welchem Zweck die Leistung dient.

15

---

[13] S. erneut § 3 Rn. 7.

[14] Nach der herrschenden Theorie der realen Leistungsbewirkung ist eine Tilgungsbestimmung für die Erfüllung nicht notwendig. Zumeist erfolge eine Tilgungsbestimmung deshalb nicht, weil ohnehin klar sei, auf welche Schuld geleistet werde. Das bedeutet aber, dass sie in aller Regel konkludent erfolgt. Darüber hinaus konzediert die h. M., dass in bestimmten Fällen eine ausdrückliche Tilgungsbestimmung unerlässlich sei (§§ 366 I; 267). Nichts hindert also, von der Notwendigkeit einer Tilgungsbestimmung allgemein auszugehen (Theorie der finalen Leistungsbewirkung), zumal nur so der erforderliche Zusammenhang zum Bereicherungsrecht (fehlgeschlagene Erfüllung) hergestellt wird. § 366 II ist nur Auffangtatbestand, wenn eine Tilgungsbestimmung ausnahmsweise fehlt. Vgl. auch Motive II, 86, 832. Praktisch führen beide Theorien ohnehin zu gleichen Ergebnissen.

Beispiel: G hat gegen S eine verjährte Forderung aus Delikt nach § 823 I über 1000 € sowie einen Darlehensrückzahlungsanspruch über 1000 € aus § 488 I 2. S gibt dem G 1000 € mit der Erklärung, er zahle sein Darlehen zurück.

Bestand die Darlehensforderung, so ist sie nun getilgt, vgl. § 366 I. Bestand sie nicht, so hat S gegen G die *condictio indebiti*, § 812 I 1 (1). In beiden Fällen ist die Erklärung, auf die Darlehensschuld zu zahlen, die Zweckbestimmung, einmal für die Tilgung (Tilgungsbestimmung), dann als Zweckbestimmung im Sinne des Leistungszwecks bei der Leistungskondiktion.

aa) Zweckbestimmung bei Kenntnis der Nichtschuld

16 Die Zweckbestimmung bei der Leistungskondiktion ist allerdings weiter als die Tilgungsbestimmung bei der Erfüllung einer Verbindlichkeit. Die Erfüllungsleistung dient immer der Tilgung einer Verbindlichkeit, eine Leistung i. S. d. Leistungskondiktion kann jedoch auch erfolgen im Wissen, dass man zur Leistung nicht verpflichtet ist, z. B. bei der *condictio ob rem*.

Beispiel: S möchte ein Darlehen von G; um ihn dazu zu bewegen, lässt er eine Grundschuld für ihn eintragen.

Gibt G das Darlehen, so ist der Leistungszweck des S erreicht; andernfalls ist er verfehlt, S kann die Grundschuld gemäß § 812 I 2 (2) kondizieren.

bb) Vereinbarung der Zweckbestimmung?

17 Der Zweck, der mit einer Leistung verfolgt wird, wird einseitig vom Leistenden bestimmt, wie § 366 I deutlich genug zeigt;[15] das gilt sowohl für die Tilgungsbestimmung nach § 362 wie für die Zwecksetzung bei der Leistungskondiktion. Die Ansicht, die für die Zweck- oder Tilgungsbestimmung eine Vereinbarung fordert, widerspricht offenbar dem Gesetz. Natürlich darf die Zweckbestimmung nicht mit dem zugrundeliegenden Schuldvertrag verwechselt werden: Übereignet der Verkäufer die verkaufte Sache, so ist der Leistungszweck nicht der Kaufvertrag, sondern die Absicht, die Schuld aus § 433 I 1 zu tilgen (*datio solvendi causa*, Rn. 9).

cc) Anwendbarkeit der Regeln über die Willenserklärung

18 Die Zweckbestimmung ist ein einseitiges Rechtsgeschäft, eine einseitige empfangsbedürftige Willenserklärung; Empfänger der Erklärung ist der Empfänger der Leistung. Die Regeln über Willenserklärungen sind also auf die Zweckbestimmung anzuwenden. Bei einem Irrtum nach § 119 etwa ist die Zweckbestimmung anfechtbar; nach der Anfechtung kann sie erneut vorgenommen werden. Auch Botenschaft und Stellvertretung gemäß § 164 sind bei der Zweckbestimmung möglich, in den Fällen des § 267 ist der Dritte berechtigt, den Zweck der Leistung für den Schuldner zu bestimmen.

Beispiel: G hat gegen S eine verjährte Forderung über 1000 € aus Delikt sowie eine Forderung über 1000 € aus einem Kaufvertrag. D überweist 1000 € an G mit der Bestimmung, damit solle die Kaufpreisschuld des S getilgt werden.

---

[15] Vgl. auch Motive II, 832.

D hat als Geschäftsführer ohne Auftrag für S gehandelt, also *obligandi causa* an S geleistet, um gegen ihn den Anspruch aus § 683 zu erwerben, vgl. Rn. 12. Die Überweisung stellt aber auch eine Leistung des S an G dar, D handelt für S und bestimmt gemäß § 267 auch den Leistungszweck; getilgt ist deshalb die Kaufpreisschuld, nicht etwa die verjährte Deliktsschuld.

Geschäftsfähigkeit ist für die Zweckbestimmung regelmäßig nicht zu verlangen; beschränkte Geschäftsfähigkeit reicht gemäß § 107 aus. Die Zweckbestimmung bringt normalerweise für den Minderjährigen keine rechtlichen Nachteile, sie ist ein neutrales Geschäft. Würde man die Möglichkeit einer Leistung durch Minderjährige verneinen, so könnte man ihnen allenfalls eine Nichtleistungskondiktion zugestehen; die Vorteile, die durch die Ausgestaltung der Leistungskondiktion erreicht wurden, würden dem Minderjährigen genommen. Sollte ausnahmsweise eine Zweckbestimmung für den beschränkt Geschäftsfähigen rechtlich nachteilig sein, so ist sie nach § 111, 1 unwirksam. Der gesetzliche Vertreter kann dann die Zweckbestimmung nachholen.

Die Zweckbestimmung durch einen Geschäftsunfähigen ist unwirksam; sie kann vom gesetzlichen Vertreter des Leistenden wirksam gesetzt werden, „nachgeholt" werden.

Ist eine Zweckbestimmung aus sonstigen Gründen unwirksam, so kann sie vom Leistenden selbst nachgeholt werden.

b) Auslegung nach dem Empfängerhorizont
Die Zweckbestimmung muss als rechtsgeschäftliche Erklärung dem Leistungsempfänger zugehen. Dabei kann es geschehen, dass der Leistende (Erklärende) die Zweckbestimmung anders meint, als sie dem Empfänger objektiv erscheint. Die Zweckbestimmung ist dann nach den allgemeinen Regeln der Rechtsgeschäftslehre gemäß dem objektiven Erklärungswert auszulegen, so wie ein durchschnittlicher Beobachter sie verstehen muss; anders ausgedrückt, sie ist nach dem Empfängerhorizont auszulegen. Das bedeutet nicht, dass das Verständnis des Erklärungsempfängers den Inhalt der Zweckbestimmung bestimmt, wie dies bisweilen fälschlich dargestellt wird. Der objektive Erklärungswert der Zweckbestimmung bestimmt sich vielmehr danach, wie ein verständiger Empfänger sie verstehen musste.

> **Beispiel 1:**[16] Der Bundesbeamte beim Kreiswehrersatzamt B, dem die Auszahlung von Hilfsgeldern an entlassene Zeitsoldaten oblag, überwies an die Beklagte für sexuelle Dienste in mehreren Raten einen Geldbetrag von über 8000 €, den die Bundeskasse an sie auszahlte. Die Zahlungen erfolgten nicht auf ein Konto der Beklagten selbst, sondern für sie auf das Konto eines Bekannten. Die Bundesrepublik fordert das Geld von ihr zurück.[17] Der BGH hat der Klage stattgegeben.

---

[16] Vgl. BGH NJW 2005, 60 f.
[17] Der Fall hat seinen Vorgänger in einer Entscheidung des römischen Juristen Alfenus Varus (1. Jh. v. Chr.), überliefert in D. 11, 3, 16: Ein Sklave, der als Kassenführer eingesetzt war, wurde von seinem Eigentümer freigelassen. Bei der Kassenprüfung, die der Eigentümer erst jetzt vornahm, stellte sich heraus, dass er einiges Geld zur Bezahlung der Dienste einer leichtfertigen Dame verwandt hatte. Der Jurist entschied, der Eigentümer könne gegen die Frau mit der *actio servi corrupti* (Klage wegen Korrumpierens eines Sklaven) vorgehen, also mit einer Schadensersatz- und Strafklage, weil sie den Sklaven moralisch verdorben und so seinen Handelswert gemindert hatte; die Klage ging auf den doppelten Wert des Schadens. Ferner hafte die Frau mit der Diebstahlsklage wegen des ihr überlassenen, unterschlagenen Geldes.

Ob die Klage begründet ist, hängt entscheidend davon ab, ob es sich um Leistungen des Beamten handelte oder um Leistungen der Bundesrepublik. Handelt es sich um Leistungen des Beamten an die Beklagte zur Begleichung des Prostitutionslohns, so wäre eine Rückforderung durch den Leistenden gemäß § 1 ProstG ausgeschlossen,[18] wie auch das Gericht feststellt. Handelt es sich dagegen um eine Leistung der Bundesrepublik, so ist die *condictio indebiti* begründet, da die Beklagte keinen Anspruch auf eine solche Leistung hatte.

Wer geleistet hat, ist durch Auslegung nach dem Empfängerhorizont zu entscheiden. Zu Unrecht meint das Berufungsgericht, die Lehre vom Empfängerhorizont sei zu „verabschieden", über die Person des Leistenden könnten nicht Vorstellungen des Leistungsempfängers entscheiden. Es geht jedoch nicht um Vorstellungen des Empfängers, sondern darum, wen er nach sorgfältiger Abwägung aller Umstände nach Treu und Glauben für den Leistenden halten *durfte*; der BGH weist daher zu Recht die Ansicht des Berufungsgerichts zurück. Er kommt zu dem zutreffenden Ergebnis, die Beklagte habe erkennen müssen, dass eine Leistung der Versorgungskasse vorliege, auf die sie keinen Anspruch habe. Das zeigten insbesondere die ungeraden überwiesenen Beträge, die nicht mit dem von der Beklagten üblicherweise geforderten Prostitutionslohn übereinstimmten.

20 Die Auslegung nach dem Empfängerhorizont entspricht der h. M., während eine Mindermeinung im krassen Widerspruch zu den anerkannten Regeln der Rechtsgeschäftslehre die Zweckbestimmung so gelten lassen will, wie der Leistende sie gewollt hat, ganz unabhängig davon, wie der Empfänger sie verstehen musste. In der Praxis sind Fälle, in welchen die Zweckbestimmung anders gemeint war, als sie objektiv erscheinen muss, relativ häufig.

> **Beispiel 2**: E hat den U mit dem Bau von Reihenhäusern beauftragt. U erzählt dem E beiläufig, er werde wohl den L mit der Lieferung einzubauender Bauteile beauftragen. Als U den L um Lieferung bittet, lehnt dieser ab. L hat dabei die Absicht, das Geschäft selbst mit E zu machen, ohne Zwischenschaltung des U. L liefert Bauteile an die Baustelle des E, wo sie von U eingebaut werden. L hat der Lieferung einen Schein beigefügt, aus dem hervorgeht, dass L die Teile im eigenen Namen an E verkaufen und liefern will und dass er selbst Zahlung von E verlangen will. Der Angestellte des E, der die Lieferung entgegennahm, hat den Zettel ungelesen weggeworfen. E hat aufgrund der Lieferung des L den Gegenwert an U gezahlt, U ist insolvent geworden.
>
> **Abwandlung**: Der Arbeiter des L, der die Lieferung ausführte, hat den Schein verloren und die Lieferung ohne weitere Erklärung abgegeben.

aa) Im Beispiel erscheint die Lieferung des L objektiv als eine Leistung des L an E. E hätte erkennen können, dass L an ihn leisten wollte, das Fehlverhalten seines Angestellten ist dem E zuzurechnen. Da kein Kaufvertrag zwischen L und E besteht, kann L den Wert seiner Lieferung von E kondizieren. E kann sich wegen sei-

---

[18] Vgl. Rn. 53.

I. Die Leistung

ner Zahlung an U nicht auf Entreicherung berufen; Zahlungen an Dritte beim Erwerb einer Sache können nicht als Entreicherung geltend gemacht werden.[19] Somit trägt E das Insolvenzrisiko, er kann von U zwar den gezahlten Betrag zurückverlangen, hat aber nur eine Insolvenzforderung. Die Gegenmeinung – die Zweckbestimmung gilt, wie sie der Leistende wollte – käme hier zum gleichen Ergebnis, da nach dem Willen des L seine Lieferung als eigene Leistung an E erscheinen sollte.

bb) In der Abwandlung liegt objektiv aus der Sicht des E eine Leistung des L an U und eine Leistung des U an E vor. E musste nach den gegebenen Umständen annehmen, U habe den L mit der Lieferung beauftragt und L wolle diesem Auftrag nachkommen. Dass L selbst an ihn leisten wollte, konnte E nicht erkennen. Das Verhalten des Arbeiters des L ist diesem zuzurechnen und darf dem E nicht schaden. Es erfolgt also hier keine Leistung des L an E, L hat keine Leistungskondiktion gegen E. L hat nur einen Bereicherungsanspruch als Insolvenzforderung gegen U. Allerdings wollte L an E leisten; objektiv hat er indessen erklärt, er leiste an U und dieser an E. L hat sich also geirrt, weil er mit seinem Verhalten etwas anderes ausdrücken wollte, als es objektiv besagte; dies begründet einen Inhaltsirrtum nach § 119 I. L kann seine Zweckbestimmung gegenüber U anfechten und sie danach neu dahin vornehmen, dass er an E leiste. Danach hat L eine Leistungskondiktion gegen E, der E aber einen Schadensersatzanspruch nach § 122 I in gleicher Höhe entgegensetzen kann. E hat einen Schaden dadurch erlitten, dass er in der berechtigten Annahme, U habe geleistet, an den insolventen U den Gegenwert gezahlt hat.

Die genannte Gegenmeinung kommt auch hier zu dem Ergebnis, dass L an E geleistet habe, und zwar ohne Anfechtung und Schadensersatzpflicht. Sie beachtet damit nicht den objektiven Erklärungswert des Verhaltens des L, entgegen den allgemeinen Regeln der Auslegung. Die Auslegung nach dem objektiven Erklärungswert oder Empfängerhorizont schützt den Erklärungsempfänger vor Schäden aus Auslegungen, die auf für ihn völlig unerkennbaren Tatsachen beruhen. Die Auslegung einseitig nach dem Willen des Erklärenden müsste also das Ziel verfolgen, einseitig die Interessen des Erklärenden zu schützen und die des Empfängers gänzlich zurückzustellen. Eine solche Absicht verfolgt aber die Gegenmeinung mit der Auslegung nach dem Willen des Erklärenden keineswegs. Denn nachdem sie den Erklärungsempfänger mit der Auslegung völlig schutzlos gestellt hat, versucht sie, ihn mit den Mitteln des Bereicherungsrechts zu schützen: E soll in der Abwandlung berechtigt sein, die an U erbrachte Gegenleistung gegenüber L als Entreicherung geltend zu machen. Es lässt sich aber kein dogmatischer Grund dafür angeben, warum das in der Abwandlung zulässig sein soll, im Grundfall nicht (Rn. 20); als Grund lässt sich nur anführen, dass das Ergebnis es so fordert. Hier wird der erste Fehler durch einen zweiten wiedergutgemacht, so dass schließlich das Ergebnis stimmt. Ein billigenswertes Vorgehen ist das nicht; richtig ist es, die Zweckbestimmung nach den allgemein anerkannten Regeln der Rechtsgeschäftslehre zu behandeln. Für die Erfindung neuer Regeln, die zudem noch allen sonst anerkannten Prinzipien entgegengesetzt sind, besteht keinerlei Grund.

---

[19] Vgl. § 4 Rn. 46.

c) Zurechnung des Rechtsscheins

22 Die Auslegung muss allerdings – wie immer – alle wichtigen Umstände beachten, insbesondere auch die Frage, ob der objektive Schein einer Willenserklärung dem Erklärenden auch zuzurechnen ist.

> **Beispiel**:[20] G hat den S beauftragt, für ihn mehrere Häuser zu errichten. S überträgt Asphaltarbeiten auf D, wobei S nicht im eigenen Namen, sondern als Vertreter des G auftritt, obwohl er keine Vertretungsmacht hat. D erbringt die Arbeiten. G glaubt, D leiste damit an S und S an ihn, G; er zahlt daher den Gegenwert an S. Nachdem S insolvent geworden ist, verlangt D von G Bezahlung.

Objektiv musste die Ausführung der Asphaltarbeiten durch D dem G als eine Leistung des S, nicht als Leistung des D erscheinen; danach würde eine Leistungskondiktion des D gegen G also entfallen. Fraglich ist aber, ob dieses objektive Verständnis seines Verhaltens dem D auch zugerechnet werden kann. Der objektive Erklärungswert des Verhaltens des D resultiert aus dem unrichtigen Verhalten des S, der vorspiegelte, Vertretungsmacht für G zu haben. Dadurch sind sowohl D als auch G irregeführt worden. Es bleibt zu entscheiden, wem das Verhalten des S eher zuzurechnen ist, dem D oder dem G. Nimmt man an, dass G im Zuge seines Bauvorhabens schon länger mit S zusammenarbeitet, so dass sich zwischen ihnen ein Vertrauensverhältnis entwickelt hat, während der Kontakt des D zu S nur ganz flüchtig war, so muss das Verhalten des S und der daraus entstehende Nachteil dem G zugerechnet werden. Das bedeutet, dass das Verhalten des D als Leistung an G gewertet werden muss; D hat also in diesem Fall einen Bereicherungsanspruch gegen G.

II. Das Fehlen des Rechtsgrunds

1. Zweckverfehlung

23 Der Leistungsempfänger muss das Erlangte herausgeben, wenn er es ohne Rechtsgrund erlangt hat. Der Rechtsgrund fehlt bei einer Leistungskondiktion immer dann, wenn der mit der Leistung verfolgte Zweck, so wie er in der Zweckbestimmung gesetzt wurde, nicht erreicht worden ist:
  Bei einer *datio solvendi causa* ist also die Leistung ohne Rechtsgrund erlangt, wenn die Schuld, die mit der Leistung getilgt werden sollte, nicht getilgt wurde. Das

---

[20] Nach BGH WM 1957, 926 f. („Asphaltfall").

kann daran liegen, dass die Schuld überhaupt nicht bestand, aber auch etwa darin, dass ein nicht schuldtilgendes *aliud*[21] geleistet wurde (Rn. 9).

Bei einer *datio ob rem* ist die Leistung ohne Rechtsgrund erlangt, wenn das bei der Leistung vorausgesetzte künftige Ereignis oder der vorausgesetzte künftige Rechtserfolg nicht eintritt (Rn. 11).

Beispiel: E übereignet dem minderjährigen M sein Fahrrad.

Ob diese Leistung mit oder ohne Rechtsgrund erfolgte, ob sie also kondizierbar ist oder nicht, richtet sich danach, ob der mit der Leistung verfolgte Leistungszweck erreicht wurde. Wollte E dem M das Rad schenken, erfolgte also die Leistung *donandi causa*, so ist der Leistungszweck erreicht (Rn. 10). Der Anspruch des M aus der Handschenkung nach § 518 II ist erfüllt.

Wollte dagegen E durch die Leistung einen vorher ohne Einwilligung der Eltern mit dem M abgeschlossenen Kaufvertrag erfüllen, so ist der Leistungszweck nicht erreicht. Denn der Vertrag war (schwebend) unwirksam, eine Schuld des E aus § 433 I 1 bestand nicht, konnte also auch nicht getilgt werden. M hat die Leistung des E ohne Rechtsgrund erlangt und haftet aus § 812 I 1 (1) auf Rückübereignung und Rückgabe.

Wollte E den M mit der Übereignung dagegen zu einem bestimmten Verhalten veranlassen (*datio ob rem*), so erfolgt eine Leistung mit Rechtsgrund, wenn M der Erwartung des E nachkommt.

2. Unwirksamkeit des Grundgeschäfts

Ungenau (wenn auch regelmäßig unschädlich) ist es, wenn ein Fehlen des Rechtsgrunds für eine Leistung darin gesehen wird, dass das Grundgeschäft, etwa der Kaufvertrag, unwirksam ist. Nicht hierauf, sondern auf das Verfehlen des Leistungszwecks kommt es an. Die Unwirksamkeit des Grundgeschäfts kann nur bei der *datio solvendi causa* zur Rechtsgrundlosigkeit führen; denn eine tilgbare Schuld besteht bei einem unwirksamen Vertrag nicht. Zudem kann nur die Zweckbestimmung darüber Auskunft geben, welche Schuld aus welchem Geschäft getilgt werden sollte.

24

III. Die einzelnen Leistungskondiktionen

1. Die condictio indebiti, § 812 I 1 (1)

a) Leistung ohne Rechtsgrund

Die *condictio indebiti*, § 812 I 1 (1), greift dann ein, wenn jemand etwas zur Tilgung einer Schuld geleistet hat, die Schuld durch die Leistung aber nicht getilgt wurde, etwa weil die Schuld nicht bestand. Aus welchem Grund die angebliche Schuld her-

25

---

[21] Zum *aliud* vgl. oben § 1 Fn. 6.

rührt, ist unbedeutend, der Leistende kann etwa glauben, aus Vertrag, aus Delikt, aus ungerechtfertigter Bereicherung usw. verpflichtet zu sein. Unerheblich ist ferner, aus welchem Grund die angebliche Schuld nicht besteht oder aus welchem Grund sonst der Leistungszweck nicht erreicht wurde.

b) Erfüllung trotz Einrede

26 Dem Fehlen der Forderung, auf welche geleistet wird, stellt das Gesetz in § 813 I 1 eine Forderung gleich, gegen welche eine peremptorische (dauernde) Einrede besteht. Dilatorische (d. h. aufschiebende) Einreden, z. B. nach § 320, genügen zur Kondiktion nicht. Was auf eine mit einer peremptorischen Einrede behaftete Forderung geleistet wird, kann in gleicher Weise kondiziert werden, als bestünde die Forderung nicht.

Beispiel: Erbe E erfüllt eine Nachlassschuld gegenüber G, es stellt sich heraus, dass praktisch keine Aktiva im Nachlass sind.

E konnte dem G die Einrede der Dürftigkeit des Nachlasses entgegenhalten, § 1990 I; wusste er nicht, dass er die Einrede erheben konnte und hat er deswegen geleistet, so kann er die Leistung kondizieren, §§ 812 I 1 (1), 813 I 1.

Peremptorische Einreden sind weiter etwa die Einrede der Bereicherung, § 821; die Einrede der unerlaubten Handlung, § 853; die Einrede der Anfechtbarkeit einer letztwilligen Verfügung, § 2083.

Für die gleichfalls peremptorische Einrede der Verjährung gilt jedoch eine Ausnahmeregelung. Hier ist eine Kondiktion ausgeschlossen, §§ 813 I 2, 214 II. Was auf eine verjährte Forderung gezahlt ist, kann also nicht kondiziert werden. Das gilt auch, wenn der Käufer zahlt, obwohl er die Einrede aus § 438 IV 2 (Sachmängeleinrede) hatte.

Könnte der Schuldner die dilatorische Einrede fehlender Fälligkeit erheben und leistet dennoch, kann er das Geleistete nicht zurückfordern, vgl. § 813 II. Das Gesetz spricht von einer „betagten", also einer schon existenten, aber noch nicht fälligen Verbindlichkeit.

c) Kondiktionsausschluss gemäß § 814 bei Kenntnis der Nichtschuld

27 Im gemeinen Recht musste der Kondizierende bei der *condictio indebiti* beweisen, dass er sich bei der Leistung über das Bestehen der Schuld, auf welche er leistete, geirrt hatte. Er musste also nachweisen, er habe geglaubt, die Schuld habe wirklich bestanden. § 812 I verlangt einen solchen Beweis nicht mehr vom Kondizierenden. Das Gesetz hat vielmehr mit § 814 die Beweislast umgekehrt: Es geht in § 812 davon aus, dass der Leistende das Nichtbestehen der Schuld, auf welche er leistet, nicht kennt; den Kondizierenden trifft insoweit keine Beweislast. Vielmehr ist der Fall, dass der Leistende das Nichtbestehen der Forderung, auf welche er leistet, kennt, in § 814 als Ausnahme geregelt; wer sich darauf beruft, dass der Leistende das Nichtbestehen der Schuld gekannt habe, muss es beweisen.

28 **aa) Ratio legis** Wer also wissend auf eine nichtbestehende Schuld leistet, kann nicht kondizieren; dasselbe gilt, wenn der Leistende weiß, dass eine dauernde Ein-

III. Die einzelnen Leistungskondiktionen

rede besteht. Vielfach wird er Schenkungsabsicht haben, ein Schenkungsvertrag kann aber daran scheitern, dass der Empfänger die Leistung als geschuldet annimmt; trotzdem kann der Leistende seine Leistung nicht zurückverlangen.

Der Grund für den Ausschluss der *condictio indebiti* in § 814 – es handelt sich um eine rechtshindernde Einwendung – liegt darin, dass der Leistende an seine Entscheidung gebunden wird. Wenn er weiß, dass er nicht verpflichtet ist und dennoch leistet, so setzt er einseitig einen *Behaltensgrund*, eine *causa*, für seine Leistung. Die Zweckbestimmung bei einer wissentlichen Leistung auf eine Nichtschuld trägt also ihre *causa* in sich und hat daher gegenüber der einfachen Zweckbestimmung einen erweiterten Inhalt. Sie ist eine Willenserklärung,[22] durch welche der Erklärende sich bindet und welche daher immer für ihn rechtlich nachteilig ist; die §§ 106 ff. sind anzuwenden. Leistet etwa ein Minderjähriger ohne Zustimmung seines gesetzlichen Vertreters wissend auf eine Nichtschuld, so wird er dadurch nicht gebunden, § 814 greift nicht ein; der Minderjährige hat die *condictio indebiti*.

Beispiel: Erblasser E hat seinem volljährigen Sohn S als Alleinerben in einem unwirksamen Testament das Vermächtnis auferlegt, dem X ein Bild herauszugeben. S weiß, dass das Testament unwirksam ist, dennoch gibt er dem X das Bild, weil er glaubt, es sei eine wertlose Kopie. Es stellt sich heraus, dass es ein wertvolles Original ist.

S kann die einseitig gesetzte *causa* der Leistung nach § 119 II anfechten und dann das Bild herausverlangen.

bb) Zahlung unter Vorbehalt Wer wissentlich auf eine Nichtschuld leistet, muss keine Schenkungsabsicht haben.

Beispiel: S zahlt dem G sein Darlehen zurück, versäumt es aber, sich den Schuldschein zurückgeben und sich eine Quittung erteilen zu lassen. G stirbt, sein Erbe E findet den Schuldschein und verlangt Zahlung von S. S erkennt, dass er die Rückzahlung des Darlehens nicht beweisen kann und dass er einen Prozess verlieren würde. Er zahlt daher ohne weitere Erklärungen noch einmal.

---

[22] Man könnte auch sagen, der Leistende sei an seine Zweckbestimmung gebunden, weil er sonst gegen das Verbot des *venire contra factum proprium* (§ 242) verstieße; das empfiehlt sich jedoch nicht. Im 2. Jh. v. Chr. hat der römische Prätor den Grundstein der Rechtsgeschäftslehre dadurch gelegt, dass er Rechtsgeschäfte für verbindlich erklärte, weil niemand gegen die *bona fides*, gegen Treu und Glauben verstoßen darf, indem er sein gegebenes Wort bricht. Es hat heute keinen Sinn, die Verbindlichkeit einer Willensäußerung durch einen Rückgriff auf Treu und Glauben zu begründen und so etwa 2200 Jahre in der Geschichte der Rechtswissenschaft zurückzugehen. Das würde einen Verzicht auf die inzwischen erarbeiteten Regeln über Rechtsgeschäfte bedeuten: Begründet man die Verbindlichkeit einer Willenserklärung mit § 242, so kann man bei Bedarf nicht auf die §§ 104 ff., 119 ff. zurückgreifen, etwa wenn der Erklärende minderjährig ist oder wenn er sich irrt.

Würde S nachher Beweise für die Rückzahlung an E finden, so könnte er doch das an E Geleistete nicht zurückverlangen. Er hätte unter Vorbehalt zahlen müssen, wenn er sich diese Möglichkeiten offenhalten wollte. Der Vorbehalt macht deutlich, dass der Leistende sich durch die wissentliche Leistung auf die Nichtschuld nicht binden will, dass er die Leistung zurückverlangen will, sobald die Voraussetzungen der *condictio indebiti* vorliegen und nachweisbar sind.

30 cc) **Anstands- und Sittenpflicht** Die *condictio indebiti* ist gemäß § 814 ferner dann ausgeschlossen, wenn die nicht geschuldete Leistung einer Anstandspflicht oder einer sittlichen Pflicht entsprach.

Beispiel: B glaubt, er sei nach dem Gesetz verpflichtet, seiner Schwester Unterhalt zu zahlen; er tut das. Dann erfährt er, dass eine solche Pflicht nicht besteht.

B kann das Geleistete nicht kondizieren, da die Zahlung von Unterhalt an die Schwester einer sittlichen Pflicht entspricht.

31 dd) **Anwendungsbereich** § 814 ist nur auf die *condictio indebiti* anwendbar, wie die Vorschrift ausdrücklich sagt. Die Vorschrift gilt nicht für die *condictio ob causam finitam* (vgl. dazu Rn. 34). § 814 ist auch nicht auf die *condictio ob rem* anwendbar. Bei der *condictio ob rem* weiß der Leistende immer, dass er nicht zur Leistung verpflichtet ist (Rn. 11); trotzdem kann er kondizieren.

d) Nachträgliche Änderung der Zweckbestimmung bei Zahlung auf vermeintlich eigene Schuld?

32 Zahlt jemand die Schuld eines Dritten in der Meinung, selbst der Schuldner zu sein, so kann er seine Leistung vom Gläubiger kondizieren, da er ohne Rechtsgrund geleistet hat.[23]

Beispiel 1: Bei A erscheint der G und fordert Schadensersatz für eine Hose, die der Hund des A zerrissen habe; A zahlt dem G den Schaden. Es stellt sich heraus, dass der Hund des S der „Täter" war.

A hat an G ohne Rechtsgrund gezahlt; die Schuld, die A mit der Zahlung tilgen wollte, bestand nicht, der Leistungszweck ist nicht erreicht; A hat gegen G die *condictio indebiti*. Gegen S kann A nicht vorgehen. Einen Anspruch gegen S hätte A nur, wenn er als Geschäftsführer ohne Auftrag für S hätte zahlen wollen, vgl. §§ 267, 683, 684.

Fraglich ist, ob A nachträglich den Zweck seiner Leistung dahin bestimmen kann, er wolle nach § 267 die Schuld des S tilgen; ob man ihm also im Ergebnis ein Wahlrecht einräumt, gegen G oder gegen S vorzugehen.

---

[23] Anders ist die Situation, wenn jemand weiß, dass er nicht Schuldner ist, wenn er aber gemäß § 267 für den Schuldner zahlen will; vgl. dazu § 7 Rn. 2 ff.

Beispiel 2: G ist im Beispiel 1 insolvent geworden, so dass A von ihm nichts mehr bekommen kann. A will daher nach § 683 oder § 684 gegen S vorgehen.

Dieses Beispiel dient der wohl h. M. als Begründung für die Zubilligung des Wahlrechts. Es sei unbillig, wenn A das Geleistete nicht zurückerhalte, wenn G (bzw. sein Insolvenzverwalter) die Leistung des A also behalten könne; könne G außerdem gegen S vorgehen, werde er doppelt bezahlt.

Dem hält die Gegenmeinung zu Recht entgegen, dass es keineswegs unbillig ist, wenn A sein Geld verliert. Er ist ein Insolvenzgläubiger des G wie jeder andere, und es besteht kein Grund, ihn vor den anderen Insolvenzgläubigern zu privilegieren. Dass die Ersatzsumme zweimal in die Insolvenzmasse fließt, hat ebenfalls nichts Unbilliges; die Insolvenzmasse ist bereichert, sie muss die Bereicherung in Höhe der Insolvenzquote, wie sie alle Insolvenzgläubiger erhalten, herausgeben. Es bleibt also bei der allgemeinen Regelung, dass der rechtsgrundlos Leistende gegen den Leistungsempfänger vorgehen kann, zur Bildung von Ausnahmeregeln besteht kein Grund; ein Recht zur nachträglichen Änderung der Zweckbestimmung besteht nicht.

e) Beweislast

Der Bereicherungsgläubiger hat alle Voraussetzungen zu beweisen, also das vom Bereicherungsschuldner erlangte „Etwas", die Leistung und ihre Rechtsgrundlosigkeit, im Falle des § 813 die peremptorische Einrede. Der Bereicherungsschuldner dagegen muss die Voraussetzungen des § 814 beweisen (Rn. 27).

Etwas anderes muss entgegen h. M. bei einer vom Bereicherungsschuldner behaupteten Schenkung gelten. Nicht hat der Bereicherungsgläubiger, wie üblich, die Rechtsgrundlosigkeit seiner Leistung zu beweisen, also den vom Bereicherungsschuldner eingewendeten Behaltensgrund, dass ihm die Sache geschenkt worden sei, zu entkräften;[24] vielmehr muss umgekehrt, eingedenk der historisch tradierten und der Lebenserfahrung entsprechenden Maxime *donatio non praesumitur* („eine Schenkung wird nicht vermutet") der Bereicherungsschuldner die von ihm behauptete Schenkung nachweisen.

2. Die condictio ob causam finitam, § 812 I 2 (1)

Die *condictio ob causam finitam* ist ein Unterfall der *condictio indebiti*, in beiden Fällen wird zum Zweck der Erfüllung einer Verbindlichkeit geleistet: *datio solvendi causa* (Rn. 9). Bei der *condictio indebiti* besteht die Verbindlichkeit nicht, bei der *condictio ob causam finitam* fällt sie nachträglich weg, z. B. weil die Parteien nachträglich den Vertrag aufheben, weil eine auflösende Bedingung oder Befristung eintritt, weil eine Schenkung nach § 531 widerrufen wird. Dagegen ist die Kondiktion nicht anwendbar, wenn wie bei Rücktritt, Wegfall der Geschäftsgrundlage oder verbraucherschützendem Widerruf ein eigenes Rückabwicklungsregime besteht.

---

[24] BGH JZ 2000, 568; NJW 2014, 2275 Rn. 14 f.

§ 814 ist auf die *condictio ob causam finitam* nicht anwendbar, da zum Zeitpunkt der Leistung der Rechtsgrund noch bestand, selbst wenn der Leistende von der Möglichkeit wusste, dass er nachträglich entfallen könnte.

Zweifelhaft ist es im Hinblick auf § 814, ob bei einer Anfechtung der Rechtsgrund nachträglich wegfällt, weil man auf den Zeitpunkt der Anfechtungserklärung abstellt, oder von vornherein fehlt, weil gemäß § 142 I die angefochtene Willenserklärung rückwirkend entfällt.

Beispiel: K weiß, dass V den Kaufvertrag anfechten kann, trotzdem zahlt er den Kaufpreis an V.

Ficht V an, so kann K den Kaufpreis kondizieren. Nimmt man einen nachträglichen Wegfall des Rechtsgrunds an, so hat K die *condictio ob causam finitam*, § 812 I 2 (1), auf welche § 814 nicht anwendbar ist. Die Kondiktion ist nicht gesperrt.

Geht man dagegen mit der wohl h. M. wegen § 142 I von einem ursprünglichen Fehlen der Forderung aus, so steht dem K die *condictio indebiti* gemäß § 812 I 1 (1) zu. Auch in diesem Fall ist aber die Kondiktion nicht etwa nach § 814 ausgeschlossen, weil K aufgrund seiner Kenntnis des Anfechtungsgrunds gemäß § 142 II so zu behandeln wäre, als hätte er die Nichtigkeit des Kaufvertrags gekannt. Denn die fiktive Rückwirkung der Anfechtung ändert nichts daran, dass der Leistende, der die Anfechtungsmöglichkeit kennt, dennoch auf eine bestehende Forderung leistet und ihm nicht der Wille unterstellt werden kann, er wolle die Leistung auch für den Fall, dass der Rechtsgrund nachträglich entfalle.

Einfacher ist es, bei der Anfechtung bezüglich des Rechtsgrunds auf den Zeitpunkt der Anfechtungserklärung abzustellen und einen nachträglichen Wegfall anzunehmen, da § 814 auf die *condictio ob causam finitam* auf keinen Fall anwendbar ist.

3. Die condictio ob rem, § 812 I 2 (2)

a) Geschichte der condictio ob rem

Die *condictio ob rem* wird auch als *condictio causa data causa non secuta* bezeichnet oder als *condictio ob causam datorum*. Es handelt sich um die Fälle, in welchen der Leistende eine nicht geschuldete Leistung erbringt in der Erwartung des Eintritts eines künftigen Ereignisses. Das erwartete künftige Ereignis besteht häufig darin, dass der Empfänger der Leistung seinerseits eine Leistung erbringen soll, auf welche der Leistende aber keinen Anspruch hat.

Die praktische Bedeutung der *condictio ob rem* hat im Laufe der Geschichte des Rechts ständig abgenommen, infolge der Weiterentwicklung des Vertragsrechts. Die *condictio ob rem* war eine außerordentlich wichtige Klage in der Zeit, als Verpflichtungsverträge noch nicht anerkannt waren und daher nicht durchgesetzt werden konnten. Zu dieser Zeit konnte man zwar die Leistungen austauschen, sich aber

III. Die einzelnen Leistungskondiktionen

nicht zu einer künftigen Leistung verpflichten.[25] Wenn etwa A dem B eine Sache gab und vereinbarte, B solle dafür in einem Monat eine bestimmte Geldsumme an A zahlen, so konnte A die Geldzahlung nicht erzwingen. Der Kaufvertrag war nicht als wirksam anerkannt, und eine entsprechende Vereinbarung brachte keinen Anspruch hervor. Zahlte B nicht, so konnte A nur seine eigene Leistung kondizieren, weil der von ihm bestimmte Leistungszweck – Erhalt des Geldes – nicht eingetreten war; die *condictio ob rem* war in solchen Fällen die einzige „Vertragsklage". Zahlte dagegen B wie vereinbart, so war damit der Leistungszweck des A erreicht und dadurch die *condictio ob rem* ausgeschlossen.

Die Bedeutung der *condictio ob rem* sank erheblich, als der römische Prätor gegen Mitte des 3. Jh. v. Chr. die wichtigsten Verpflichtungsverträge verbindlich und klagbar machte. Aber immer noch behielt sie ihre Bedeutung für alle Vertragsarten, für die es keine Klage gab. Das galt etwa für den Tauschvertrag: Übergab einer seine Sache sofort und versprach der andere die spätere Leistung einer anderen Sache, so konnte sie nicht erzwungen werden; die getroffene Vereinbarung war ein rechtliches Nullum, rechtlich relevant war nur die einseitige Zweckbestimmung. Wer der beiden Partner dem anderen die vereinbarte Leistung erbrachte, konnte sie kondizieren, wenn er die in der Zweckbestimmung bezeichnete Gegenleistung nicht erhielt; erhielt er die bestimmte Gegenleistung, so schloss das die *condictio ob rem* aus.

Weiter wurde die Bedeutung der *condictio ob rem* in der Neuzeit eingeschränkt, als mit Einführung der Vertragsfreiheit Verträge jeder Art verbindlich wurden.[26] Heute hat die *condictio ob rem* nur noch eine relativ geringe Bedeutung, einmal für Verträge, die von der Rechtsordnung nicht anerkannt werden,[27] bei einseitigen Leistungen ohne Absprache[28] oder wenn das erwartete künftige Ereignis überhaupt nicht in einer Leistung des Empfängers liegt.[29] Wird der einseitig gesetzte Leistungszweck erreicht, darf der Empfänger die Leistung behalten; andernfalls kann sie kondiziert werden.

b) Unanwendbarkeit der condictio ob rem
Gemäß dieser Normgeschichte muss also zunächst festgestellt werden, welche Geschäfte *nicht* unter § 812 I 2 (2) subsumiert werden können:

aa) Klagbare Leistungen
Die *condictio ob rem* greift gemäß ihrer Normgeschichte nicht ein, wenn der bezweckte Erfolg wirksam vereinbart ist und daher durchgesetzt werden kann. Ist die Leistung klagbar, so ist die *condictio ob rem* nicht anwendbar, auch wenn Leistungsstörungen auftreten; die hierfür geltenden Regeln gehen einer Abwicklung über die *condictio ob rem* vor.

---

[25] Auch in Platons idealer Rechtsordnung müssen die Leistungen sofort ausgetauscht werden; wer dem anderen einen Aufschub für die Leistung gewährt, hat deswegen keinen Anspruch gegen ihn, vgl. Nomoi Buch 11, 915 d, e.
[26] Vgl. Protokolle der zweiten Kommission, in: Mugdan II, 1175.
[27] Vgl. den Onkel-Nichte-Fall oben Rn. 11.
[28] Vgl. das Beispiel in Rn. 16: Bestellung einer Grundschuld.
[29] Etwa in einer Leistung, um einen Anspruch auf Verwendungsersatz aus §§ 683, 670 gegen den Empfänger zu erwerben, vgl. das Beispiel in Rn. 12.

> **Beispiel:**[30] Der Kläger (K) hat 1941 vom Beklagten (B) ein Grundstück erworben, B verspricht, eine darauf von der NSV[31] betriebene Schweinemästerei zu entfernen. Als Gegenleistung hat B 130.000 RM erhalten. Zur Entfernung der Schweinemästerei ist es nicht mehr gekommen, der Betrieb wurde 1945 eingestellt. K verlangt 130.000 RM = 13.000 DM zurück, weil B für die Entfernung der Schweinemästerei nach dem Krieg keine Aufwendungen machen musste.

Der BGH gibt die *condictio ob rem*, weil der mit der Leistung bezweckte Erfolg nicht aufgrund der Tätigkeit des B eingetreten sei. Aber das Tätigwerden des B war zunächst vertraglich geschuldet und erzwingbar, die *condictio ob rem* ist deshalb ausgeschlossen. Später ist der Erfolg ohne Leistung des B eingetreten, es liegt eine Leistungsstörung in Form der Zweckerreichung vor, § 275 I. Nach jetziger Rechtslage hätte K einen Anspruch auf Rückzahlung nach §§ 326 IV, 346.

37 bb) **Bedingte Leistungen** Die *condictio ob rem* greift ferner nicht ein, wenn der bezweckte Erfolg zur Bedingung erhoben wurde.

> **Beispiel:**[32] A hat als Sparkassenbeamter Geld unterschlagen. Er bittet, ihm das unterschlagene Geld als Darlehen zu lassen und von einer Strafverfolgung abzusehen. Für diesen Fall bietet er eine Bürgschaft seines Schwiegervaters V. Die Sparkasse nimmt die Bürgschaft und erstattet Strafanzeige. V verlangt von der Sparkasse Rückgängigmachung der Bürgschaft.

Die Parteien waren sich darüber im Klaren, dass V die Bürgschaft nur erklärte, damit sein Schwiegersohn nicht angezeigt würde; andernfalls konnte V an der Übernahme der Bürgschaft kein Interesse haben. Die Bürgschaft war unter einer auflösenden Bedingung erteilt, § 158 II. Die Bedingung ist mit der Strafanzeige eingetreten, V hat die *condictio ob causam finitam* (vgl. Rn. 34). Die *condictio ob rem* könnte daher nur dann eingreifen, wenn man bei der Auslegung zu dem Ergebnis käme, dass eine Bedingung nicht gewollt war.

38 cc) **Leistungen aus unverbindlichen Motiven** Die *condictio ob rem* greift auch dann nicht ein, wenn der erstrebte Zweck nur ein unverbindliches Motiv des Leistenden ist. Ein solches ist anzunehmen, wenn der Leistende dem Empfänger den Leistungszweck überhaupt nicht mitteilt oder doch nicht in einer Weise, dass der Empfänger die Bedeutung erkennen kann, welche der gesetzte Zweck für den Leistenden hat.

> **Beispiel:** E veräußert seinem Nachbarn N einen Teil seines Grundstücks in der unausgesprochenen Erwartung, es werde gute Nachbarschaft herrschen.

---

[30] Nach BGH MDR 1952, 33.
[31] „Nationalsozialistische Volkswohlfahrt".
[32] Nach RGZ 118, 358 ff.

Verfeinden sich E und N, so hat E keine *condictio ob rem*; eine auflösende Bedingung wurde ebenfalls nicht vereinbart, auch kein Wegfall der Geschäftsgrundlage gemäß § 313, sondern nur ein unverbindliches Motiv.[33]

dd) „Rechtsgeschäft" als einseitige Zweckbestimmung Aus alldem folgt, dass die *condictio ob rem* überflüssig ist, wenn eine Bedingung vereinbart ist; sie greift ferner nicht ein, wenn der Leistungszweck nur ein unverbindliches Motiv ist. Der gemäß § 812 I 2 (2) „mit dem Inhalt des Rechtsgeschäfts bezweckte Erfolg" muss also irgendwo zwischen Bedingung und Motiv liegen. Das Rechtsgeschäft, auf welches das Gesetz sich hier bezieht, kann nur die einseitige Zweckbestimmung des Leistenden sein;[34] ein anderes Rechtsgeschäft (ein verbindlicher Vertrag) darf ja gerade nicht vorliegen.[35] Dieser Leistungszweck, der weder Bedingung ist noch bloßes Motiv, entspricht Windscheids „Voraussetzung",[36] auf welche sich die erste BGB-Kommission in § 742 E I ausdrücklich bezogen hatte.[37] Er ist immer dann gegeben, wenn der Leistende verbindlich zum Ausdruck bringt, dass er die Leistung nur erbringt für den Fall, dass der mit der Leistung verfolgte Zweck eintritt. In Zweifelsfällen kann nur eine Willensauslegung helfen, ob es sich um ein unverbindliches Motiv, die Vereinbarung einer Bedingung oder eine einseitige Voraussetzung handelt.

c) Anwendungsgebiete für die condictio ob rem

Die *condictio ob rem* greift etwa ein, wenn jemand eine ungeschuldete Leistung erbringt, um den Empfänger zum Abschluss eines Vertrags zu bewegen,[38] dies jedoch nicht gelingt.

> **Beispiel 1**: V hat dem K notariell sein Grundstück verkauft, dabei wurde absichtlich ein geringerer Preis als gewollt angegeben, um Steuern und Notargebühren zu sparen. Der beurkundete Kaufvertrag ist nach § 117 I unwirksam, der nicht beurkundete nach §§ 117 II, 311b I 1; 125, 1. K überweist dennoch den vereinbarten Kaufpreis.

Dadurch will K erreichen, dass auch V seinerseits freiwillig den Vertrag erfüllt, d. h. ihm das Eigentum am Grundstück verschafft. Damit wird auch der Kaufvertrag wirksam, § 311b I 2. Erfüllt V den unwirksamen Vertrag nicht, so hat K die *condictio ob rem*.

---

[33] Wenn nicht die Auslegung etwas anderes ergeben sollte, was aber Tatfrage ist.
[34] Vgl. die Protokolle der zweiten Kommission, in: Mugdan II, 1172: Rechtsgrund ist „die der Leistung gegebene Zweckbestimmung". Die Kommission formulierte noch „der mit der Leistung bezweckte Erfolg", woraus die Redaktionskommission die jetzige Formulierung machte. Zur Redaktionsgeschichte Finkenauer, Festschrift J. Schröder, 2013, 21, 37 ff.
[35] Andernfalls könnte die *condictio ob rem* nicht eingreifen, vgl. Rn. 35.
[36] Vgl. Windscheid, Die Lehre des römischen Rechts von der Voraussetzung, 1850.
[37] Vgl. oben § 1 Rn. 10.
[38] Vgl. etwa das Grundschuldbeispiel oben Rn. 16.

Die *condictio ob rem* greift weiter ein, wenn geleistet wird, um den Empfänger zu einer einseitigen Willenserklärung zu veranlassen[39] oder, wie in den folgenden Beispielen, zu einem tatsächlichen Verhalten.

> **Beispiel 2**: Ehemann M räumt seiner Frau F eine Grundschuld über 50.000 € ein, damit sie ihn nicht verlasse.

Die ohnehin aus der Ehe bestehende Pflicht, den M nicht zu verlassen (vgl. § 1353 II), ist nicht durchsetzbar, § 120 III FamFG. Verlässt F den M, kann M die Grundschuld kondizieren.

> **Beispiel 3**: A gibt dem B 10.000 €, damit dieser die Tochter des A heirate; den A nicht wegen einer Straftat anzeige; damit er Jura studiere (oder nicht studiere); damit B eine gefährliche Forschungsreise unternehme. B nimmt das Geld und verspricht, das Verlangte zu tun.

In allen diesen Fällen ist die *condictio ob rem* anwendbar, wenn B dem von A gesetzten Leistungszweck nicht nachkommt. Eine Verpflichtung zu dem genannten Verhalten wäre unwirksam, denn es verstößt gegen die guten Sitten, durch Verträge die persönliche Freiheit in zentralen Punkten der Entfaltung der Persönlichkeit binden zu wollen.

Man kann die Falllösung auch so konstruieren, dass man in den genannten Fällen eine Schenkung annimmt unter der Bedingung oder Geschäftsgrundlage, dass der Beschenkte den Erwartungen nachkomme. Das führt schließlich zum gleichen Ergebnis. Allerdings war die Geldzahlung wohl kaum als Schenkung gedacht, so dass die Abwicklung über die *condictio ob rem* korrekter erscheint.

d) Voraussetzung einer Leistung

41 Zu beachten ist, dass die *condictio ob rem* eine Leistungskondiktion ist, also eine Leistung voraussetzt.

> **Beispiel**:[40] Der Kläger (K) hatte von seiner Tante (T) ein Grundstück gepachtet und darauf ein Gebäude errichtet. Dabei ging er von der berechtigten Hoffnung aus, er werde die T beerben. Kurz vor ihrem Tod änderte die T ihr Testament und setzte den Beklagten (B) zum Erben ein. K verlangt von B Wertersatz für das Gebäude.

Nach Ansicht des BGH steht dem K die *condictio ob rem* zu. Das ist nicht richtig, denn K hat nicht an die T geleistet, als er das Gebäude errichtete. Er verfolgte mit dem Bau weder den Zweck, die T zu beschenken (*datio donandi causa*), noch Wertersatz von ihr zu verlangen (*datio obligandi causa*). K verfolgte mit dem Bauen auch nicht den Zweck, die T dazu zu bewegen, ihn zum Erben einzusetzen.

---

[39] Vgl. das Onkel-Nichte-Beispiel oben Rn. 11.
[40] Nach BGHZ 44, 321; ähnlich auch BGHZ 35, 356; BGH NJW 1989, 2745.

Er ging vielmehr selbstverständlich davon aus, Erbe zu werden. Er baute, weil er sich für den Erben hielt, also im eigenen Interesse. K hat daher gegen B eine Verwendungskondiktion.[41]

e) Angestaffelte Zwecke

Streitig ist, ob die *condictio ob rem* auch dann in Betracht kommt, wenn ein wirksamer gegenseitiger Vertrag besteht, in welchem ein über die Gegenleistung hinausgehender Erfolg vereinbart wird. In einem solchen Fall spricht man davon, dass die Parteien einen weiteren Zweck vereinbart oder wenigstens erkennbar ihrer Vereinbarung zugrunde gelegt („angestaffelt") haben, der dann enttäuscht wird.

42

Beispiel: E verkauft sein Grundstück billig an die Stadt, damit diese darauf ein Theater erbaue. Die Stadt errichtet darauf ein Sparkassengebäude.

Es liegt eine Vertragsstörung vor, für welche die *condictio ob rem* nicht der richtige Rechtsbehelf ist. Hat die Stadt sich zur Errichtung des Theaters verpflichtet, so kann E den Bau einklagen; er kann auch nach § 323 vom Vertrag zurücktreten oder nach §§ 280, 281 Schadensersatz verlangen. Ist der Bau des Theaters (auflösende) Bedingung, so greift die *condictio ob causam finitam* ein. Wurde keine Bedingung vereinbart, so war der Bau des Theaters für E doch erkennbar Geschäftsgrundlage des Vertrags; E kann deshalb nach § 313 III vom Vertrag zurücktreten. Würde die Auslegung ergeben, dass der Bau des Theaters für E nur ein unverbindliches Motiv war (was kaum anzunehmen ist), so würden sich aus dieser Nebenabrede keinerlei Rechtsfolgen ergeben (Rn. 38). Für eine Anwendung der *condictio ob rem* ist in solchen Fällen kein Platz.

f) Schaffung eines Behaltensgrunds bei Zweckerreichung

Die *condictio ob rem* ist also dann anzuwenden, wenn eine nicht geschuldete Leistung erbracht wird unter der Voraussetzung des Eintritts eines künftigen Ereignisses (das nicht Gegenstand einer Bedingung oder Geschäftsgrundlage ist) und wenn dieser gesetzte Zweck nicht eintritt. Dass für diesen Fall überhaupt die Anordnung einer Kondiktion erforderlich ist, überrascht. Die Funktion der *condictio ob rem* liegt weniger in dem Anspruch, den sie begründet, als im Ausschluss dieses Anspruchs für den Fall, dass das erwartete Ereignis eintritt. Der Leistende kann also durch die *datio ob rem* einseitig einen Behaltensgrund, eine *causa*, setzen, ebenso wie im Fall des § 814.[42] Eines Vertrags bedarf es dafür nicht, ein solcher wäre bei der *condictio ob rem* auch gar nicht denkbar, er würde sie ausschließen.

43

Bei der *datio ob rem* darf der Empfänger der Leistung diese nach Eintritt des Erfolgs behalten, weil die einseitig vom Leistenden gesetzte *causa* ihn dazu befugt. Der Leistende ist an seine einseitig gesetzte *causa* gebunden. Eine solche Bindung

---

[41] Der Aufwendungsersatz nach § 539 I genießt dann keinen Vorrang, wenn die Verwendung nicht (wie regelmäßig) durch das Mietverhältnis veranlasst ist, sondern durch die erwartete Erbenstellung; vgl. Motive, in: Mugdan II 220; BGHZ 108, 256 Rn. 21; BGH NJW 2013, 3364. Zum grundsätzlichen Vorrang des § 539 I unten § 4 Rn. 31.

[42] Vgl. Rn. 28.

kann nur eintreten, wenn der Leistende geschäftsfähig ist, ebenso wie bei § 814 (vgl. Rn. 28). Nimmt etwa ein Minderjähriger eine *datio ob rem* vor, so ist darin zwar eine Leistung i. S. d. § 812 I 2 (2) zu sehen, aber keine *causa*, die zum Behalten der Leistung berechtigen könnte.

> **Beispiel**: Der Minderjährige M hat eine Ordnungswidrigkeit begangen. Aus unbegründeter Furcht vor der Justiz gibt er dem B 1000 €, damit dieser ihn nicht anzeige. Nachdem die Tat verjährt ist, erfährt der Vater des M von der Angelegenheit und verlangt im Namen des M das Geld von B zurück.

Zwar ist der mit der *datio ob rem* eingetretene Zweck erreicht worden, dennoch kann B die Leistung des M nicht behalten. Da M nicht voll geschäftsfähig war, war er nicht in der Lage, wirksam für B eine *causa* zum Behalten der 1000 € zu setzen. B haftet dem M mit der *condictio ob rem*.

g) Zweckvereinbarung?

44 Die Bestimmung des bezweckten Erfolgs, d. h. das Setzen des Leistungszwecks, geschieht hier wie bei allen Leistungen einseitig durch den Leistenden; die Entscheidung des § 366 I gilt auch hier.[43] Der nach § 812 I 2 (2) relevante „Inhalt des Rechtsgeschäfts", d. h. der Leistung, ist derjenige, den der Leistende bestimmt (Rn. 39). Es ist durch nichts gerechtfertigt, wenn die h. M. bei der *datio ob rem* eine Vereinbarung über den Leistungszweck fordert.[44] Es können keinerlei Gründe dafür angegeben werden, warum allgemein die Zweckbestimmung einseitig durch den Leistenden erfolgen soll, bei der *datio ob rem* aber eine Ausnahme von dieser allgemeinen Regel erforderlich sei. Zwar ist es richtig, dass ein bloßes einseitiges Motiv keine *condictio ob rem* begründen kann, deswegen ist aber keineswegs eine Zweckvereinbarung zu fordern. Es reicht aus, wenn der Leistende eine Zweckbestimmung trifft und der Leistungsempfänger den Zweck der Leistung *erkennen* kann; für die Zwecksetzung gilt insoweit nichts anderes als für jede empfangsbedürftige Willenserklärung; sie ist so auszulegen, wie der Empfänger sie verstehen muss.

Wie ferner eine Zweckvereinbarung zustande kommen soll, wenn der Leistende die Leistung ohne Absprache mit dem Empfänger erbringt, ist vollends unklar. Wenn im Beispiel in Rn. 16 S dem G die Grundschuld bestellt, um ihn zur Gewährung eines Darlehens zu bewegen, muss dann der Empfänger erst dem Leistungszweck zustimmen, um diesem Wirkung zu verschaffen? Wie, wenn er das nicht tut, sich vielleicht überhaupt nicht äußert oder nur den erwarteten Vertragsschluss ablehnt? Hat der Leistende dann nicht die *condictio ob rem*, kann G die Grundschuld

---

[43] Vgl. Rn. 15 ff.

[44] Dabei schwanken allerdings die Maßstäbe: BGHZ 108, 256, 265 genügt eine tatsächliche Einigung, die nach BGHZ 44, 321 auch stillschweigend zustande kommen kann; dabei genügt allein die positive Kenntnis von der Zweckvorstellung des anderen Teils und die Annahme seiner Leistung ohne Widerspruch (BGHZ 184, 190), zuweilen auch die bloße Erkennbarkeit der Zweckvorstellung (BGH NJW 1976, 237f.; BGHZ 177, 193 Rn. 38).

behalten? Oder soll etwa hier wiederum eine Ausnahme von der Ausnahme der Zweckvereinbarung gelten?

Typisch für das Unheil, das man mit der unmotivierten Forderung nach einer Zweckvereinbarung bei der *datio ob rem* anrichten kann, ist das folgende

> **Beispiel**:[45] M und F leben in eheähnlicher Gemeinschaft. F befürchtet, M wolle sie verlassen. Sie bestellt ihm eine Grundschuld über 35.000 €, übernimmt eine Schuld von 26.000 € und stellt ihm ein Schuldanerkenntnis über 5000 € aus. Sie tut all das aus dem erkennbaren Grund, ihn zu halten, was auch M wusste. M erklärte, er nehme das alles als angemessenen Beitrag zum gemeinsamen Haushalt. Nachdem M die F verlassen hat, will F ihre Leistungen rückgängig machen.

Der BGH kommt zu dem Ergebnis, eine Schenkung liege nicht vor, weil man sich über die Unentgeltlichkeit nicht geeinigt habe. Es greife aber auch nicht die *condictio ob rem* ein: Der von F verfolgte Zweck sei zwar nicht erreicht worden, M und F hätten sich aber über den Leistungszweck nicht geeinigt, und deshalb könne F nichts zurückfordern.

Das Urteil ist in der Begründung falsch und im Ergebnis skandalös. Die Zweckbestimmung geschieht einseitig durch den Leistenden; wenn M dem gesetzten Zweck widersprach, so war der Zweck verfehlt. F hätte sofort die *condictio ob rem* geltend machen können, sie konnte es aber auch danach noch. M hat keinerlei Rechtsgrund, um die Leistung der F behalten zu können. Nach Ansicht des BGH soll die F dennoch keinen Rückgabeanspruch haben, weil der Leistungszweck nicht vereinbart sei; diese Logik verstehe, wer will.

h) Nichteintritt des Erfolgs als Zweckverfehlung

Die *condictio ob rem* steht dem Leistenden zu, sobald feststeht, dass der bezweckte Erfolg nicht eintritt. Gleichgültig ist, aus welchem Grund der Erfolg nicht eintritt, ob der Empfänger ihn nicht herbeiführen kann oder will. Dem Empfänger der Leistung ist für das Herbeiführen des Erfolgs eine angemessene Zeit zu lassen. Tritt der Erfolg nicht ein, ist die Leistung rechtsgrundlos und daher kondizierbar (Rn. 23). 45

i) Kondiktionsausschluss gemäß § 815

Die *condictio ob rem* ist gemäß § 815 in zwei Fällen ausgeschlossen. Sie ist einmal dann ausgeschlossen, wenn der Leistende bei der Leistung weiß, dass der bezweckte Erfolg nicht eintreten kann. In einer solchen Situation zeigt der Leistende, dass er die Leistung nicht zurückhaben will, ebenso wie im Fall des § 814; er setzt einen Behaltensgrund (Rn. 28). Die *condictio ob rem* ist weiter dann gemäß § 815 ausgeschlossen, wenn der Leistende treuwidrig den Eintritt des bezweckten Erfolgs verhindert hat. 46

§ 814 ist auf die *condictio ob rem* nicht anwendbar; umgekehrt ist § 815 auf andere Kondiktionen als die *condictio ob rem* nicht anwendbar.

---

[45] Nach BGH NJW 1973, 612.

j) Beweislast

47 Die Beweislast für den Nichteintritt des bezweckten Erfolgs liegt beim Leistenden, die Beweislast für die Voraussetzungen des § 815 beim Empfänger.

4. Die Kondiktion wegen einer datio obligandi causa, §§ 684, 812 I 2 (2)

48 Nur ein Spezialfall der *condictio ob rem* ist die *condictio obligandi causa* (Rn. 12). Der Leistende will mit seiner Leistung ein fremdes Geschäft im Sinne einer Geschäftsführung ohne Auftrag führen. Sein Ziel, d. h. der Leistungszweck ist es, gegen den Geschäftsherrn den Anspruch auf Aufwendungsersatz nach §§ 683, 670 zu erwerben. Erreicht er dieses Ziel, ist der genannte Anspruch zu bejahen. Verfehlt er dieses Ziel, weil die Voraussetzungen des § 683 nicht erfüllt sind, so kann er seine Leistung nach §§ 684, 812 I 2 (2) kondizieren. Es handelt sich in § 684 um eine Rechtsgrundverweisung (Rn. 12).

5. Die condictio ob turpem vel iniustam causam, § 817, 1

a) Sitten- oder Gesetzesverstoß durch den Leistungsempfang

49 Die Besonderheit der *condictio ob turpem vel iniustam causam* liegt darin, dass der Empfänger durch die Annahme gegen die guten Sitten oder gegen die Rechtsordnung verstößt. Eine solche Leistung soll der Empfänger nicht behalten dürfen, selbst wenn der mit der Leistung bezweckte Erfolg eintritt.

50 **aa) Als datio ob rem** Die Leistung kann einmal eine *datio ob rem* sein; in diesem Fall kann die *condictio ob turpem vel iniustam causam* mit der *condictio ob rem* konkurrieren.

> **Beispiel:**[46] E bedroht den L (oder einen anderen) mit einer Straftat. L gibt dem E 5000 €, damit er davon Abstand nehme.
>
> **Abwandlung**: L gibt dem E 500 €, damit er ihm die Sache, die er bei E hinterlegt hat, freiwillig und ohne Prozess herausgibt.

Kommt E dem Wunsch des L nicht nach, tritt also das von L erwartete Ereignis nicht ein, so hat L sowohl die *condictio ob rem* als auch die *condictio ob turpem causam*. Kommt E dem Wunsch des L nach, so ist der von L mit der Leistung verfolgte Zweck eingetreten; die *condictio ob rem* entfällt also; dem L bleibt aber die *condictio ob turpem causam* nach § 817, 1.

---

[46] Nach D. 12, 5, 2 pr.

bb) Als datio solvendi causa Die Leistung nach § 817, 1 kann aber auch eine *datio solvendi causa* sein. Dann kann die *condictio ob turpem causam* mit der *condictio indebiti* konkurrieren.

> **Beispiel**: G hat dem S ein Wucherdarlehen gegeben und einige Zeit die Wucherzinsen kassiert.

G verstieß mit der Annahme der Wucherzinsen gegen die guten Sitten, vgl. § 138 II. S hat einen Rückzahlungsanspruch aus § 812 I 1 (1), weil die Zinsforderung nicht bestand, und daneben einen Rückforderungsanspruch aus § 817, 1. Wusste S, dass der Zinsanspruch nicht bestand, so ist der Anspruch aus § 812 I 1 (1) wegen § 814 ausgeschlossen; es bleibt ihm aber der Anspruch aus § 817, 1, denn § 814 ist auf diesen Anspruch nicht anwendbar.

cc) Laesio enormis? Nach gemeinem Recht war entsprechend der zeitgenössischen Lehre vom „gerechten Preis" (*iustum pretium*) ein Kaufvertrag oder sonstiger Austauschvertrag nichtig oder anfechtbar, wenn die eine Leistung wertmäßig um mehr als die Hälfte hinter der anderen zurückblieb. Die Rechtsfolge trat also ein, wenn der Kaufpreis um die Hälfte geringer als der Sachwert oder wenn der Sachwert um die Hälfte geringer als der Kaufpreis war. Die Regel entstand erst im Vulgarrecht des 3. Jh. n. Chr. und wurde später als *laesio enormis*[47] bezeichnet, während das römische Recht in der klassischen Zeit, also der Zeit seiner höchsten wissenschaftlichen Entwicklung, betonte, es sei durchaus erlaubt, einander zu übervorteilen.[48] Bei der Schaffung des BGB hat der Gesetzgeber die Lehre von der *laesio enormis* als überholt und unzeitgemäß abgeschafft[49] und damit den Zustand des klassischen römischen Rechts wiederhergestellt. Der BGH hat diese Lehre allerdings wieder eingeführt[50] – durchaus kein Fortschritt!

Der BGH führt aus, ein Rechtsgeschäft sei wucherähnlich und daher wegen Sittenwidrigkeit nach § 138 I nichtig, wenn Leistung und Gegenleistung in einem auffälligen Missverhältnis stünden und eine verwerfliche Gesinnung des Begünstigten vorliege. Ein solches Missverhältnis ist nach Ansicht des Gerichts bereits dann anzunehmen, wenn der „Wert der Leistung knapp doppelt so hoch ist wie der Wert der Gegenleistung". Wenn das aber so sei, so lasse das den Schluss zu auf eine verwerfliche Gesinnung, die also unter diesen Voraussetzungen unterstellt wird, und zwar selbst dann, wenn die begünstigte Partei keine Kenntnisse von den Wertverhältnissen hat! Das ist Freirecht ohne den geringsten Anhaltspunkt im Gesetz, ja sogar gegen die rechtswissenschaftliche Tradition. Eine Kondiktion allein auf Grund einer *laesio enormis* kommt nach dem Willen des Gesetzes nicht in Betracht.

---

[47] Also „enorme Verletzung" (der Vertragsgerechtigkeit).
[48] Vgl. etwa Paulus D. 19, 2, 22, 3: Bei Kaufverträgen ist es natürlich erlaubt, etwas Wertvolleres um einen geringeren Preis zu kaufen und etwas Geringeres um einen höheren Preis zu verkaufen und so sich gegenseitig zu übervorteilen.
[49] Vgl. Motive II, 321.
[50] BGHZ 146, 298 ff.; ferner BGH NJW 1992, 899 f.; NJW 1995, 2635, 2636, NJW 2002, 429, 430 f.; NJW 2002, 3165 ff.; NJW 2007, 2841; NJW 2012, 1570.

53 **dd) Prostitution** Nach § 1, 1 ProstG von 2001 ist die Vereinbarung der Vornahme von sexuellen Handlungen gegen Entgelt wirksam. Eine Prostituierte oder ein „Escort" kann also das vereinbarte Entgelt gegen den Vertragspartner einklagen. Solche Handlungen wurden vor 2001 fast allgemein als sittenwidrig angesehen, aufgrund der Neuregelung geht die h. M. jedoch von einem gewandelten Sittenverständnis aus und verneint Sittenwidrigkeit.

b) Ratio legis
54 Den Gesetzeszweck des § 817, 1 sah man früher in einer Bestrafung des sitten- oder gesetzwidrig handelnden Empfängers. Man wollte daher § 817, 1 nicht anwenden, wenn der Empfänger ohne Verschulden gegen die Rechtsordnung verstieß.[51] Der Strafgedanke ist jedoch dem Zivilrecht fremd; wenn der Empfänger strafwürdig ist, mag das Strafrecht ihn bestrafen. § 817, 1 will lediglich einen Erwerb rückgängig machen, der von der Sitten- oder Rechtsordnung missbilligt wird. Daher kann es auch auf ein Verschulden des Empfängers nicht ankommen, ein objektiver Verstoß genügt.

c) Beweislast
55 Der Bereicherungsgläubiger hat neben den allgemeinen Voraussetzungen der Leistungskondiktion den Gesetzes- oder Sittenverstoß des Bereicherungsschuldners zu beweisen.

6. Ausschluss der Leistungskondiktionen wegen Sitten- oder Gesetzesverstoßes des Leistenden, § 817, 2

a) Korrektur von Wortlaut und systematischer Stellung
56 § 817, 2 schließt eine Rückforderung aufgrund Leistungskondition bei einem Sitten- oder Gesetzesverstoß aus und gibt damit eine rechtshindernde Einwendung.[52] Die Vorschrift ist mit der gleichen Ungeschicktheit formuliert wie § 812. Der erste BGB-Entwurf enthielt in § 747 I den heutigen § 817, 1; § 743 E I enthielt die Ausschlussregeln des heutigen § 815 sowie die Ausschlussregelung des heutigen § 817, 2. Sie lautete dahin, dass die Kondiktion ausgeschlossen sei, wenn dem Leistenden ein Sitten- oder Gesetzesverstoß zur Last fiel. Die zweite Kommission zog die beiden Regelungen über sitten- und gesetzwidriges Verhalten des Empfängers bzw. des Leistenden (§§ 743, 747 E I) in einer Vorschrift zusammen. Dadurch wurde aber die Bestimmung des § 817 in zweifacher Weise inkorrekt: Zunächst ist sie nach ihrem Wortlaut inkorrekt insoweit, als ein beiderseitiger Sitten- oder Gesetzesverstoß gefordert wird („gleichfalls"). Natürlich soll der Ausschluss der Kondiktion wie im ersten BGB-Entwurf auch dann gelten, wenn nur der Leistende sitten- oder

---

[51] Ein Verstoß gegen die guten Sitten ist allerdings immer zumindest fahrlässig.
[52] Obwohl BGHZ 222, 283 Rn. 95 dies anerkennt, spricht das Gericht irrig davon, § 817, 2 nehme dem Bereicherungsanspruch die Durchsetzbarkeit; der Anspruch entsteht erst gar nicht!

gesetzwidrig handelt. Denn handeln der Leistende *und* der Empfänger gesetzes- oder sittenwidrig, würde der Empfänger, weil er die Leistung behalten darf, besser stehen, als wenn er gesetzestreu oder anständig wäre und die Leistung aufgrund des Wortlauts des § 817, 2 herausgeben müsste – ein ungereimtes Ergebnis. Das Wort „gleichfalls" ist daher in § 817, 2 nach allgemeiner Auffassung wegzudenken.

Sodann ist die systematische Stellung der Vorschrift in § 817, 2 unrichtig; danach bezieht sich der Ausschluss des § 817, 2 nur auf den Anspruch aus § 817, 1. Es sollte aber nach dem gesetzgeberischen Plan wie im ersten Entwurf jede Kondiktion ausgeschlossen sein, wenn der Leistende sitten- oder gesetzwidrig handelte.

b) Ratio legis

Als Gesetzeszweck wurde früher eine Bestrafung des sitten- oder gesetzwidrig Leistenden vermutet. Aber auch hier ist für eine Bestrafung durch das Zivilrecht kein Raum.[53] Der Sinn der Regelung ist darin zu sehen, dass die Rechtsordnung dem sitten- oder gesetzwidrig Leistenden ihre Hilfe versagt, sich also mit einer solchen Leistung nicht befasst. Das Gesetz übt eine Selbstbeschränkung aus, indem es die Regelung ganz den Parteien überlässt. Die Rechtsordnung gibt sich nicht dazu her, jemandem, der aus sitten- oder gesetzwidrigen Motiven geleistet hat, wieder zu seiner verlorenen Leistung zu verhelfen.

> **Beispiel 1**: A zahlt dem Beamten B Geld, um von diesem rechtswidrig begünstigt zu werden. A und B machen sich damit wegen Bestechung bzw. Bestechlichkeit nach §§ 334, 332 StGB strafbar. A kann deshalb nicht Rückzahlung des Geldes verlangen.

Von dem genannten Verständnis der Vorschrift aus ist § 817, 2 keineswegs eng auszulegen, wie oft behauptet wird; § 817, 2 ist vielmehr gemäß dem mit ihm verfolgten gesetzgeberischen Zweck auszulegen, wie jede Rechtsnorm.

Der Zweck der Regelung in § 817, 2 ist bei seiner Anwendung zu berücksichtigen.

> **Beispiel 2**: A, der verschwenderisch lebt, schenkt seiner Geliebten G aus beiderseits sittenwidrigen Motiven ein Grundstück. Als A in finanzielle Schwierigkeiten gerät, fordert er es mit Hinweis auf § 138 I zurück. Seine Klage wird wegen § 817, 2 abgewiesen. A ist inzwischen insolvent geworden, der Insolvenzverwalter legt Berufung ein.

Der BGH[54] hat der Klage zu Recht stattgegeben, wegen der überwiegenden Interessen der Insolvenzgläubiger, die ein Interesse daran haben, dass das Grundstück in die Insolvenzmasse zurückkommt und verwertet werden kann. Die Selbstbeschränkung des Gesetzes, die gegenüber dem sitten- oder gesetzwidrig Leistenden

---

[53] Vgl. bereits Rn. 54.
[54] BGHZ 19, 338; vgl. auch RGZ 99, 161, 166; BGHZ 44, 1, 6 f.; anders aber BGHZ 106, 169 mit nicht überzeugender Begründung.

angebracht sein mag, ist gegenüber den legitimen Interessen der Insolvenzgläubiger nicht aufrechtzuerhalten.

Die Rechtsfolge des § 817, 2 kann für den Leistenden, der seine Leistung ersatzlos verliert, recht hart und unangenehm sein.[55] Aufgrund der schwerwiegenden Folgen fordert man mit Recht – anders als bei § 817, 1 (Rn. 54) – einen *bewussten* Gesetzesverstoß des Leistenden oder dass er sich leichtfertig der Einsicht in den Gesetzesverstoß verschließt. Beim Sittenverstoß genügt dagegen, dass der Leistende die Umstände kennt, auf denen das Sittenwidrigkeitsverdikt beruht.

c) Gesetzes- oder Sittenverstoß nur des Leistenden

58 § 817, 2 schließt eine Kondiktion entgegen seinem Wortlaut nicht nur dann aus, wenn beide, Leistender und Empfänger, sitten- oder gesetzwidrig gehandelt haben. § 817, 2 greift vielmehr auch dann ein, wenn nur dem Leistenden ein solcher Verstoß zur Last fällt (Rn. 56); auch dann muss der Herausgabeanspruch gesperrt sein.[56]

Beispiel: G gibt dem S, der sich in einer Notlage befindet, ein Darlehen zu wucherischen Bedingungen.

Der Darlehensvertrag ist nach § 138 II nichtig. G hat durch die Gewährung des Wucherdarlehens sittenwidrig gehandelt, der bewucherte S dagegen hat durch die Annahme nicht gegen die guten Sitten verstoßen. Fordert G das Darlehen wegen Unwirksamkeit gemäß § 138 II sofort aus § 812 I 1 (1) zurück, so ist § 817, 2 anwendbar,[57] obwohl nur G sittenwidrig gehandelt hat. G kann die *condictio indebiti* nicht geltend machen: Wenn er wusste, dass der Darlehensvertrag unwirksam war, so ist die Kondiktion schon nach § 814 ausgeschlossen; wusste er das nicht, so ist sie jedenfalls nach § 817, 2 ausgeschlossen.[58]

d) Anwendung auf Ansprüche außerhalb des Bereicherungsrechts

59 Ganz herrschend wird § 817, 2 auf alle Leistungskondiktionen angewendet (Rn. 56). Umstritten ist aber, ob § 817, 2 auch auf andere als Bereicherungsansprüche anwendbar ist. Nach der systematischen Stellung der Vorschrift wäre das zu verneinen. Nach der *ratio legis* dagegen müsste § 817, 2 auf Ansprüche aller Art anwendbar sein; denn wenn sich die Rechtsordnung mit sitten- oder rechtswidrigen Leistungen nicht befassen will, so muss das für Rückgewähransprüche jeglicher Art gelten, auch z. B. für solche aus Geschäftsführung ohne Auftrag oder die Vindikation aus § 985:

Nimmt man im obigen Geliebtenbeispiel (Rn. 57) an, nicht nur der Schenkungsvertrag mit G sei gemäß § 138 I unwirksam, sondern auch die Übereignung, so steht dem A neben Bereicherungsansprüchen auch die Vindikation zu. Ob bei Sittenwid-

---

[55] Vgl. etwa zum Verlust des Kaufpreises beim Kauf eines ausländischen Doktortitels OLG Koblenz NJW 1999, 2904 ff.

[56] Andernfalls würde ein korrekter Empfänger (z. B. ein Bewucherter) auf Herausgabe haften, ein inkorrekter aber nicht!

[57] Anders dagegen, wenn G erst nach Ablauf der Darlehenszeit das Darlehen zurückfordert, vgl. unten Rn. 64. Zur Anwendbarkeit des § 817, 2 auf § 812 I Rn. 56.

[58] Zu den Folgen eines solchen Ausschlusses vgl. Rn. 64.

rigkeit auch die dingliche Verfügung unwirksam ist oder nur das kausale Grundgeschäft, ist oft schwierig zu entscheiden. Liegt die Sittenwidrigkeit gerade in der Übereignung? Das könnte man im gegebenen Beispiel bejahen. In Prozessen ist meist nicht vorhersehbar, welcher Meinung das Gericht zustimmen wird. In einer solchen Situation darf es für das Ergebnis keine Rolle spielen, ob dem Leistenden nur ein Bereicherungsanspruch zugesprochen wird oder auch die Vindikation: § 817, 2 muss eine Rückforderung in beiden Fällen verhindern.

e) Billigkeitskorrektur gemäß § 242?
In der Literatur wird § 817, 2 oft als verfehlte Vorschrift angesehen, die zu untragbaren Ergebnissen führe. Paradebeispiel ist der Fall der Restkaufgeldhypothek beim *Bordellkauf*.

60

> **Beispiel**:[59] V hat dem K sein Bordellgrundstück für 800.000 € verkauft und übereignet; K hat auf den Kaufpreis nur 300.000 € bezahlt, für die restlichen 500.000 € bestellt er dem V eine Hypothek an dem erworbenen Grundstück. Da K nicht zahlt, macht V die Hypothek geltend.

Der Kaufvertrag war nach Ansicht des Reichsgerichts gemäß § 138 I unwirksam, die Übereignung nach h. M. wirksam. Also konnte V den Restkaufpreis nicht gemäß § 433 II geltend machen, und der für V eingetragenen Hypothek fehlte die zu sichernde Forderung, so dass sie nicht als solche bestehen konnte; es war eine Eigentümergrundschuld für K entstanden, § 1163 I 1. V konnte auch das Grundstück wegen § 817, 2 nicht zurückfordern. K behält im Ergebnis also das Grundstück gegen eine bloße Anzahlung von 300.000 €.

Dieses Ergebnis ist nach einer verbreiteten Ansicht völlig untragbar, weil auf diese Weise K auf Kosten des V bereichert sei. Um eine solche angebliche Ungerechtigkeit zu vermeiden, bemüht man § 242:[60] Treu und Glauben sollen die Berufung auf eine Sittenwidrigkeit verhindern! Es soll eine unzulässige Rechtsausübung sein, wenn der Leistungsempfänger sich auf § 817, 2 beruft und dessen Anwendung zu einem Ergebnis führt, das man für ungerecht hält.

Die Frage, ob es treuwidrig sein kann, sich auf die Sittenwidrigkeit des Gegners zu berufen, erscheint eigenartig. Ein solches Kräftemessen der gesetzlichen Vorschriften über treu- und sittenwidrige Handlungen ist jedoch unangebracht. Es kann grundsätzlich keine unzulässige Rechtsausübung sein, wenn man sich auf eine gesetzliche Regelung beruft. Die Tatsache, dass der sittenwidrig Leistende einen Nachteil erleidet, hat der Gesetzgeber bewusst in Kauf genommen, die Interessenbewertung zwischen Leistendem und Empfänger ist in § 817, 2 durch den Gesetzgeber geschehen. Auch dass durch § 817, 2 eine sitten- oder gesetzwidrige Vermögensverschiebung aufrechterhalten wird, kann nicht zu einer Anwendung des § 242 führen; das liegt in der Konsequenz des § 817, 2 und ist vom Gesetzgeber gebilligt. Die Rechtsordnung will sich in solche Vorgänge nicht einmischen, sie will

---
[59] Nach RGZ 71, 432.
[60] So RGZ 71, 432, 435 f.

dem sittenwidrig Leistenden nicht die Handhabe dafür geben, seine Leistung rückgängig zu machen. Wer eine sittenwidrige Leistung erbringt und eine Gegenleistung erwartet, hat Grund genug, auf einer Leistung Zug um Zug zu bestehen. Für eine Anwendung des § 242 kann nur dann Raum sein, wenn besondere Umstände, die in der Wertung des § 817, 2 selbst nicht enthalten sind, dies fordern (vgl. Rn. 62). In den Normalfällen des § 817, 2 ist für die Anwendung des § 242 kein Raum.

Nichts anderes gilt auch, wenn der Käufer eines *Radarwarngeräts* den gezahlten Kaufpreis zurückverlangt[61] oder wenn der nicht entlohnte *Schwarzarbeiter* den Wert seiner Werkleistung gemäß §§ 812 I 1 (1), 817, 1; 818 II kondizieren will. Ein solcher Werkvertrag ist wegen Verstoßes gegen § 1 II Nr. 2 SchwarzArbG nach § 134 unwirksam,[62] § 817, 2 schließt deshalb die Wertkondiktion aus. Auch in dieser Situation erschien insbesondere der Rechtsprechung dieser Ausschluss unbillig, so dass sie mit § 242 gegen § 817, 2 kämpfen wollte![63] Unterdessen hat der BGH seine Rechtsprechung mit gutem Grund geändert und sperrt mit Hilfe von § 817, 2 die Kondiktion des Werts der geleisteten Arbeit.[64]

61 § 817, 2 führt keineswegs zu untragbaren Ergebnissen. Das Problem, das zu so viel Widerspruch gereizt hat, liegt nicht in § 817, 2, sondern in § 138 I: Es handelt sich um die Frage, ob der Bordellkauf überhaupt sittenwidrig ist. Die moralischen Maßstäbe haben sich im Laufe der Zeit erheblich gelockert, und wenn man den Bordellkauf als Übertragung eines Gewerbebetriebes sieht, dann muss es natürlich untragbar erscheinen, dass im obigen Beispiel V sein Grundstück mitsamt Betrieb für eine bloße Anzahlung verliert. Das aber ist kein Problem des § 817, 2, und wenn man offen die Gültigkeit solcher Geschäfte vertritt, kommt man erst gar nicht zu einer Anwendung des § 817, 2. Auch die h. M. hätte wohl gegen die Anwendung des § 817, 2 keine Bedenken gehabt, wenn es sich nicht um ein Bordellgrundstück gehandelt hätte, sondern um einen Geldfälscherbetrieb oder um den Betrieb einer Terrororganisation zur Herstellung von Bomben. Oder sollte der Staat etwa verpflichtet sein, in solchen Fällen dem Veräußerer behilflich zu sein, sein Grundstück zurückzuerlangen?

In der Tat hat es schon früh Stimmen gegeben, die auf Bordellkäufe und andere Geschäfte dieser Art § 138 I nicht anwenden wollten. Auch die Rechtsprechung geht heute davon aus, dass sie wirksam sind, wenn nicht besondere Umstände hinzukommen, wie etwa, dass die Prostituierten persönlich oder wirtschaftlich ausgebeutet werden (§ 180a StGB).[65]

f) Ausschluss des § 817, 2 bei besonderen Wertungen

62 Im Einzelfall ist gemäß der *ratio legis* zu prüfen, ob die Zurückhaltung, welche sich die Rechtsordnung durch § 817, 2 auferlegt hat, beizubehalten ist oder ob besondere

---

[61] BGH NJW 2005, 1490 Rn. 15: Verstoß gegen § 23 Ic StVO und daher Anwendung des § 817, 2.
[62] BGHZ 198, 141 Rn. 12 ff.
[63] So in der Tat BGHZ 111, 308 Rn. 14 f.
[64] BGHZ 201, 1 Rn. 17 ff.; s. auch BGHZ 206, 69 Rn. 17.
[65] Vgl. BGHZ 63, 365 Rn. 9 („Amanda, gewerbliche Zimmervermietung mit Bar"); BGH NJW-RR 1990, 750.

III. Die einzelnen Leistungskondiktionen

Interessen eine Aufgabe dieser Zurückhaltung fordern. Dies kann der Fall sein, wenn der Leistende zwar sittenwidrig handelte, der Empfänger aber eine Straftat gegen ihn begeht.

Beispiel 1:[66] V leiht sich bei G Geld zu wucherischen Bedingungen; dabei verschweigt er, dass er wegen Verschwendung gemäß §§ 1814 f., 1825 unter Betreuung mit Einwilligungsvorbehalt gestellt ist.

V hat einen Betrug gegenüber G begangen, als er die Beschränkung seiner Geschäftsfähigkeit verschwieg. G hat zwar nach § 138 II sittenwidrig gehandelt, als er dem V das Geld zu Wucherbedingungen gab, aber V hat eine Straftat begangen, deren Unrechtsgehalt höher einzustufen ist als das wucherische Verhalten des G. G kann sein Geld wegen des Betrugs sofort nach § 823 II i. V. m. § 263 StGB zurückverlangen.

Nach der *ratio legis* kann die Anwendung des § 817, 2 entfallen, wenn etwa die berechtigten Interessen Dritter eine Rückforderung entgegen § 817, 2 gebieten, vgl. den Insolvenzverwalterfall oben Rn. 57. Auch das öffentliche Interesse kann dazu führen, dass § 817, 2 nicht anwendbar ist.

Beispiel 2:[67] Der Bürgermeister einer Gemeinde hatte 1938 der Tochter eines hohen Staats- und Parteifunktionärs zur Taufe ein wertvolles Gemälde von Lukas Cranach dem Älteren geschenkt. Die Gemeinde fordert es nach 1945 zurück.

Beide Parteien haben gesetz- und sittenwidrig gehandelt.[68] Sie wussten, dass das wertvolle Geschenk nur unter grober Verletzung haushaltsrechtlicher Bestimmungen möglich war. Dennoch steht § 817, 2 der Rückforderung nicht entgegen, der Schutz der Gemeinde und ihrer Bürger verlangt die Rückgabe.

Beispiel 3:[69] A nimmt als „Geber" an einem nach dem Schneeballsystem organisierten Schenkkreis teil und zahlt Geld an sog. „Empfänger" (B). Nach Ausscheiden der B aus dem Spiel sollte A selbst „Empfänger" werden, erhielt aber nichts. Er fordert von B das Gezahlte zurück.

Schenkkreise werden gemäß § 138 I als sittenwidrig angesehen, weil nur die ersten „Empfänger" sicheren Gewinn machen, die späteren „Empfänger" aber zwangsläufig ausfallen. Würde hier die Kondiktionssperre nach § 817, 2 greifen, würden die Initiatoren des Spiels geradezu zu einem Weitermachen eingeladen. Das kann nicht der Zweck des Sittenwidrigkeitsverdikts sein.

---

[66] Nach RGZ 85, 293 ff.
[67] Nach BGHZ 36, 395 (Edda Göring).
[68] Das sittenwidrige Verhalten eines Vertreters wirkt gemäß § 166 I auch gegen den Vertretenen, RGZ 100, 246, 250.
[69] BGH NJW 2006, 45; BGH NJW-RR 2009, 345.

g) Kondizierbarkeit einer eingegangenen Verpflichtung

63 Bestand die sitten- oder gesetzwidrige Leistung im Eingehen einer Verbindlichkeit, etwa in der Abgabe eines abstrakten Schuldversprechens, so gilt gemäß § 817, 2 1. HS a. E. der Ausschluss der Kondiktion nicht, sie kann kondiziert werden.

> **Beispiel**: L hat dem E durch abstraktes Schuldversprechen 5000 € versprochen, damit er eine Straftat begehe.

Das abstrakte Schuldversprechen, § 780, ist wirksam, da es eben abstrakt vom Grund des Versprechens ist. Macht E es geltend, so kann L ihm die Einrede der Bereicherung nach § 821 entgegenhalten, weil das Grundgeschäft nach § 138 I nichtig ist.[70] Und eben weil es nicht durchsetzbar ist, soll L auch die Möglichkeit haben, es wieder aus der Welt zu schaffen; L darf es gemäß § 817, 2 1. HS a. E. kondizieren. Ist die eingegangene Verbindlichkeit jedoch bereits erfüllt worden, so kann sie nicht zurückverlangt werden; deshalb bleibt es in diesem Fall gemäß § 817, 2 2. HS bei der Nichteinmischung des Gesetzes (Rn. 57).

h) Reichweite des Kondiktionsausschlusses

64 § 817, 2 schließt die Rückforderung der sitten- oder gesetzwidrigen Leistung aus. Dabei ist genau darauf zu achten, worin die Leistung besteht. Soll eine Leistung nur für eine bestimmte Zeit in ein fremdes Vermögen übergehen, so besteht die Leistung nicht in der dauernden Überlassung, sondern in der zeitweiligen Übertragung. Ist die Rückforderung nach § 817, 2 ausgeschlossen, so bedeutet das, dass die Leistung für die bestimmte Zeit nicht zurückgefordert werden kann; ist die vereinbarte Zeit jedoch abgelaufen, so steht § 817, 2 der Rückforderung nicht mehr im Wege.

> **Beispiel 1**:[71] L hat dem E Geld überlassen, damit dieser für ihn verbotene Devisengeschäfte vornehme. L fordert das Geld zurück, E beruft sich auf § 817, 2.

Der Auftrag war nach § 134 nichtig; da L mit der Leistung gegen das Gesetz verstoßen hat, ist § 817, 2 anwendbar. Leistung war aber nicht etwa die dauerhafte Überlassung des Geldes, sondern nur eine kurzfristige. Deshalb steht § 817, 2 hier nach Ablauf der Überlassungszeit nicht einer Rückforderung entgegen.

> **Beispiel 2**:[72] G gewährt dem S am 1.1.2015 für fünf Jahre ein nach § 138 II nichtiges Wucherdarlehen. S zahlt die Zinsen bis Ende 2015 und weigert sich dann, weitere Zinsen zu zahlen; darauf fordert G das Darlehen zurück.

---

[70] Vgl. Motive II, 850.
[71] Nach BGHZ 28, 255.
[72] Nach RGZ 161, 52, 56 f.

Da der Darlehensvertrag nichtig ist, kann G von S keine Zinsen verlangen; die bereits gezahlten Zinsen kann S nach § 817, 1 zurückverlangen, ohne dass die Sperre des § 817, 2 Anwendung fände. Die Rückforderung des Kapitals nach § 812 I 1 (1) ist jedoch gemäß § 817, 2 ausgeschlossen. Das bedeutet aber nicht, dass G sein Geld endgültig verliert. Die Leistung bestand in der Überlassung des Geldes an S auf fünf Jahre. Insgesamt fünf Jahre lang kann also G das Geld nicht zurückfordern; danach steht § 817, 2 seiner Kondiktion nicht mehr im Wege.

Umstritten ist, ob S nicht wenigstens angemessene Zinsen zahlen muss. Die Entscheidung richtet sich danach, wieviel Mitgefühl man mit dem Wucherer empfindet. Die h. M. verneint zu Recht eine solche Verpflichtung,[73] nach anderer Ansicht soll der Bewucherte auf Zinsen in üblicher Höhe haften; allerdings fehlt es für einen solchen Anspruch an einer Anspruchsgrundlage.

IV. Übersicht über die Leistungskondiktionen

	condictio indebiti	*condictio ob causam finitam*	*condictio ob rem*	*condictio wegen datio obligandi causa*	*condictio ob turpem vel iniustam causam*
	§ 812 I 1 (1)	§ 812 I 2 (1)	§ 812 I 2 (2)	§§ 684, 812 I 2 (2)	§ 817, 1
wegen	*datio solvendi causa*	*datio solvendi causa*	*datio ob rem*	*datio ob rem*	*datio solvendi causa* oder *ob rem*
Zweck	Tilgung einer Schuld	Tilgung einer Schuld	Erbringung einer nicht geschuldeten Leistung in Erwartung eines künftigen Ereignisses	um einen Anspruch aus § 683 zu erwerben	Tilgung einer Schuld oder Leistung in Erwartung eines künftigen Ereignisses
Zweckverfehlung	weil keine Tilgung eintritt (z. B. weil Forderung nicht bestand, *aliud* geleistet wurde) oder weil der Forderung eine dauernde Einrede entgegenstand, § 813	weil die Forderung, auf welche geleistet wurde, nachträglich entfiel (etwa wegen Vertragsaufhebung)	weil das erwartete Ereignis nicht eintritt	weil der Anspruch aus § 683 gegen den Geschäftsherrn nicht erworben wurde	keine Zweckverfehlung, sondern Rückforderung wegen verwerflichen Empfangs

---

[73] BGH NJW 1993, 2108.

Zur Wiederholung
1. Nennen Sie die Voraussetzungen der Leistungskondiktion! (Rn. 1)
2. Definieren sie den Begriff „Leistung"! (Rn. 3)
3. Aus welchen Gründen wird der Leistungszweck in den Leistungsbegriff aufgenommen? (Rn. 6 f.)
4. Was ist eine „Zuwendung"? (Rn. 7)
5. Welches sind die beiden Leistungszwecke, deren Verfehlung eine Leistungskondiktion auslöst? (Rn. 14)
6. Ist die Erfüllung einer fremden Schuld gemäß § 267 eine Leistung gegenüber dem Gläubiger dieser Schuld? (Rn. 14)
7. Warum ist die Zweckbestimmung bei der Leistungskondiktion weiter als die bei Erfüllung einer Verbindlichkeit nach § 362? (Rn. 16)
8. Wer bestimmt den Zweck der Leistung? (Rn. 17)
9. Welchen Charakter hat die einseitige Zweckbestimmung und welche Regeln sind auf sie anzuwenden? (Rn. 18)
10. Wie ist die Zweckbestimmung auszulegen? (Rn. 19)
11. Wann fehlt der Rechtsgrund bei einer Leistung? (Rn. 23 f.)
12. Wann greift die *condictio indebiti* ein? (Rn. 25)
13. Was setzt das Gesetz dem Fehlen einer Forderung, auf die geleistet wurde, gleich? (Rn. 26)
14. Muss der Kondizierende darlegen und beweisen, dass er das Nichtbestehen der Schuld, auf welche er geleistet hat, nicht kannte? (Rn. 27)
15. Worin liegt der Grund für den Ausschluss der *condictio indebiti* in § 814? (Rn. 28)
16. Wird auch ein Minderjähriger gebunden, wenn er wissend auf eine Nichtschuld leistet? (Rn. 28)
17. Ist § 814 auf alle Kondiktionen anwendbar? (Rn. 31)
18. Was ist der Unterschied zwischen der *condictio ob causam finitam* und der *condictio indebiti*? (Rn. 34)
19. Welche der beiden Kondiktionen (Frage 18) ist anzuwenden, wenn der Rechtsgrund durch Anfechtung wegfällt? (Rn. 34)
20. In welchen Fällen ist die *condictio ob rem* nicht anwendbar? (Rn. 36 ff.)
21. Greift die *condictio ob rem* ein, wenn der bezweckte Erfolg zur Bedingung erhoben wurde? Wenn er ein unverbindliches Motiv ist? (Rn. 37 f.)
22. Kommt die *condictio ob rem* auch dann in Betracht, wenn ein wirksamer gegenseitiger Vertrag vorliegt, in welchem ein über die Gegenleistung hinausgehender Erfolg vereinbart wird? (Rn. 42)
23. Muss der Leistende bei der *datio ob rem* geschäftsfähig sein, um an die von ihm gesetzte *causa* gebunden zu sein? (Rn. 43)
24. Ist bei der *datio ob rem* eine Vereinbarung über den Leistungszweck erforderlich? (Rn. 44)
25. In welchen Fällen ist die *condictio ob rem* ausgeschlossen? (Rn. 46)
26. Was bezweckt der Leistende mit einer *datio obligandi causa*? (Rn. 48)
27. Mit welchen Kondiktionen kann die Kondiktion gemäß § 817, 1 konkurrieren? (Rn. 50 f.)

IV. Übersicht über die Leistungskondiktionen

28. Kommt es bei § 817, 1 auf ein Verschulden des Empfängers an? (Rn. 54)
29. Inwiefern ist § 817, 2 inkorrekt? (Rn. 56)
30. Was ist die *ratio legis* des § 817, 2? (Rn. 57)
31. Ist bei § 817, 2 ein Verschulden des Leistenden zu fordern? (Rn. 57)
32. Ist § 817, 2 auch auf andere als Bereicherungsansprüche anwendbar? (Rn. 59)
33. Wann kann man sich gegen § 817, 2 auf § 242 berufen? (Rn. 60 f.)
34. Kann die Selbstbeschränkung des Gesetzes, die gegenüber dem sittenwidrig oder gesetzwidrig Leistenden angebracht ist, unter Umständen aufgegeben werden? (Rn. 62)
35. Bleibt eine Rückforderung nach § 817, 2 ausgeschlossen, wenn die Leistung nur für eine bestimmte Zeit in ein fremdes Vermögen übergehen soll? (Rn. 64)

§ 4. Die Nichtleistungskondiktion

I. Einleitung

1. Das Merkmal „auf Kosten"

Neben den Leistungskondiktionen gibt es als zweite und letzte Gruppe von Bereicherungsansprüchen die Nichtleistungskondiktionen. Wie ihr Name sagt, sind sie zunächst negativ dadurch gekennzeichnet, dass sie keine Leistungskondiktionen sind; sie kommen also nicht in Betracht, wenn der Bereicherte etwas durch eine Leistung des Bereicherungsgläubigers erlangt hat. Das Gesetz umschreibt die Art der Bereicherung dadurch, dass sie nicht durch eine Leistung des Entreicherten zustande kommt, sondern „in sonstiger Weise".

Das einzige positive Kennzeichen der Nichtleistungskondiktion besteht darin, dass die Bereicherung des Schuldners „auf Kosten" des Gläubigers erfolgt sein muss. Das bedeutet nicht, dass eine Sache (Besitz), ein Recht oder sonst ein Vermögenswert aus dem Vermögen des Entreicherten in das Vermögen des Bereicherten übergehen müsse. Der erste BGB-Entwurf formulierte in § 748 E I noch „aus dessen Vermögen",[1] die zweite Kommission hielt diese Formulierung für zu eng[2] und setzte dafür „auf Kosten".[3] Der Bereicherte hat immer dann etwas auf Kosten des Bereicherungsgläubigers erlangt, wenn ihm ein Vermögensvorteil zugeflossen ist, der gemäß der Rechtsordnung dem Vermögen des Bereicherungsgläubigers zugewiesen war, auch wenn dabei keine Sache und kein Recht vom Vermögen des Bereicherungsgläubigers in das des Bereicherten übergegangen ist. Das gilt selbst dann, wenn der Bereicherungsgläubiger überhaupt keine Vermögenseinbuße erlitten hat.

1

---

[1] Vgl. § 1 Rn. 13.

[2] Etwa bei der Frage, ob der Besitz einer Sache, der doch kondizierbar sein muss, in das Vermögen des Besitzers gehört.

[3] Vgl. Mugdan II, 1170 f.

Beispiel: B ist in die leerstehende Ferienvilla des E in Spanien eingedrungen und hat dort mit seiner Familie einen zweiwöchigen Urlaub verbracht. Er hat keine Schäden angerichtet, vor der Abreise die Strom- und Wasserrechnung beglichen und die Villa wieder in den vorherigen Zustand versetzt.

Die Nutzung der Villa stand dem Eigentümer E zu, das Eigentum weist das Nutzungsrecht allein ihm zu, § 903, 1. Indem B die Villa nutzte, hat er sich einen Vermögensvorteil verschafft, welchen die Rechtsordnung dem E zuwies. Den Wert dieses Vermögensvorteils muss B dem E ersetzen, §§ 812 I 1 (2), 818 II. Zu Unrecht hat das RG in einem ähnlichen Fall[4] einen Anspruch verneint, weil der Eigentümer keinen Vermögensnachteil erlitten habe; darauf kommt es nicht an.[5]

2. Unmittelbarkeit der Bereicherung

2   Daneben stellt das Merkmal „auf Kosten" sicher, dass die Versionsklage unter der Herrschaft des BGB nicht mehr anwendbar ist, da der Vermögensvorteil, den der Bereicherte erlangt hat, unmittelbar auf Kosten des Gläubigers erlangt sein muss. Es reicht nicht aus, wenn der Vermögensvorteil auf dem Umweg über das Vermögen eines Dritten an den Bereicherten gelangt ist; er muss auf Kosten des Gläubigers erlangt sein.

3. Exkurs: Die Versionsklage

3   Es ist wichtig, sich die Bedeutung der Tatsache klarzumachen, dass der Gesetzgeber die Versionsklage nicht mehr zugelassen hat, was besonders bei der Beurteilung der Dreiecksverhältnisse von erheblicher Bedeutung ist.[6] Eine solche Klarheit ist aber nur zu gewinnen, wenn man die Voraussetzungen der Versionsklage kennt.

Die Versionsklage stammt von der römischen *actio de in rem verso*[7] ab, welche darauf beruhte, dass jemand Zuwendungen in ein fremdes Vermögen gemacht hatte. Das römische Recht wandte diese Klage auf Geschäfte der Sklaven ohne Zustimmung des Herrn an. Hatte etwa ein Sklave in Abwesenheit seines Herrn ein Darlehen aufgenommen, um sich mit dem Geld Nahrung zu verschaffen, so hatte der Darlehensgeber keine Darlehensklage gegen den Herrn des Sklaven,[8] da kein Vertrag zustande gekommen war; er hatte auch keine *condictio*, da es an einer Leistung an

---

[4] RG JW 1903 Beilage 11, 101.
[5] Vgl. oben § 1 Rn. 3, 5.
[6] Vgl. unten § 6 Rn. 25.
[7] „Klage wegen Zuwendung in das Vermögen [des Gewalthabers]".
[8] Sklaven konnten ihren Herrn grundsätzlich nicht verpflichten.

I. Einleitung

den Herrn fehlte. In solchen Fällen griff die *actio de in rem verso* ein, der Herr des Sklaven haftete, soweit er aus dem Vermögen des Darlehensgebers bereichert war. Diese bei Geschäften von Sklaven wohlbegründete Klage begann im nachklassischen römischen Recht in ihren Konturen zu zerfließen, als man sie auch auf Geschäfte Gewaltfreier anwandte; in dieser gewandelten Form galt sie im gemeinen Recht, bis sie vom BGB abgeschafft wurde.

Im gemeinen Recht wurde die Versionsklage immer dann gegeben, wenn ein Vermögensvorteil irgendwie in das Vermögen eines anderen gelangte, der somit auf irgendeine Weise bereichert war.[9] Diese Tatbestandsumschreibung war so weit und unbestimmt, dass die Klage eine unangemessene Ausdehnung erfuhr und auch in Fällen angewandt wurde, in denen ein Anspruch vernünftigerweise abzulehnen gewesen wäre. Als Beispiel hierfür mag eine Entscheidung der Juristenfakultät Helmstedt dienen:[10] Der Kläger (K) hatte einem Hauseigentümer (H) ein Darlehen gegeben, der mit dem Geld eine Hypothek, die auf dem Haus ruhte, abtrug. Der Beklagte (B) erwarb dann das Haus von H. Da dieser das Darlehen nicht zurückzahlte, nahm K den B in Anspruch und verlangte Rückzahlung des Darlehens. Die Juristenfakultät bejahte einen Anspruch wegen einer Zuwendung in fremdes Vermögen (*versio in rem*): Das Darlehen sei B als Erwerber des Grundstücks zugute gekommen, weil er jetzt Eigentümer eines unbelasteten Grundstücks sei. Offenbar hatte die Juristenfakultät nicht bedacht, dass B ein unbelastetes Grundstück gekauft und bezahlt hatte!

Auch das Reichsgericht hat die Versionsklage noch angewandt:

Beispiel:[11] Der Ehemann der Beklagten hatte beim Kläger Dünger gekauft, aber noch nicht bezahlt, und auf den Feldern der Beklagten verwandt. Der Ehemann starb, der Nachlass war insolvent. Der Kläger verlangt von der Frau (der Beklagten) den Preis für den Dünger.

Das RG hat der Klage stattgegeben und eine *versio in rem* bejaht. Eine solche Entscheidung wäre nach dem BGB nicht mehr möglich.

Bei der Schaffung des BGB hat man die Versionsklage schließlich gänzlich verworfen.[12] Das geschah einmal durch die Nichtaufnahme der Klage in das BGB, sodann aber durch die Fassung des § 748 E I = § 812 I 1 (2) dahin, dass die Bereicherung in sonstiger Weise (unmittelbar) auf Kosten des Gläubigers geschehen muss; eine bloß mittelbare Bereicherung unter Zwischenschaltung eines anderen Vermögens reicht nicht aus.

---

[9] Vgl. auch ALR I 13 § 262: „Derjenige, aus dessen Vermögen etwas in den Nutzen eines anderen verwendet worden, ist dasselbe entweder in Natur zurück, oder für den Werth Vergütung zu fordern berechtigt".
[10] Berichtet von Augustin Leyser, Meditationes ad pandectas II, Leipzig 1723, 636.
[11] RGZ 1, 159 von 1880.
[12] Vgl. Motive II, 871 ff. Ein letzter Rest der Versionsklage findet sich in § 822, vgl. unten § 5 Rn. 21 ff.

4. Eingriffs- und Verwendungskondiktion

4   Man kann die Nichtleistungskondiktion – aus rein didaktischen Gründen – in zwei Untergruppen einteilen, je nach der Art, wie die Bereicherung erlangt wird: in die *Eingriffskondiktion* und die *Verwendungskondiktion*.[13] Sie unterscheiden sich lediglich dadurch, dass bei der Eingriffskondiktion die Bereicherung durch den Bereicherten, einen Dritten oder durch ein Naturereignis gegen den Willen des Berechtigten bewirkt wird, während bei der Verwendungskondiktion der Konditionsgläubiger die Bereicherung selbst bewirkt, allerdings infolge eines Irrtums. Wie das Gesetz zeigt, handelt es sich in beiden Fällen jedoch um eine einzige Kondiktionsart, deren Voraussetzung darin besteht, dass der Bereicherte vom Gläubiger ohne Leistung und ohne Rechtsgrund einen Vermögensvorteil erlangt hat, der rechtlich dem Gläubiger zugewiesen war.

5. Rückgriffskondiktion?

5   Dagegen gehört die meist ebenfalls zur Nichtleistungskondiktion gezählte Rückgriffskondiktion nicht hierher; sie existiert nicht. Angeblich soll eine solche „Rückgriffskondiktion" dann gegeben sein, wenn ein Dritter D (ohne Schenkungsabsicht) die Schuld des S beim Gläubiger G bezahlt; D soll dann bei S mit einer Nichtleistungskondiktion Rückgriff nehmen können. Es handelt sich bei diesem „Rückgriff" in Wirklichkeit jedoch um eine Leistungskondiktion nach §§ 684, 812 I 2 (2), und zwar um die oben § 3 Rn. 12, 18 erörterten Fälle der *datio obligandi causa*. D hat an G gezahlt, um einen Ersatzanspruch gegen S zu erlangen. Geschah die Zahlung im Interesse und mit Willen des S, so greift § 683 ein; der Leistungszweck ist erreicht. Liegen die Voraussetzungen des § 683 nicht vor, so kann D gemäß §§ 684, 812 I 2 (2) seine Leistung an S bei diesem kondizieren.[14]

II. Die Eingriffskondiktion

1. Der Vorgang der Bereicherung

6   Der Name „Eingriffskondiktion" ist irreführend, denn sie muss keineswegs durch einen – und sei es auch schuldlosen – Eingriff des Bereicherten in die Rechte des Gläubigers erfolgen; es ist überhaupt keine menschliche Handlung erforderlich.

---

[13] Einen Unterfall der Eingriffskondiktion stellt die Kondiktion nach § 816 dar, vgl. Rn. 34 ff. Zur sogenannten „Rückgriffskondiktion" vgl. sogleich Rn. 5.
[14] Zum Fall der irrigen Zahlung einer fremden Schuld oben § 3 Rn. 32.

a) Handlung des Bereicherten

Die Bereicherung durch „Eingriff" kann einmal durch Handlungen des Bereicherten selbst geschehen, wobei es ohne Bedeutung ist, ob er dabei schuldhaft handelt oder nicht, ob er weiß, dass er sich durch die Handlung auf Kosten des Gläubigers bereichert oder nicht.[15] Die Bereicherung geschieht durch Aneignung, Nutzung oder Verbrauch einer Sache oder eines Rechts des Gläubigers.

> **Beispiele**: B ver- oder gebraucht eine Sache des E; er vermischt fremde Sachen mit seinen, so dass er Eigentümer wird (§ 948); er veräußert eine Sache des E, so dass dieser sein Eigentum verliert. B ergreift Besitz an einer Sache, die E verloren hatte, und behält sie als eigene.

Darin liegt ein Eingriff in das Eigentum des E, denn das Eigentum hat den Inhalt, dass der Eigentümer mit der Sache nach Belieben verfahren darf, § 903, 1, d. h. also sie auch besitzen darf. Entzug oder Vorenthaltung des Besitzes ist ein Eingriff in das Eigentum.

b) Handlung eines Dritten

Der Eingriff kann durch einen Dritten geschehen.

> **Beispiele**: Hausmeister H verwendet Kohle des Hauseigentümers E, um das Haus des Hauseigentümers B zu heizen; X verbindet eine Sache des E so mit dem Grundstück des B, dass das Eigentum an der Sache auf B übergeht (§§ 93, 94, 946).

c) Naturereignisse

Der Eingriff kann schließlich auch ohne menschliches Mitwirken durch Naturereignisse geschehen, wenn z. B. Mutterboden auf ein tiefer gelegenes Grundstück geschwemmt wird, oder durch Tiere.

> **Beispiel**: Rinder des B gelangen über den Zaun auf die Wiese des E und weiden sie ab.

In allen diesen Fällen geht es darum, dass dem B ein Vermögensvorteil zugekommen ist, der von der Rechtsordnung dem E zugeordnet war.

d) Handlung des Entreicherten

Es bleibt die Konstellation, dass der Rechtsinhaber selbst die Handlung vornimmt, die zur Bereicherung führt. Man nennt den daraus entstehenden Bereicherungsanspruch *Verwendungskondiktion*, sie soll in Rn. 27 ff. gesondert behandelt werden, weil sie mit anderen Rechtsverhältnissen in Konkurrenz treten kann.

---

[15] Bei bewusstem Eingriff in fremde Rechte konkurriert der Bereicherungsanspruch mit dem Anspruch aus §§ 687 II, 681 (unechte Geschäftsführung ohne Auftrag).

2. Das Tatbestandsmerkmal „auf Kosten"

11 Dass die Bereicherung „auf Kosten" des Gläubigers weder eine Vermögensminderung bei diesem erfordert noch den Übergang einer Sache oder eines Rechtes von ihm auf den Bereicherten, ist bereits dargelegt worden. Auf Kosten des Gläubigers ist die Bereicherung gemäß der herrschenden und richtigen *Zuweisungstheorie* dann, wenn der vom Bereicherten erlangte Vorteil von der Rechtsordnung dem Gläubiger zugewiesen war.

a) Absolute Rechte

12 Eine solche Zuweisung geschieht einmal durch absolute und dingliche Rechte. Der Eigentümer einer Sache darf diese gebrauchen, verbrauchen oder veräußern (§ 903), der Inhaber eines Rechts darf dieses nutzen und verwerten. Wer einen Nießbrauch an einer Sache oder an einem Recht hat, dem stehen die Nutzungen der Sache oder des Rechts zu, § 1030; wer ein Pfandrecht an einer Sache oder an einem Recht hat, dem steht das Verwertungsrecht daran zu, § 1204. Verbraucht, gebraucht, verwertet oder veräußert ein anderer die Sache oder das Recht, so haftet er dem Berechtigten mit der Eingriffskondiktion aus § 812 I 1 (2) oder aus § 816.

b) Besitz

13 Der bloße Besitz hat keine Zuweisungsfunktion, auf ihn kann also eine Eingriffskondiktion nicht gestützt werden.

Beispiel: D hat den Pkw des E gestohlen. B entwendet seinerseits dem D den Pkw und benutzt ihn zu einer längeren Urlaubsfahrt nach Italien.

D kann von B den Pkw nach § 861 herausverlangen, ein Herausgabeanspruch aus § 823 oder eine Eingriffskondiktion stehen ihm dagegen nicht zu. D kann auch nicht von B wegen der Nutzung des Wagens einen Bereicherungsausgleich verlangen. Diese Ansprüche stehen nur dem E zu.

Der Besitz einer Sache kann nur dann einen Zuweisungsgehalt haben, wenn er mit einem Recht zum Besitz verbunden ist. Hätte also im obigen Beispiel D den Pkw von E gemietet gehabt, so hätte D von B nach § 1007 I, II die Herausgabe des Wagens verlangen können sowie die Herausgabe der erzielten Nutzungen nach §§ 1007 III 2, 990 I 1, 987.[16] E könnte gemäß §§ 812 I 1 (2), 869, 985 Herausgabe des Wagens verlangen, und zwar an D, §§ 869, 2; 986 I 2. Dagegen könnte E von B nicht den Wert der gezogenen Nutzungen herausverlangen, denn der Wagen war durch den Mietvertrag bezüglich der Nutzungen dem Vermögen des D zugewiesen.[17]

---

[16] Wegen des Anspruchs auf Herausgabe des Wagens kommt daneben § 812 I 1 (2) in Betracht, nicht aber wegen der Nutzungen, vgl. § 993 I.

[17] In gleicher Weise kann der Vermieter nicht vom Mieter das Entgelt verlangen, das dieser aus einer unerlaubten Untervermietung vom Untermieter erworben hat, vgl. BGHZ 131, 297, 306 f.; BGH NJW-RR 2009, 1522. Die Nutzung des Mietobjekts und der Gegenwert steht aufgrund der Vermietung nicht mehr dem Vermieter zu, sondern dem Mieter.

c) Obligatorische Rechte

Einen Zuweisungsgehalt i. S. d. § 812 I 1 (2) können auch obligatorische Rechte haben, was im Einzelfall zu prüfen ist.

aa) Forderungen stehen grundsätzlich dem Inhaber zu, nur er darf sie einziehen. Zieht ein anderer die Forderung ein mit der Wirkung, dass der Inhaber sie verliert, so hat dieser die Eingriffskondiktion nach § 816 II.

> **Beispiel**: G hat seine Forderung gegen S an Z abgetreten, wovon S nichts weiß; bei Fälligkeit zahlt S daher an G. S wird gemäß § 407 I frei, Z kann von G gemäß § 816 II Herausgabe des gezahlten Geldes verlangen (ebenso nach §§ 687 II, 681, 667).

bb) Im Übrigen ist bei obligatorischen Rechten zu prüfen, ob sie lediglich ein Verbietungsrecht des Berechtigten begründen, ohne Zuweisung einer Rechtsposition, oder ob sie mit dem Verbietungsrecht dem Berechtigten auch eine Rechtsposition ausschließlich zuweisen sollen.

> **Beispiel 1**: A und B werben für bestimmte Zeitschriften. Sie vereinbaren, dass A nur im westlichen Teil der Stadt werben darf, B nur im östlichen. A greift in den Bezirk des B über und gewinnt dort Kunden.

A hat vorsätzlich den Vertrag mit B verletzt, B kann Ersatz des Schadens verlangen, den er dadurch erlitten hat, dass er durch die vertragswidrige Tätigkeit des A weniger verdient hat. Ein solcher Schaden wird schwer nachzuweisen sein. B hatte aber durch den Vertrag in seinem Gebiet nicht nur das Recht, dem A ein Tätigwerden zu verbieten; dieses Gebiet war ihm vielmehr auch ausschließlich gegenüber A für seine Erwerbstätigkeit zugewiesen. A hat diese vertragliche Zuweisung an B verletzt und haftet daher mit der Eingriffskondiktion auf Herausgabe des Gewinnes.

Anders liegt es aber im folgenden Fall:

> **Beispiel 2**: Studienrat A vereinbart mit dem benachbarten Musiker B, dass dieser in der Zeit von 10 bis 18 Uhr keinen Unterricht am Schlagzeug erteilen darf.

Eine solche Vereinbarung gibt dem A ein Verbietungsrecht, sie hat aber keinen Zuweisungsgehalt zugunsten des A. Wird B verbotswidrig tätig, so kann A Unterlassen verlangen, nicht aber mit der Eingriffskondiktion Herausgabe des erzielten Gewinns.

3. Ohne Rechtsgrund

Eine Bereicherung in sonstiger Weise, durch Eingriff in den Zuweisungsgehalt einer fremden Rechtsposition, ist grundsätzlich rechtsgrundlos. So wie eine deliktische Handlung die Rechtswidrigkeit indiziert, so indiziert der Eingriff in eine fremde Rechtsposition die Rechtsgrundlosigkeit.

Ausnahmsweise mit Rechtsgrund erfolgt der Eingriff etwa dann, wenn der Berechtigte darin einwilligt oder wenn das Gesetz den Eingriff erlaubt:

a) Einwilligung

18 Wenn jemand eine Sache oder ein Recht bewusst und gewollt auf einen anderen überträgt, so kann man darin keinen „Eingriff" des Erwerbers sehen, eine Nichtleistungskondiktion ist ausgeschlossen.

Beispiel: D hat dem S ein Grundstück verkauft, S hat es an G weiterverkauft und bittet D, das Grundstück an G zu übereignen und zu übergeben; das geschieht.

G hat Besitz und Eigentum am Grundstück von D erhalten, D hat beides auf G übertragen und somit darin eingewilligt, beides zu verlieren. Eine Nichtleistungskondiktion D gegen G ist ausgeschlossen, da die tatbestandlichen Voraussetzungen nicht erfüllt sind.[18]

Dass ein Rechtsgrund für den Eingriff in den Zuweisungsgehalt einer fremden Rechtsposition ausnahmsweise vorliegt, muss der Bereicherte beweisen.

b) Gesetzlicher Erwerb

19 Problematisch ist die Frage des Rechtsgrunds beim Erwerb von Gesetzes wegen, also etwa bei gutgläubigem Erwerb, Ersitzung, Verbindung. Die erste BGB-Kommission erörterte zwei Vorschläge. Nach dem ersten sollte ein gesetzlicher Erwerb kein Rechtsgrund i. S. d. § 812 I 1 (2) sein, wenn dies nicht besonders angeordnet war; nach dem zweiten sollte der gesetzliche Erwerb einen Rechtsgrund in sich tragen, wenn nichts anderes angeordnet war. Man war sich darüber klar, dass beide Ansichten bedenklich waren, stellte aber schließlich die Bedenken gegen die zweite Ansicht zurück und ordnete in § 748 II E I an, dass im Zweifel ein Rechtsgrund vorliege, wenn ein Rechtserwerb auf einer gesetzlichen Vorschrift beruhe. Die zweite BGB-Kommission dagegen strich diese Vorschrift,[19] weil sie in dieser Allgemeinheit nicht richtig sei. Es muss also bei jedem einzelnen Fall des gesetzlichen Erwerbs durch Gesetzesauslegung entschieden werden, ob die gesetzliche Erwerbsanordnung ein Rechtsgrund i. S. d. § 812 I 1 (2) ist oder nicht.

20 **aa) Verbindung, Vermischung, Vermengung, Fund** Bei der Verbindung, Vermischung, Vermengung und Verarbeitung ist die gesetzliche Erwerbsanordnung kein Rechtsgrund, so dass der Erwerber dem Berechtigten die Bereicherung ersetzen muss, § 951 I 1. Beim Fund muss der Finder noch drei Jahre lang nach Eigentumserwerb seine Bereicherung herausgeben, danach ist die gesetzliche Eigentumserwerbsanordnung in § 973 ein Rechtsgrund i. S. d. § 812 I 1 (2), vgl. § 977.

21 **bb) Gutgläubiger Erwerb** Ebenso trägt ein gutgläubiger Erwerb einen Rechtsgrund in sich, so dass der früher Berechtigte gegen den gutgläubigen Erwerber keinen Bereicherungsanspruch hat wegen Eingriffs in sein Recht.

---

[18] Vgl. auch die Formulierung der Nichtleistungskondiktion in § 748 I E I, oben § 1 Rn. 13.
[19] Vgl. Mugdan II, 1171.

II. Die Eingriffskondiktion

Beispiel 1: M hat eine Sache des E gemietet. M veräußert sie an K, der leicht fahrlässig nicht bemerkt, dass die Sache nicht dem M gehört.

E hat keine Eingriffskondiktion gegen K. Zwar hat K durch den gutgläubigen Erwerb in das Eigentum des E eingegriffen, doch bildet die Regelung des § 932 (§ 892 usw.) einen Rechtsgrund für den gutgläubigen Erwerber.[20] E kann nicht nach § 812 I 1 (2) gegen K vorgehen, er hat auch keinen Anspruch aus § 823 I gegen K, weil dessen Handeln nicht rechtswidrig war. E kann nur nach § 816 I 1 gegen M vorgehen.

Diese Feststellung hat natürlich nichts mit der Frage zu tun, ob ein gutgläubiger Erwerb mit der Leistungskondiktion rückgängig gemacht werden kann, weil das Grundgeschäft (Kaufvertrag) unwirksam ist.

Beispiel 2: B hat dem gutgläubigen K eine dem E gehörende Sache verkauft. Der Kaufvertrag ist aus irgendeinem Grund unwirksam.

K ist gemäß § 932 Eigentümer geworden. E hat keine Eingriffskondiktion gegen K. B dagegen hat gegen K eine Leistungskondiktion, aufgrund derer er die Sache herausverlangen kann. Gibt K dem B die Sache zurück, so erwirbt E wieder Eigentum nach der Regel vom Rückerwerb des Nichtberechtigten (Rn. 40).[21]

cc) Ersitzung Ebenso trägt die Ersitzung ihren Rechtsgrund in sich.[22] 22

Beispiel: B ist im Besitz einer dem E abhanden gekommenen Sache, er veräußert sie an den gutgläubigen K.

K wird nach 10 Jahren Eigentümer durch Ersitzung, § 937 I, E hat danach keinen Bereicherungsanspruch wegen Eingriffs in sein Eigentum gegen K. § 937 ist Rechtsgrund für den Eigentumserwerb.

4. Bereicherung durch Verbindung, Vermischung, Vermengung und Verarbeitung

a) Ersatz gemäß § 951 I

Wer durch Verbindung, Vermischung, Vermengung und Verarbeitung ein Recht verliert, kann vom Begünstigten gemäß § 951 I 1 nach Bereicherungsrecht eine Vergütung verlangen. Es handelt sich um eine Rechtsgrundverweisung, anzuwenden ist § 812 I 1 (2). § 951 I 1 erklärt, wie der Eingriff in das fremde Recht erfolgt ist (durch Verbindung u.s.w.), und stellt weiter fest, dass die §§ 946–950 kein Rechtsgrund im Sinne des Bereicherungsrechts für den Erwerb sind. 23

---

[20] Vgl. Motive II, 853.
[21] Vgl. zudem § 6 Rn. 36.
[22] So auch BGHZ 208, 316 Rn. 39 ff.

Beispiel: B verwendet – versehentlich oder absichtlich – beim Bau seines Hauses Material, welches dem E gehört.

E verliert gemäß §§ 946, 94 II sein Eigentum an dem Material, B erwirbt es. E kann gemäß § 951 I 1 den Wert des Materials von B ersetzt verlangen.

b) Anspruchsausschluss bei Leistungen

24 § 951 I 1 ist nicht anwendbar, wenn die Verbindung aufgrund einer Leistung geschah. Erfolgte die Leistung mit Rechtsgrund, so ist Vertragsrecht anzuwenden; erfolgte sie ohne Rechtsgrund, so geschieht die Abwicklung über § 812 I 1 (1).

Beispiel: Handwerker H baut aufgrund eines Vertrags dem B ein Haus. Er verwendet dabei Ziegel, die ihm gehören und gemäß § 946 in das Eigentum des B übergehen.

H hat mit der Verbindung eine vertragliche Pflicht erfüllt, er kann von B seine vertragliche Gegenleistung verlangen. War der Vertrag unwirksam, so steht H die Leistungskondiktion zu. Für die Nichtleistungskondiktion ist kein Raum, die §§ 951 I 1, 812 I 1 (2) sind nicht anwendbar. Zwar ist in Zweipersonenverhältnissen neben der Leistungskondiktion auch die Nichtleistungskondiktion anwendbar, wenn deren Voraussetzungen durch zwei verschiedene Vorgänge erfüllt werden,[23] jedoch ist dies hier nicht der Fall. Mag auch der Wortlaut des § 951 I 1 hier noch erfüllt sein, so geht doch die Verweisung auf § 812 I 1 (2) ins Leere, da weder ein Eingriff in ein Recht des H vorliegt (H hat die Verbindung selbst vorgenommen) noch eine Verwendung des H im Sinne einer Verwendungskondiktion (dazu Rn. 33). Hinzu kommt, dass hier beide Kondiktionen durch die gleiche Handlung begründet würden, durch die Verbindung; das ist nicht möglich, eine Leistung kann nicht gleichzeitig eine Verwendung sein.[24]

c) Verbindung durch den Eigentümer der zugefügten Sache

25 Wird die Verbindung vom Eigentümer der zugefügten Sachen selbst vorgenommen, ohne dass darin eine Leistung zu sehen ist, so gilt Folgendes: Ist der Verbindende im Besitz der Hauptsache, so greifen die §§ 994 ff. ein (Rn. 30). Ist der Verbindende Fremdbesitzer der Hauptsache, so ist Vertragsrecht anzuwenden (Rn. 31); ist er nicht im Besitz der Hauptsache, so kann § 951 in der Form der Verwendungskondiktion anwendbar sein (Rn. 32 f.).

d) Dreipersonenverhältnisse

26 In Dreipersonenverhältnissen sind die Regeln über Dreiecksverhältnisse anzuwenden, wenn etwa im Beispiel aus Rn. 24 H Material eines Dritten bei E einbaut oder ein Dritter Material des H, vgl. unten § 6 Rn. 31.

---

[23] Vgl. Rn. 47.
[24] Vgl. unten Rn. 28.

III. Die Verwendungskondiktion

1. Einleitung

a) Voraussetzungen
Bewirkt der Rechtsinhaber – ohne eine Leistung zu erbringen – die Bereicherung durch eigene Handlungen selbst, so dass der Empfänger ohne Rechtsgrund auf Kosten des Handelnden bereichert ist, so kann man nicht gut von einem „Eingriff" und einer „Eingriffskondiktion" sprechen; vielmehr kommt eine Nichtleistungskondiktion in der Form der Verwendungskondiktion in Betracht. Verwendungen sind Aufwendungen, d. h. freiwillige Vermögensopfer auf eine fremde Sache, die aber infolge eines Irrtums geschehen. Im Übrigen handelt es sich aber bei der Verwendungskondiktion um eine Nichtleistungskondiktion, die nicht anders zu behandeln ist als die Eingriffskondiktion: Der Konditionsgläubiger wendet eigene Vermögenswerte, welche die Rechtsordnung ihm selbst zuweist, dem Bereicherten zu; dieser hat sie „auf Kosten" des Konditionsgläubigers erlangt. Fraglich kann allerdings sein, aus welchem Grund der Verwendende eine freiwillig vorgenommene Verwendung überhaupt kondizieren kann, denn die Zustimmung zur Vermögensverschiebung bildet einen Rechtsgrund.[25] Bei der Verwendungskondiktion geschieht jedoch die Vermögensverschiebung zwar mit Willen des Berechtigten, aber infolge eines Irrtums.

27

Beispiel: Hausmeister H verfeuert für das Haus seines Arbeitgebers irrtümlich seine eigenen Kohlen.

H hat sein eigenes Eigentum an den Kohlen zugunsten seines Arbeitgebers verwendet, er hat gegen ihn die Verwendungskondiktion aus § 812 I 1 (2).

b) Abgrenzung zwischen Leistung und Verwendung
Während die Vorgänge, die zu einer Eingriffskondiktion führen, sich so deutlich von einer Leistung unterscheiden, dass die Unterscheidung keine Mühe macht, ist es bei der Verwendung als Voraussetzung der Verwendungskondiktion anders. Sowohl die Leistung als auch die Verwendung werden vom Konditionsgläubiger selbst bewirkt. Es bedarf also einer sauberen Abgrenzung zwischen der Leistung als Voraussetzung der Leistungskondiktion und der Verwendung als Voraussetzung einer Nichtleistungskondiktion in der Form der Verwendungskondiktion. Ein Bereicherungsvorgang kann nur eine der beiden Kondiktionen begründen. Das Unterscheidungsmerkmal ist die zweckgerichtete Leistung.[26] Verfolgte der Konditionsgläubiger mit der Handlung, welche die Bereicherung herbeiführte, gegenüber dem Bereicherten einen Leistungszweck i. S. d. Leistungskondiktion, so kommt nur eine Leistungskondiktion in Betracht; eine Verwendungskondiktion ist dann ausgeschlossen. Verfolgte der Konditionsgläubiger dagegen mit seiner Handlung keinen solchen Leistungszweck gegenüber dem Bereicherten, so kommt die Verwendungskondiktion in Betracht.

28

---

[25] Vgl Rn 18
[26] Vgl. oben § 3 Rn. 8 ff.

c) Ausschluss bei spezielleren Rechtsverhältnissen

29 Das erste und wichtigste Problem bei der Verwendungskondiktion besteht darin, sie von spezielleren Rechtsverhältnissen abzugrenzen, welche sie verdrängen: von Vertragsverhältnissen, von den Fällen einer Leistung, z. B. einer Geschäftsführung ohne Auftrag, und vom Eigentümer-Besitzer-Verhältnis. In diesen Fällen kommt eine Verwendungskondiktion nicht in Betracht.

2. Der Verwendende hat die Hauptsache in Eigenbesitz

30 In diesem Fall greift allein das Eigentümer-Besitzer-Verhältnis ein, die §§ 994 ff. verdrängen als die speziellere Regelung die Verwendungskondiktion.

Beispiel: B ist gutgläubiger Eigenbesitzer eines Hauses, das dem E gehört. Er lässt das schadhafte Dach reparieren.

Die Ersatzpflicht in Fällen dieser Art ist in den §§ 994 ff. geregelt, also im Eigentümer-Besitzer-Verhältnis. Da die Reparatur des Daches eine notwendige Verwendung ist, kann B nach § 994 I 1 unter den Voraussetzungen der §§ 1000–1003 Ersatz seiner Aufwendungen verlangen. Für nützliche Verwendungen kann der Verwendende Ersatz nach § 996 verlangen. War der Verwendende bösgläubiger oder verklagter Besitzer, so regeln sich seine Ansprüche nach § 994 II. Die Verwendungskondiktion ist daneben nicht anwendbar.

3. Der Verwendende ist Fremdbesitzer der Hauptsache

31 Besteht zwischen dem Bereicherten und dem Verwendenden ein Vertrag, aufgrund dessen die Verwendung vorgenommen wurde, so richtet sich der Ausgleich nach den Regeln dieses Vertragsverhältnisses, etwa nach § 539. Die Verwendungskondiktion kann daneben nicht angewandt werden. Das gilt auch, wenn die Verwendung nach Beendigung des Vertragsverhältnisses vorgenommen wurde oder wenn der Vertrag nichtig ist. In beiden Fällen kann der Verwendende nicht davon ausgehen, dass er über die für das Vertragsverhältnis vorgesehene Regelung Ersatz für seine Verwendungen erlangt.

Beispiel: M hat von E eine Wohnung gemietet, er lässt in der Wohnung Parkettfußboden verlegen.

M kann von E gemäß § 539 I Aufwendungsersatz nach den Vorschriften der Geschäftsführung ohne Auftrag verlangen. Entsprach die Verlegung des Parketts dem Interesse und dem wirklichen oder mutmaßlichen Willen des E, so kann M gemäß § 683 Ersatz seiner Aufwendungen verlangen; ist das nicht der Fall, so ist E gemäß §§ 684, 812 I 2 (2) zur Herausgabe der Bereicherung verpflichtet; es liegt eine Leistung *obligandi causa* vor. Nichts anderes gilt, wenn der Mietvertrag unwirksam war.

4. Der Verwendende ist nicht im Besitz der Hauptsache

a) Bewusste Verwendung

Macht jemand bewusst Verwendungen in einer fremden Angelegenheit, so ist regelmäßig eine Leistung anzunehmen, so dass eine Verwendungskondiktion ausscheidet. 32

> **Beispiel**: Maler M streicht in Abwesenheit des Eigentümers E dessen Hausfassade.

M hat die Arbeit vorgenommen zur Erfüllung eines abgeschlossenen Vertrags, mag dieser bestehen oder nicht. Möglicherweise geschah die Leistung auch *donandi causa* oder *ob rem*, um den E zum Abschluss eines Vertrags und zur Zahlung anzuregen, oder als fremdes Geschäft, um gegen E den Ersatzanspruch aus § 683 (Geschäftsführung ohne Auftrag) zu erwerben. Je nach der Fallkonstellation hat M einen Erfüllungsanspruch oder eine Leistungskondiktion gegen E oder auch gar keinen Anspruch, in keinem Fall hat er aber eine Verwendungskondiktion. Möglicherweise hatte M auch einen Auftrag von einem Dritten (D), das Haus des E zu streichen. In diesem Fall liegt eine Leistung des M an D vor, nicht aber eine Verwendung gegenüber E.[27]

b) Irrige Verwendung

Denkbar ist aber auch, dass im Beispiel aus Rn. 32 M durch das Anstreichen des Hauses des E keine Leistung im Sinne der Leistungskondiktion erbracht hat; in diesem Fall kommt die Verwendungskondiktion in Betracht. Hatte etwa M von X den Auftrag, dessen Haus anzustreichen, und hat er aus Versehen das Haus des E gestrichen, so hat er aus der Sicht des E keine Leistung erbracht. Auch an X hat M nicht geleistet: Das wollte er zwar, er hat es aber nicht getan. Daher hat M gegen E eine Verwendungskondiktion, wobei die Regeln der aufgedrängten Bereicherung zu beachten sind.[28] 33

Hält der Verwendende die Sache, auf welche er die Verwendung macht, irrig für die eigene, so liegt keine Leistung vor; er hat die Verwendungskondiktion gegen den Eigentümer der Sache, auf welche die Verwendung gemacht wurde.

> **Beispiel**: Der unaufmerksame Knecht des Bauern B verteilt den Mist auf dem Acker des Bauern A.

In diesen Zusammenhang gehört auch das Hausmeisterbeispiel,[29] in welchem H irrig eigene Kohlen für die Heizung des Dienstgebäudes verwendet.

In allen diesen Fällen geschieht die Bereicherung durch eine freiwillige Handlung des Verwendenden. Dennoch kann man nicht argumentieren, sie geschehe mit Rechtsgrund, weil sie durch die Einwilligung des Verwendenden gedeckt sei (vgl.

---

[27] Die Zuwendung des M an E stellt also weder eine Leistung noch eine Verwendung an diesen dar, sondern allein eine Leistung an D.
[28] Vgl. unten § 5 Rn. 12.
[29] Vgl. oben Rn. 27.

Rn. 18). Denn die Vermögensverschiebung beruht auf einem Irrtum des Verwendenden, sein Verhalten kann daher nicht als eine Einwilligung in eine endgültige Vermögensverschiebung gewertet werden.[30]

Eine Verwendungskondiktion ist also nur gegeben, wenn jemand, ohne eine Leistung zu erbringen, aus einem Irrtum heraus fremdes Vermögen deswegen mehrt, weil er zu Unrecht glaubt, die Verwendung komme ihm selbst zugute, die verwendete Sache gehöre nicht ihm selbst oder die Verwendung bedeute eine Leistung gegenüber einem Dritten.

IV. Die Eingriffskondiktion nach § 816

1. Die Kondiktion nach § 816 I 1

a) Voraussetzungen

34 Ob jemand sich den Substanzwert einer fremden Sache durch Verbrauch oder durch wirksame Veräußerung zueignet, macht keinen Unterschied. Handelt es sich um eine Sache, die rechtlich einem anderen zugewiesen ist, so ist er „auf sonstige Weise auf Kosten" des Rechtsinhabers, dem er das Recht entzieht, um den Substanzwert bereichert. Es hätte also für die Fälle der wirksamen Verfügung eines Nichtberechtigten eigentlich keiner besonderen Vorschrift bedurft. Immerhin stellt die Vorschrift des § 816 I 1 klar, dass nur der Verfügende dem früheren Rechtsinhaber haftet und nicht der gutgläubige Erwerber;[31] dieser erwirbt mit Rechtsgrund.[32] Außerdem könnte es zweifelhaft sein, ob die durch die Verfügung erlangte Gegenleistung „auf Kosten" des früheren Rechtsinhabers erlangt sei;[33] § 816 I 1 stellt klar, dass davon auszugehen ist. Die Voraussetzungen sind im Einzelnen:

aa) Verfügung

35 Ein Nichtberechtigter muss eine Verfügung vorgenommen haben. Verfügung ist jede rechtsgeschäftliche Aufhebung, Übertragung oder Inhaltsänderung eines Rechts. Die Begründung eines Rechts ist keine Verfügung, andernfalls wäre jeder Kaufvertrag, Mietvertrag u. s. w. eine Verfügung. Die Bestellung eines beschränkten dinglichen Rechts ist eine Verfügung über das belastete Recht, weil dadurch der Inhalt des belasteten Rechts geändert wird.[34]

Beispiel 1: Mieter M veräußert die gemietete Sache, welche dem E gehört, an den gutgläubigen K.

---

[30] Es handelt sich nicht um einen Irrtum bei einer Willenserklärung, sondern um einen Irrtum bei einer Tathandlung; eine Anwendung der §§ 119 ff. kommt daher nicht in Betracht.
[31] Vgl. Motive III, 225.
[32] Vgl. oben Rn. 21.
[33] Vgl. Motive III, 224.
[34] Die Belastung mit einem beschränkten dinglichen Recht wird in anderen Definitionen der Verfügung eigenständig genannt; sie kann aber ebenso als Inhaltsänderung des belasteten Eigentums angesehen werden.

IV. Die Eingriffskondiktion nach § 816

K ist nach §§ 929, 932 Eigentümer geworden, E kann von M nach § 816 I 1 Herausgabe des Erlangten verlangen.[35]

Beispiel 2: E veräußert seine Sache, an welcher N einen Nießbrauch hat, an den gutgläubigen K.

K hat das Eigentum von E gemäß § 929, 1 erworben. Er hat nach § 936 I 1 auch gutgläubig lastenfrei erworben, der Nießbrauch des N ist erloschen. E hat über das Recht des N verfügt, N hat gegen E den Anspruch aus § 816 I 1.[36]

Beispiel 3: E hält sich für den Erben des X, er erhält einen Erbschein und veräußert eine Nachlassforderung an K.

E hat nach §§ 398, 2366 wirksam über die Forderung verfügt, der wirkliche Erbe kann von E Herausgabe der Gegenleistung des K gemäß § 816 I 1 verlangen.

Streitig ist, ob auch eine Vermietung oder Verpachtung einer Sache unter § 816 I 1 fällt.

Beispiel 4: N ist Besitzer eines Fahrrads, welches dem E gehört. Er glaubt ohne Verschulden, Eigentümer zu sein. Er vermietet es an den ebenfalls gutgläubigen B, der das Rad drei Monate lang nutzt.

Geht man von einem Eigentümer-Besitzer-Verhältnis zwischen E und B aus, so ist eine Haftung des B für das Nutzen des Rads gemäß §§ 987 I, 991 I, 993 I ausgeschlossen, da B und N gutgläubig waren. In Frage kommt ein Anspruch des E gegen N gemäß § 816 I 1. Ein solcher Anspruch ist jedoch abzulehnen, eine Vermietung keine Verfügung nach § 816 I 1; denn das Vermieten ist eine Art Nutzung des Rads, und es macht keinen Unterschied, ob N die Sache selbst nutzt oder, indem er sie vermietet, Nutzungen zieht. Gemäß §§ 987, 993 soll der gutgläubige Besitzer gezogene Nutzungen ersatzlos behalten dürfen. Eine Anwendung des Bereicherungsrechts in der Form des § 816 I 1 scheidet also aus.

bb) Fehlende Berechtigung

Die Verfügung muss von einem Nichtberechtigten getroffen worden sein. Nichtberechtigt ist, wer kein Recht zur Verfügung über das fremde Recht hat. Berechtigt zur Verfügung ist der Inhaber des Rechts und ausnahmsweise auch ein Dritter, wenn der Rechtsinhaber gemäß § 185 I in die Verfügung eingewilligt hatte; eine nachträgliche Genehmigung ändert nichts daran, dass die Verfügung eine Verfügung eines Nichtberechtigten ist.

36

---

[35] Daneben sind § 823 und § 687 II anwendbar.
[36] E hat bei seiner Veräußerung die Differenz zwischen belastetem und unbelastetem Eigentum erlangt; die mit einem Nießbrauch belastete Sache ist, abhängig von der Dauer des Nießbrauchs, meist erheblich im Wert gemindert.

cc) Wirksamkeit der Verfügung

37 Die Verfügung muss gegenüber dem Berechtigten wirksam sein. Andernfalls greift § 816 I 1 nicht ein, da ja dann dem Berechtigten sein Recht erhalten bleibt.

Beispiel 1: Mieter M veräußert die dem E gehörende Sache an K.

War K gutgläubig, so erwirbt er gemäß §§ 929, 932 Eigentum; E verliert sein Eigentum, die Verfügung des M war ihm gegenüber wirksam. E kann von M Herausgabe des Erlangten gemäß § 816 I 1 verlangen. War K bösgläubig, so wird er nicht Eigentümer, die Verfügung des M ist gegenüber E nicht wirksam, § 816 I 1 greift nicht ein, da E sein Eigentum behält.

Beispiel 2: D stiehlt dem E eine Sache und veräußert sie an den gutgläubigen K.

K kann wegen § 935 I kein Eigentum erwerben, die Verfügung des D ist dem E gegenüber unwirksam. Wenn aber K die Sache zehn Jahre lang im Besitz hat, wird er gemäß § 937 I Eigentümer durch Ersitzung. Die Verfügung des D wird dann wirksam, er haftet dem E auf Herausgabe des Erlangten; dagegen haftet K dem E nach der Ersitzung nicht (Rn. 22).

Beispiel 3: Bauunternehmer U hat Baumaterial des E in seinem Lager in Verwahrung genommen. Als er von A einen Auftrag zum Bau eines Hauses erhält, verwendet er dazu das Material des E, welches er in das Haus des A einbaut.

Hatte U dem A das Baumaterial vor dem Einbau übereignet, so hat A gutgläubig Eigentum erworben. Die Verfügung des U war dem E gegenüber gemäß § 932 wirksam, § 816 I 1 greift ein. Hatte aber U das Material des E sofort in das Haus des A eingebaut, ohne es vorher dem A zu übereignen, so geht das Eigentum nach §§ 946, 94 II auf A über. Darin liegt zwar keine rechtsgeschäftliche Verfügung, der Erfolg ist aber derselbe wie bei einer Übereignung; vor allem aber ist es bloßer Zufall, ob A auf der Baustelle weilt und ihm vor dem Einbau das Material noch übereignet wurde oder ob das nicht der Fall war. Die h. M. wendet daher zu Recht § 816 I 1 entsprechend an, U haftet dem E auf Herausgabe des Erlangten.[37]

38 α) **Genehmigung** Ist die Verfügung des Nichtberechtigten gegenüber dem Berechtigten unwirksam, so kann dieser nachträglich die Verfügung nach § 185 II 1 genehmigen. Dadurch verliert er sein Recht, dafür erwirbt er gegen den Verfügenden den Anspruch aus § 816 I 1. Die Genehmigung kann auch konkludent erfolgen, etwa indem der Berechtigte gegen den Verfügenden Klage auf Herausgabe des Erlöses erhebt; ob in solchen Fällen eine Genehmigung wirklich erklärt wurde, ist durch Auslegung zu ermitteln.

---

[37] Zum Fall, dass A bei einer rechtsgeschäftlichen Veräußerung nicht Eigentümer geworden ist – etwa weil er bösgläubig ist oder weil die Sachen abhandengekommen sind –, vgl. unten § 6 Rn. 30.

IV. Die Eingriffskondiktion nach § 816

Genehmigt der Berechtigte die Verfügung des Nichtberechtigten, so erwirbt er zwar den Anspruch aus § 816 I 1 gegen ihn; es muss aber vermieden werden, dass er sein Eigentum verliert, ohne den Gegenwert zu erhalten, etwa weil der Nichtberechtigte insolvent wird. Der Berechtigte kann daher nach h. M. seine Genehmigung Zug um Zug gegen Befriedigung erteilen, d. h. unter der auflösenden Bedingung, dass er seinen Anspruch gegen den Nichtberechtigten etwa aufgrund von dessen Insolvenz nicht durchsetzen kann.

β) Genehmigungsmacht Fraglich ist, ob der Berechtigte eine Verfügung noch genehmigen kann, wenn er sein Recht bereits verloren hat. 39

Beispiel:[38] D stiehlt dem E Leder und veräußert es an den gutgläubigen K, der es im Sinne des § 950 verarbeitet (oder: das Leder verbrennt bei K). Kann E gegen D vorgehen?

E hat sein Eigentum nach § 950 durch Verarbeitung an K verloren;[39] kann E noch die Verfügung des D genehmigen und auf den von ihm erzielten Kaufpreis zugreifen, obwohl er nicht mehr Eigentümer des Leders ist? § 816 I 1 ist ein Ausgleichsanspruch dafür, dass der Berechtigte sein Recht nicht mehr geltend machen kann, und zwar veranlasst durch eine Verfügung eines Nichtberechtigten. Ein solcher Fall liegt hier vor. Für den Interessenkonflikt D – E spielt es keine Rolle, wann E sein Eigentum verloren hat, da der Verlust jedenfalls durch einen rechtswidrigen Eingriff des D herbeigeführt wurde. Es reicht also aus, wenn der Genehmigende zur Zeit der Verfügung des Nichtberechtigten Eigentümer war, Verfügungsmacht hatte.

Man könnte den Fall freilich auch einfacher lösen: So wie es für eine wirksame Verfügung ausreicht, dass der Erwerber infolge der Verbindung Eigentümer wird (Rn. 37), so kann man auch dann eine wirksame Verfügung annehmen, wenn der Erwerber (K) infolge der Verfügung Eigentümer durch Verarbeitung wird. Eine Genehmigung des Eigentümers ist dann nicht mehr erforderlich.

γ) Rückabwicklung der Verfügung Hat der Berechtigte durch die wirksame Verfügung eines Nichtberechtigten sein Recht verloren und dafür den Anspruch aus § 816 I 1 gegen den Verfügenden erworben, so verliert er diesen Anspruch, wenn die Verfügung rückgängig gemacht wird. Tritt etwa der gutgläubige Erwerber wegen eines Sachmangels vom Kaufvertrag zurück und gibt er die Sache an den Verfügenden heraus, so erwirbt nach zutreffender h. M. nicht etwa dieser das Eigentum an der Sache; das Eigentum fällt vielmehr an den früheren Eigentümer zurück (kein Rückerwerb des Nichtberechtigten). Das ist zwar nicht konstruierbar, wie die Gegenmeinung betont, dafür aber die seit der Zeit des römischen Rechts anerkannte und gerechtere Lösung; die Gegenmeinung überlässt das Eigentum dem, der die Sache schon einmal veruntreut hat. Mit dem automatischen Rückfall des Eigentums an den früheren Eigentümer verliert dieser seinen Anspruch aus § 816 I 1 gegen den Veräußerer, den er sich aber durch eine Genehmigung mit Eigentumsverlust wieder beschaffen kann. 40

---

[38] Nach BGHZ 56, 131.
[39] Zum Anspruch aus §§ 951, 812 gegen K vgl. § 6 Rn. 29 ff.

b) Herausgabe des Erlangten als Rechtsfolge

41 Sind die Voraussetzungen in Rn. 34 ff. erfüllt, so muss der Verfügende „das durch die Verfügung Erlangte" herausgeben. Was man darunter zu verstehen hat, ist umstritten, denn durch die Verfügung selbst, etwa nach §§ 929, 932, erlangt der verfügende Nichtberechtigte nichts. Nur im wirtschaftlichen Sinne erlangt er durch die Verfügung die nach dem Verpflichtungsgeschäft geschuldete Gegenleistung, und das ist offenbar in § 816 I 1 gemeint.[40] Wie der Besitzer einer fremden Sache durch Verbrauch, Verbindung, Verarbeitung usw. bereichert sein kann, so kann er es auch durch eine Veräußerung.[41] Das „durch die Verfügung Erlangte" kann freilich auch in etwas anderem als der Gegenleistung bestehen (Rn. 44, Beispiel 2).

Erhebliche Probleme bezüglich des herauszugebenden Erlangten treten auf, wenn die Verfügung des Nichtberechtigten in einer Belastung der fremden Sache mit einem Recht besteht.

> **Beispiel**: N ist Bucheigentümer eines dem E gehörenden Grundstücks, er nimmt bei der Bank B einen Kredit auf und bestellt ihr dafür eine Hypothek. B erwirbt gutgläubig die Hypothek nach § 892. Was kann E von N verlangen?

Zu beachten bei der Lösung solcher Fälle ist zunächst, dass der gutgläubige N nicht auf Schadensersatz haftet, sondern lediglich auf Herausgabe seiner Bereicherung. E kann also von N nicht verlangen, ihn so zu stellen, als wäre die Belastung des Grundstücks mit der Hypothek nicht erfolgt. E kann insbesondere von N nicht die Herausgabe der Darlehenssumme verlangen. Da N dieses Geld nicht mehr zur Verfügung haben wird, müsste er sich dieses Geld gegen eine weitere Zinsbelastung verschaffen, wozu er nicht verpflichtet ist. Zudem würde N durch die Herausgabe des Geldes an E nicht von seiner Verpflichtung gegenüber B frei. Steht dem N die Darlehenssumme noch zur Verfügung, so kann E verlangen, dass N damit das Darlehen und die Hypothek tilge.

Generell ist N dem E zur Herausgabe der Vorteile verpflichtet, welche ihm sein Bucheigentum bot: ein dinglich gesichertes, günstigeres Darlehen aufzunehmen. Fraglich ist nur, wie der Wert dieses Vorteils zu berechnen ist unter dem Gesichtspunkt, dass der Bereicherungsschuldner durch die Ausgleichsforderung keinen Vermögensnachteil erleiden darf. Nach einer Ansicht soll die Verpflichtung des Schuldners darin bestehen, den Berechtigten vor der Inanspruchnahme der Sicherheit durch den Gläubiger (Bank) zu schützen, und zwar durch Beschaffung einer Bankbürgschaft oder -garantie, die natürlich nicht kostenlos zu haben ist; der Schuldner hat dafür ein Entgelt (Avalprovision) zu zahlen. Aber auch zu diesem Vermögensopfer ist der gutgläubige Bereicherungsschuldner (N) nicht verpflichtet. Dem Berechtigten (E) wird in den meisten Fällen der Grundstücksbelastung durch einen gutgläubigen Nichtberechtigten nichts anderes übrig bleiben, als auf die Befreiung des Grundstücks durch die Rückzahlung des gesicherten Darlehens zu warten.[42]

---

[40] Johow bei Schubert 1088 f.
[41] Johow bei Schubert 1087.
[42] Vgl. BGH LM § 1004 Nr. 250 mit Anm. Wieling.

aa) Gewinnherausgabe Umstritten ist weiter, ob sich die Herausgabepflicht aus 42
§ 816 I 1 auf die gesamte Bereicherung erstreckt, also auch auf einen Gewinn des
Bereicherten, oder nur auf den objektiven Wert der veräußerten Sache. § 816 I 1
spricht vom „Erlangten", nicht vom Wert der Sache; die entsprechenden §§ 839,
880 E I sprachen von der „durch die Verfügung erlangten Bereicherung", Johow in
§ 196 TE von dem „durch die Veräußerung erlangten Vorteil";[43] von einer Beschränkung auf den objektiven Sachwert ist keine Rede. Da sowohl das Gesetz wie die Intention des Gesetzgebers eindeutig sind, sollte man sich dabei beruhigen: Herauszugeben ist mindestens der objektive Wert des Erlangten, darüber hinaus aber auch ein Gewinn;[44] das entspricht der h. M. Die Gegenmeinung stellt darauf ab, dass die Befreiung von einer Verbindlichkeit erlangt worden und also der objektive Wert des Gegenstandes, über den verfügt wurde, und nicht ein Gewinn herauszugeben sei (Rn. 45). Ihr Argument, der Gewinn falle nicht in den Zuweisungsgehalt des Eigentums, ist wenig überzeugend: Das Erzielen von Gewinn aus einer Sache steht allein dem Eigentümer zu, nicht einem nichtberechtigten Bereicherten.

Beispiel:[45] D stiehlt dem E Stoffe im Wert von 15.000 € und veräußert sie für 15.000 € an die Färberei F. F färbt die Stoffe ein, ohne dass darin eine Verarbeitung i. S. d. § 950 läge. F veräußert die Stoffe für 20.000 € an H, der sie günstig für 30.000 € an X weiterveräußert. E verlangt von H 30.000 €.

Zu Recht bejaht der BGH den Anspruch, in der Klage des E gegen H liegt die Genehmigung der Verfügung, die H als Nichtberechtigter getroffen hatte. H muss nicht nur den Sachwert ersetzen, sondern alles Erlangte herausgeben, also auch einen erzielten Gewinn. Die Realisierung des Sachwerts durch Verbrauch oder Veräußerung steht nur dem Eigentümer zu, ebenso die Möglichkeit, mit der Sache einen Gewinn zu erzielen.[46] Eine Ausnahme ist nur dann und insoweit zu machen, als der Gewinn auf dem Einsatz besonderer, dem Verfügenden zu Gebote stehender Sachmittel und Kenntnisse beruht, welche dem Eigentümer nicht zur Verfügung standen. Insoweit der Gewinn hierauf beruht, muss der Verfügende ihn nicht herausgeben.

Gibt H die 30.000 € an E heraus, so kann er gegenüber F die Rechte aus §§ 435, 437 geltend machen; F hat gegen E wegen des Einfärbens einen Verwendungsersatzanspruch nach §§ 996, 1001.

bb) Keine Gewinnherausgabe bei fehlender Kausalität Der Gewinn muss aus- 43
nahmsweise auch dann nicht herausgegeben werden, wenn der Verfügende die Verfügung auf jeden Fall getroffen und die Gegenleistung auf jeden Fall erhalten hätte, auch wenn er nicht im Besitz der fremden Sache gewesen wäre.

---

[43] Johow bei Schubert, 47.
[44] BGHZ 29, 157, 159.
[45] Nach BGHZ 29, 157.
[46] Unzutreffend ist daher das Argument der Gegenmeinung, ein Gewinn falle nicht unter den Zuweisungsgehalt des Eigentums. Die Behauptung, § 818 II berücksichtige ebenfalls einen Gewinn nicht, ist gleichfalls unzutreffend, vgl. unten § 5 Rn. 6.

Beispiel: E hat den X beerbt, im Nachlass findet sich eine Kassette mit Geld. E entnimmt daraus einen 50 €-Schein und kauft damit ein Los; er weiß nicht, dass die Kassette mit Inhalt dem A gehört, der sie dem X zur Aufbewahrung gegeben hatte. E gewinnt mit dem Los 10.000 €.

E hat als Nichtberechtigter wirksam über das Geld des A verfügt und als Gegenleistung eine Gewinnchance erhalten; die Chance hat sich realisiert. Ob E den Gewinn an A herausgeben muss, hängt davon ab, ob E ohne das Geld in der Kassette auch ein Los gekauft hätte. Hat etwa E schon immer für 50 € in der Lotterie gespielt und hätte er das auch ohne die Erbschaft weiter getan, so hätte er den Gewinn auf jeden Fall gemacht, auch wenn er nicht über das Geld des A verfügt hätte; die Verfügung über das fremde Recht ist nicht kausal für den erzielten Gewinn. E muss den Gewinn nicht an A herausgeben. In diesem Fall hätte E dem A auch aus §§ 816 I 1, 818 II auf Ersatz der 50 € gehaftet, wenn das Los eine Niete gewesen wäre; er hätte eigene Aufwendungen erspart.

Hat aber E nur gespielt, weil er glaubte, durch die geerbte Kassette zu Geld gekommen zu sein, so haftet er nach § 816 I 1 auf Herausgabe des ganzen Gewinns. Umgekehrt hätte er auch dem A nicht aus § 816 I 1 gehaftet, wenn das Los eine Niete gewesen wäre, § 818 III.

44 **cc) Objektiver Sachwert als Untergrenze** Die Herausgabepflicht erstreckt sich also auf die erlangte Gegenleistung, wobei auch ein Gewinn über den Sachwert hinaus herauszugeben ist. Die Untergrenze des Erlangten ist aber der objektive Wert der veräußerten Sache, andernfalls könnte ein bösgläubiger Nichtberechtigter durch seine Verfügung den Berechtigten bewusst schädigen.[47]

Beispiel 1: N ist im Besitz eines Gemäldes, das dem E gehört; das Gemälde hat einen Wert von 5000 €, N veräußert es für 4000 € an K.

N hat als Gegenleistung nur 4000 € erlangt, er hat aber eine fremde Sache für sich verwertet und hat somit deren Wert erlangt. War N gutgläubig, wusste er also nicht, dass er um das Bild rechtsgrundlos bereichert war, so haftet er freilich nur auf 4000 €, im Übrigen ist er nach § 818 III entreichert und frei. Wusste N aber, dass er bereichert war, war er also bösgläubig i. S. d. des § 819 I, so kann er sich nicht auf eine Entreicherung berufen, er haftet nach §§ 819, 818 IV, 292, 989 auf vollen Wertersatz, also auf 5000 €.[48]

Beispiel 2: E hat den X beerbt, er findet im Nachlass ein Buch (Wert 50 €), das er an seinen Freund F verschenkt. Das Buch hatte A dem X geliehen.

---

[47] Vgl. die parallele Argumentation unten § 5 Rn. 6.
[48] Wusste N aus grober Fahrlässigkeit nicht, dass er bereichert war, also nicht Eigentümer der Sache, so haftet er nach §§ 990 I, 989 auf vollen Wertersatz.

E hat durch die Verfügung keinen wirtschaftlichen Gegenwert erlangt, er hat aber durch die Verfügung über das Buch dessen Wert für sich verwertet; er hat also den Wert von 50 € erlangt. Wusste E, dass das Buch nicht zum Nachlass gehörte, so haftet er dem A gemäß §§ 816 I 1, 818 II auf Ersatz des Werts. Wusste er das nicht, war er also gutgläubig, so kann E sich gemäß § 818 III auf Entreicherung berufen. Möglicherweise ist E aber durch die Schenkung an F gar nicht entreichert, weil er andere Aufwendungen erspart hat. Das ist etwa dann der Fall, wenn er dem F regelmäßig zum Geburtstag ein Geschenk im Wert von etwa 50 € gemacht hat. Fraglich könnte daher sein, ob die Verfügung des E als entgeltliche Verfügung i. S. v. § 816 I 1 angesehen werden kann. Die Verfügung des E ist zwar insofern unentgeltlich, als F keinen Gegenwert für das Buch erbringt; für E ist sie aber entgeltlich, da er sie moralisch schuldete. Im Übrigen verlangt § 816 I 1 überhaupt nicht, dass die Verfügung entgeltlich sein müsse. E haftet deshalb auf Wertersatz in Höhe von 50 €. Hatte E dem F jedoch sonst nur Geburtstagsgeschenke im Wert von 30 € gemacht, so ist er nur um 30 € bereichert.

dd) Befreiung von einer Verbindlichkeit Zum gleichen Ergebnis für Beispiel 1 45 kommt die Meinung, welche das „durch die Verfügung Erlangte" in der Befreiung von einer Verbindlichkeit sieht. Der Verfügung liegt in der Regel ein schuldrechtlicher Vertrag zugrunde, in welchem sich der Verfügende zur Vornahme der Verfügung verpflichtet, etwa ein Kauf oder eine Schenkung. Von dieser Verpflichtung wird der Schuldner frei, wenn er die geschuldete Verfügung vornimmt. Der Wert dieser Befreiung, also des „durch die Verfügung Erlangten", entspricht in der Höhe dem Wert des Gegenstands, über welchen verfügt wurde. Dieser Wert ist unabhängig von der Höhe der Gegenleistung, unabhängig also davon, ob ein hoher oder ein geringer Kaufpreis vereinbart wurde oder ob die Verfügung sogar unentgeltlich erfolgte. Immer entspricht der Anspruch auf Vornahme der Verfügung wertmäßig dem Wert des Verfügungsgegenstands, und von dieser Schuld wird der Verpflichtete durch die Verfügung befreit. Die Untergrenze der Bereicherung bei § 816 I 1 ist also auch bei dieser Konstruktion der objektive Wert des Gegenstands, über welchen verfügt wurde. Allerdings muss diese Konstruktion versagen, wenn keine schuldrechtliche Verpflichtung zur Verfügung besteht, der Kausalvertrag etwa unwirksam ist. Sie führt überdies zu nicht überzeugenden Ergebnissen im umgekehrten Fall, dass der objektive Wert geringer als der Kaufpreis ist (dazu Rn. 44).

ee) Entreicherung wegen Zahlung des Erwerbspreises? Der nichtberechtigt 46 Verfügende kann den Kaufpreis, den er selbst zum Erwerb der Sache aufgewandt hat, nicht als Entreicherung geltend machen.[49]

Beispiel: D hat dem E eine Sache gestohlen und für 1000 € an K veräußert, K veräußert sie für 1200 € weiter an X.

---

[49] BGHZ 9, 333.

E kann gemäß § 816 I 1 von K 1200 € verlangen, wenn er dessen Verfügung genehmigt, K kann die an D gezahlten 1000 € nicht als Entreicherung nach § 818 III davon abziehen. § 816 I 1 will dem Berechtigten den Vermögenswert seiner Sache erhalten, was illusorisch würde, wenn man die erbrachte Gegenleistung auf die Bereicherung anrechnen könnte.

c) Anwendung von Leistungs- und Eingriffskondiktion

47 Neben der Eingriffskondiktion aus § 816 I 1 kann die Leistungskondiktion anwendbar sein.

Beispiel: Der Minderjährige M leiht sich bei E dessen Moped und veräußert es für 500 € an K.

M hat wirksam über eine Sache des E verfügt[50] und haftet dem E nach § 816 I 1 auf Herausgabe der 500 €; weiter haftet M dem E gegebenenfalls (vgl. § 828 III) nach Deliktsrecht auf Schadensersatz. M haftet dem E aber auch gemäß §§ 812 I 1 (1), 818 II auf Wertersatz für das Moped (*condictio indebiti*),[51] weil der Leihvertrag gemäß § 108 schwebend unwirksam ist.[52] In einer solchen Situation können beide Ansprüche, die Leistungs- und die Eingriffskondiktion, nebeneinander gegeben sein, keine schließt die andere aus. Der in der Literatur bisweilen behauptete logische Vorrang der Leistungskondiktion gegenüber der Eingriffskondiktion[53] ist kein Argument gegen die Anwendung beider Kondiktionen im vorliegenden Fall. Der „logische Vorrang" kann allenfalls dort gelten, wo sich Leistung und Eingriff auf denselben Tatbestand, dieselbe Handlung beziehen. Im Beispiel jedoch stellen Erlangung des Besitzes durch Leistung des E und wirksame Verfügung des M zwei völlig verschiedene Tatbestände dar.

Auch das Prinzip der Subsidiarität der Eingriffskondiktion gegenüber einem Leistungsverhältnis[54] ist hier nicht einschlägig. Dieses Prinzip soll in Dreiecksverhältnissen die Abwicklung über die Leistungsverhältnisse sichern und einen Durchgriff ausschließen; in Zweipersonenverhältnissen wie hier hat es keine Funktion. Umgekehrt schließt natürlich auch die Eingriffskondiktion die Leistungskondiktion nicht aus.

In der Literatur wird in solchen Situationen regelmäßig allein § 816 I 1 angewandt, weil man damit zum Anspruch auf Gewinnherausgabe kommt, während §§ 812 I 1 (1), 818 II angeblich nur einen Anspruch auf Wertersatz geben.[55] Auf

---

[50] Der Kaufvertrag zwischen M und K ist zwar gemäß § 107 schwebend unwirksam, die Übereignung ist jedoch wirksam. M erleidet nämlich durch die Übereignung an K keinen rechtlichen Nachteil, da das Moped ihm nicht gehörte.

[51] War M bösgläubig (dazu § 5 Rn. 29), so haftet er dem E gemäß §§ 812 I 1 (1), 819 I, 818 IV, 292, 989 auf den Wert des Mopeds. War M gutgläubig, so haftet er lediglich auf den Wert des Besitzes am Moped, vgl. dazu unten § 5 Rn. 7.

[52] Die Leihe ist für M rechtlich nachteilig, vgl. §§ 601, 604 I.

[53] Vgl. dazu unten § 6 Rn. 25.

[54] Vgl. unten § 6 Rn. 21.

[55] Vgl. oben Rn. 41 und unten § 5 Rn. 6.

diese Weise drückt man sich vor der Entscheidung, ob man wirklich beim gleichen Sachverhalt bei §§ 812 I 1 (1), 818 II und bei § 816 I 1 die Frage nach dem Anspruchsinhalt unterschiedlich entscheiden will. Gänzlich inakzeptabel ist die vereinzelt anzutreffende Behauptung, § 816 I 1 schließe die Leistungskondiktion aus; dafür lassen sich keinerlei Gründe anführen.

2. Die Kondiktion nach § 816 II

a) Voraussetzungen

Einen Sonderfall der Eingriffskondiktion enthält auch § 816 II. Wer als Nichtberechtigter eine fremde Forderung einzieht und dadurch zum Erlöschen bringt, greift in das Recht des Forderungsinhabers ein und haftet daher nach § 816 II auf Herausgabe der empfangenen Leistung. Freilich wird die Forderung normalerweise nicht erlöschen, wenn sie nicht vom Gläubiger, sondern von einem Dritten eingezogen wird. Ausnahmsweise kann das aber doch geschehen, etwa nach §§ 407–409, 893, 2367. In diesen Fällen greift § 816 II ein.

48

> **Beispiel**: G hat dem S 10.000 € geliehen. Er teilt dem S mit, er habe die Forderung an Z abgetreten, die Abtretung war jedoch unwirksam. S zahlt das Darlehen an Z zurück.

Obwohl Z nicht Forderungsinhaber war, ist gemäß § 409 I 1 die Forderung des G durch die Zahlung des S an Z erloschen, S ist frei geworden. G kann das an Z gezahlte Geld von diesem herausverlangen, § 816 II.

b) Nachträgliche Genehmigung

Umstritten ist, ob man bei § 816 II ebenso wie bei § 816 I 1 eine nachträgliche Genehmigung nach §§ 362 II, 185 II 1 zulassen soll, wenn nämlich die von einem Dritten eingezogene Forderung nicht erloschen ist.

49

> **Beispiel**: G hat dem S 1000 € geliehen. Eines Tages erscheint N bei S und behauptet, G habe ihm die Forderung abgetreten, was jedoch nicht zutrifft. S zahlt an N und wird später insolvent.

S ist durch die Zahlung an N nicht frei geworden, G kann von ihm Rückzahlung des Darlehens verlangen. Angesichts der Insolvenz des S ist das aber wenig erfolgversprechend. Die h. M. lässt eine nachträgliche Genehmigung des Gläubigers zu, mit welcher G die Zahlung des S an N wirksam machen kann. Mit der Genehmigung erlischt die Forderung des G, er kann danach gemäß § 816 II von N die Herausgabe des empfangenen Geldes verlangen.

Nach anderer Ansicht kann eine solche nachträgliche Genehmigung bei § 816 II nicht zulässig sein, weil sie den Berechtigten zu Lasten der Insolvenzgläubiger begünstige. Denn ohne Genehmigung stünde dem Insolvenzverwalter ein Rückzahlungsanspruch gegen N zu und dem G nur eine Insolvenzforderung gegen die Insolvenzmasse. Mit der Genehmigung dagegen entfällt der Anspruch des Insolvenzverwalters gegen N, dafür erhält G einen Anspruch gegen N. Eine solche Benachteiligung der Insolvenzmasse und damit der Insolvenzgläubiger könne nicht zugelassen werden. Diese Argumentation ist aber nicht sonderlich überzeugend, eine Differenzierung zwischen G und den übrigen Insolvenzgläubigern ist durchaus angebracht. Denn S hat auf die Forderung, die dem G zusteht, bereits vor Insolvenzeröffnung geleistet, auf die Forderungen der Insolvenzgläubiger dagegen nicht. Das an N gezahlte Geld war bereits vor Insolvenzeröffnung aus dem Vermögen des S ausgeschieden, daher ist es unbedenklich, eine nachträgliche Genehmigung mit der h. M. auch bei § 816 II zuzulassen.

3. Die Kondiktion nach § 816 I 2

a) Haftung des unentgeltlichen Erwerbers

50 Verfügt ein Nichtberechtigter wirksam, aber unentgeltlich über eine Sache, so kann der frühere Berechtigte gemäß § 816 I 2 vom Erwerber Herausgabe der durch die Verfügung erlangten Bereicherung verlangen. Während ein gutgläubiger entgeltlicher Erwerb endgültig ist, so dass der frühere Berechtigte nicht mit der Eingriffskondiktion gegen den Erwerber vorgehen kann, sich vielmehr nach § 816 I 1 nur an den Verfügenden halten kann, sieht die Interessenlage bei einem unentgeltlichen Erwerb anders aus. Der Erwerber, der keine Gegenleistung für seinen Erwerb erbringt, ist nicht schutzwürdig (sog. Schwäche des unentgeltlichen Erwerbs). In der zweiten BGB-Kommission war streitig, ob man bei unentgeltlichen Verfügungen überhaupt einen gutgläubigen Erwerb zulassen sollte. Die Frage wurde schließlich mit 9:9 Stimmen mit Stichentscheid des Vorsitzenden bejaht, doch war man sich darüber einig, dass man den früheren Berechtigten gegen den Erwerber schützen müsse; man beschloss, ihm den in § 816 I 2 geregelten Bereicherungsanspruch zu geben.[56] Im Normalfall also versagt § 816 I 1 im Dreiecksverhältnis zwischen Berechtigtem, Verfügendem und Erwerber dem Berechtigten den Durchgriff gegen den Erwerber und schließt damit die Versionsklage aus. Der Berechtigte hat nur die Kondiktion gegen den Verfügenden. Dagegen lässt § 816 I 2 bei einer unentgeltlichen Verfügung den Durchgriff des Berechtigten gegen den Erwerber zu, weil dem auf Seiten des unentgeltlichen Erwerbers keine schutzwürdigen Interessen entgegenstehen.

Beispiel: N unterschlägt das von E geliehene Fahrrad und verschenkt es an seinen gutgläubigen Freund F.

F ist Eigentümer des Rads geworden, er haftet dem E gemäß § 816 I 2 auf Herausgabe der durch die unentgeltliche Verfügung erworbenen Bereicherung. Daneben haftet aber auch N gemäß § 816 I 1: Dieser hat durchaus etwas erlangt, nämlich den

---

[56] Mugdan III, 543 f.

Sachwert des Rads, indem er darüber verfügte; auf Entreicherung kann er sich wegen seiner Bösgläubigkeit nicht berufen, § 819 I.[57] Den § 816 I 1 bei unentgeltlichen Verfügungen auszuschließen besteht kein Grund, die Interessen des Berechtigten stehen gegenüber den Interessen des nichtberechtigt Verfügenden und des unentgeltlichen Erwerbers eindeutig im Vordergrund.

b) Anwendungsbereich
Der Anspruch aus § 816 I 2 richtet sich nur gegen einen solchen Bereicherten, der unmittelbar aufgrund der unentgeltlichen Verfügung einen Vorteil erworben hat. Hätte im vorstehenden Beispiel F das Fahrrad an X weiterverschenkt, so würde § 816 I 2 nicht eingreifen; in solchen Fällen ist aber § 822 zu beachten, vgl. unten § 5 Rn. 21 ff.

51

V. Übersicht über die Nichtleistungskondiktionen

Alle Nichtleistungskondiktionen setzen voraus, dass ein Vermögensvorteil, welcher von der Rechtsordnung dem Bereicherungsgläubiger als Berechtigtem zugewiesen war, aus dessen Vermögen ohne Rechtsgrund in das Vermögen des Schuldners gelangt ist. Die Zuweisung erfolgt durch dingliche, eventuell auch durch obligatorische Rechte. Ein Rechtsgrund kann aufgrund einer gesetzlichen Norm bestehen (etwa §§ 932, 937) oder in der Einwilligung des Berechtigten liegen.

52

		Vorgang der Bereicherung
Eingriffskondiktion	§ 812 I 1 (2)	Der Vermögensvorteil ist ohne Mitwirkung des Berechtigten (Gläubigers) in das Vermögen des Bereicherten gelangt, sei es durch Handlungen des Bereicherten selbst, durch Handlungen Dritter oder durch Naturereignisse.
Verwendungskondiktion	§ 812 I 1 (2)	Der Vermögensvorteil geht durch eine Verwendung des Berechtigten selbst auf den Bereicherten über. Der Berechtigte nimmt dabei irrig an, die Verwendung komme seinem eigenen Vermögen zugute oder stelle eine Leistung an einen Dritten dar.
Kondiktion wegen Verfügung eines Nichtberechtigten	§ 816 I 1, II	Ein Nichtberechtigter verfügt wirksam über ein Recht des Bereicherungsgläubigers oder zieht wirksam dessen Forderung ein.
Kondiktion wegen unentgeltlicher Verfügung	§§ 816 I 2, 822	Ein Nichtberechtigter verfügt wirksam und unentgeltlich über ein Recht des Bereicherungsgläubigers (§ 816 I 2), oder ein Berechtigter verfügt unentgeltlich über einen Gegenstand, welchen er nach Bereicherungsrecht herausgeben musste (§ 822). Der Anspruch richtet sich gegen den Empfänger der Leistung.

---

[57] Vgl. § 5 Rn. 27.

Zur Wiederholung
1. Wodurch ist die Nichtleistungskondiktion negativ gekennzeichnet? (Rn. 1)
2. Wodurch ist die Nichtleistungskondiktion positiv gekennzeichnet? (Rn. 1 f.)
3. Wann hat der Bereicherte etwas auf Kosten des Bereicherungsgläubigers erlangt? Muss der Bereicherungsgläubiger entreichert sein? (Rn. 1 f.)
4. Was ist die Versionsklage? Existiert sie im BGB noch? (Rn. 3)
5. In welche Untergruppen lässt sich die Nichtleistungskondiktion einteilen? (Rn. 4)
6. Ist der Entzug oder die Vorenthaltung des Besitzes ein Eingriff in das Eigentum? (Rn. 7)
7. Kann der Eingriff auch durch einen Dritten geschehen? (Rn. 8)
8. Kann der Eingriff auch ohne menschliches Mitwirken geschehen? (Rn. 9)
9. Wann spricht man von einer Verwendungskondiktion? (Rn. 10, 27 f.)
10. Nach welcher Theorie bestimmt man, ob die Bereicherung „auf Kosten des Gläubigers" geschehen ist? (Rn. 11)
11. Wann spricht man von einer „Zuweisung" durch die Rechtsordnung? (Rn. 12)
12. Haben obligatorische Rechte eine Zuweisungsfunktion? Was ist im Einzelfall zu prüfen? (Rn. 14 ff.)
13. Wann ist eine Bereicherung „in sonstiger Weise" rechtsgrundlos? (Rn. 17)
14. Geschieht der Rechtserwerb infolge Verbindung, Verarbeitung etc. mit Rechtsgrund i. S. v. § 812 I 1 (2)? (Rn. 20 ff.)
15. Tragen der gutgläubige Erwerb und die Ersitzung einen Rechtsgrund in sich? (Rn. 21 f.)
16. Was sind Verwendungen? (Rn. 27 f.)
17. Kommt eine Verwendungskondiktion in Betracht, wenn der Verwendende die Hauptsache im Eigenbesitz hat? (Rn. 30)
18. Wonach richtet sich der Ausgleich, wenn zwischen dem Verwendenden und dem Bereicherten ein Vertrag besteht, so dass der Verwendende Fremdbesitzer der Hauptsache ist? (Rn. 31)
19. Inwiefern kommt § 816 I 1 eine klarstellende Funktion zu? (Rn. 34)
20. Was ist eine Verfügung? (Rn. 35)
21. Wer ist Nichtberechtigter i. S. d. § 816? (Rn. 36)
22. Warum muss die Verfügung gegenüber dem Berechtigten wirksam sein? (Rn. 37)
23. Ist § 816 I 1 auch dann anwendbar, wenn der Eigentümer sein Recht durch Einbau seiner Sachen an einen Dritten verliert? (Rn. 37)
24. Kann der Berechtigte sich auch an den Verfügenden halten, wenn die Verfügung ihm gegenüber unwirksam war? (Rn. 38)
25. Wie kann der Berechtigte sicherstellen, dass er bei einer Genehmigung auch wirklich den Gegenwert erhält? (Rn. 38)
26. Kann der Berechtigte eine Verfügung noch genehmigen, wenn er sein Recht bereits verloren hat? (Rn. 39)
27. Muss nach § 816 I 1 auch der erzielte Gewinn herausgegeben werden? (Rn. 42, 44)
28. Unter welchen Umständen ist der Gewinn nicht herauszugeben? (Rn. 43)

29. Kann sich die Herausgabepflicht auch auf weniger als den objektiven Wert der veräußerten Sache beschränken? (Rn. 44)
30. Kann jemand, der eine fremde Sache verschenkt, bereichert sein? (Rn. 44)
31. Kann der nichtberechtigt Verfügende den Kaufpreis, den er selbst zum Erwerb der Sache aufgewandt hat, als Entreicherung geltend machen? (Rn. 46)
32. Warum lässt § 816 I 2 den Durchgriff auf den Erwerber und damit die Versionsklage zu? (Rn. 50)

§ 5. Der Inhalt des Bereicherungsanspruchs

I. Die Haftung des unverklagten, gutgläubigen Bereicherten

1. Nutzungsherausgabe, § 818 I (1)

Der Bereicherte ist primär dazu verpflichtet, das durch die Bereicherung Erlangte herauszugeben, §§ 812, 816, 817, 822. Auch hier wie oben bei § 816[1] ist die Herausgabepflicht nicht auf den objektiven Wert des Erlangten zu beschränken, vielmehr ist alles herauszugeben, was erlangt ist, also auch ein Gewinn. Es wäre inkonsequent und nicht begründbar, wollte man bei § 816 eine Pflicht zur Gewinnherausgabe bejahen, allgemein aber die Bereicherungshaftung auf den objektiven Wert des Erlangten beschränken, wie es eine verbreitete Meinung will.

Kann der Bereicherte das primär Erlangte nicht herausgeben oder kann er das nicht, ohne selbst einen Vermögensschaden zu erleiden, so bestimmt sich seine Verpflichtung nicht nach den allgemeinen Regeln über Leistungsstörungen, also die §§ 275–292; diese sind nicht anwendbar und werden durch die §§ 818–822 ersetzt.[2]

Neben der primär geschuldeten Bereicherung muss der Bereicherte die aus dem geschuldeten Gegenstand gezogenen Nutzungen ersetzen, § 818 I (1). Nur die tatsächlich gezogenen Nutzungen müssen ersetzt werden, bei einer Bereicherung in Geld können also nicht ohne weiteres die gesetzlichen oder gar die banküblichen Zinsen verlangt werden; die gezogenen Nutzungen müssen aber andererseits auch dann herausgegeben werden, wenn der Berechtigte die Nutzungen nicht gezogen hätte. Können die gezogenen Nutzungen nicht mehr herausgegeben werden, so sind die § 818 I (2), II, III anzuwenden.

1

2

---

[1] Vgl. oben § 4 Rn. 42.
[2] Vgl. Mugdan II, 1183 f.

2. Herausgabe der Surrogate, § 818 I (2) und (3)

3   Kann der Bereicherte das primär Erlangte nicht mehr herausgeben, so haftet er stattdessen auf Herausgabe der Surrogate, falls er welche erlangt hat; § 818 I (2) entspricht insoweit der Regelung des § 285 im allgemeinen Schuldrecht. Nur wenn der Bereicherte weder das primär Erlangte noch ein stattdessen erlangtes Surrogat nach § 818 I in seinem Vermögen hat, kommt Wertersatz nach § 818 II in Betracht.

a) Rechtsgrundloser Rechtserwerb

4   Bestand die Bereicherung in einem rechtsgrundlos erlangten Recht, so erstreckt sich die Verpflichtung des Bereicherten zur Herausgabe auf das, was er aufgrund des Rechtes erlangt hat, § 818 I (2). War er rechtsgrundlos um eine Forderung bereichert, die er eingezogen hat, so muss er die eingezogenen Gegenstände herausgeben; war er rechtsgrundlos um ein Sicherungsrecht (Pfandrecht, Sicherungseigentum) bereichert, so muss er das Geld herausgeben, das er durch die Verwertung des Rechts erlangt hat. Bestand die Bereicherung in einem Lotterielos, auf welches ein Gewinn fiel, so muss er den Gewinn herausgeben.[3]

b) Stellvertretendes commodum

5   Die Herausgabepflicht erstreckt sich weiter auf das stellvertretende *commodum*, also auf das, was der Bereicherte als Surrogat (Ersatz) für die Zerstörung, Beschädigung oder Entziehung des rechtsgrundlos erlangten Gegenstands erhalten hat, § 818 I (3); man spricht vom *commodum ex re*. In Betracht kommen etwa Schadensersatz- und Versicherungsleistungen.

Umstritten ist die Frage, ob die Herausgabepflicht auch das *commodum ex negotiatione* umfasst, also die Gegenleistung bei einem Austauschvertrag, oder ob in einem solchen Fall dem Gläubiger gemäß § 818 II ein Anspruch auf Wertersatz zusteht.

> **Beispiel 1**: A und B schließen einen Tauschvertrag des Inhalts, dass A dem B seinen Computer übereignet, während B dem A dafür seinen Fernseher gibt. Beide Geräte sind etwa 2000 € wert. A tauscht den von B erhaltenen Fernseher bei X gegen eine Stereoanlage im Wert von 2000 € ein. Der Tauschvertrag zwischen A und B ist unwirksam.

B hatte gegen A einen Anspruch auf Rückgabe und Rückübereignung des Fernsehers, die Leistung ist dem A jedoch unmöglich geworden. Wenn B gemäß § 818 I (3) das rechtsgeschäftliche Surrogat fordern kann, so hat er gegen A einen Anspruch auf Übereignung der Stereoanlage; Wertersatz nach § 818 II kann er dann nicht verlangen. Das kann für B unangenehm sein, wenn er bereits eine Stereoanlage hat und mit einer weiteren nichts anfangen kann.

---

[3] Vgl. aber oben § 4 Rn 43

Die h. M. lehnt zu Recht eine Anwendung des § 818 I auf rechtsgeschäftliche Surrogate ab.[4] Sie werden vom Wortlaut des § 818 I nicht erfasst, und auch nach dem Willen des Gesetzgebers sollte sich der Herausgabeanspruch nicht auf solche Surrogate erstrecken, vielmehr sollte in diesen Fällen Wertersatz nach § 818 II verlangt werden können.[5] Insofern ist die Rechtslage anders als nach § 285.

Beispiel 2: Verkauft A im obigen Beispiel den von B erhaltenen Fernseher für 2200 € weiter an X, so kann B die 2200 € nicht nach § 818 I als Surrogat verlangen. Er kann nach § 818 II Wertersatz für den Fernseher verlangen, also 2000 €, und zusätzlich den von A erzielten Gewinn, also weitere 200 €, vgl. Rn. 6.

Beispiel 3: X hat seinem Freund F ein Vermächtnis von 50.000 € ausgesetzt, sein Erbe E zahlt dem F das Geld aus. F kauft sich davon einen Pkw, den er sich ohne das Vermächtnis nicht hätte leisten können. Es findet sich ein Testament, in welchem das Vermächtnis für F widerrufen ist.

Nach h. M. muss F die 50.000 € gemäß § 812 I 1 (1) an E zurückzahlen, wodurch er in Schwierigkeiten kommen kann. Ein Grundprinzip des Bereicherungsrechts ist es jedoch, dass der Bereicherte durch den Bereicherungsanspruch keinen Schaden erleiden soll.[6] Eine Mindermeinung will daher § 818 I auch auf die rechtsgeschäftlichen Surrogate anwenden. Eine solche Auslegung gegen den Wortlaut des Gesetzes und den Willen des Gesetzgebers ist aber nicht erforderlich. Nach den Grundsätzen der aufgedrängten Bereicherung[7] kann der Bereicherte geltend machen, dass der Erwerb des Pkw ohne das Vermächtnis seinen Vermögensdispositionen widerspreche und dass er ohne das Vermächtnis den Pkw nicht gekauft hätte. Bei Anwendung der Regeln über die aufgedrängte Bereicherung ist F nur um den Pkw bereichert.[8]

3. Wertersatz, § 818 II

a) Objektiver Wert und Gewinnherausgabe

Kann der Bereicherte weder das primär Erlangte noch ein Surrogat nach § 818 I herausgeben, so tritt an deren Stelle der Wertersatz, § 818 II. Der Grund der Unmöglichkeit der Herausgabe spielt keine Rolle. Zu ersetzen ist zumindest der objektive

---

[4] BGHZ 158, 63 Rn. 14.
[5] Vgl. v. Kübel bei Schubert, 700; Protokolle der zweiten Kommission, in: Mugdan II, 1185.
[6] Vgl. v. Kübel bei Schubert, 698; Protokolle der zweiten Kommission, in: Mugdan II, 1183, 1185.
[7] Vgl. Rn. 12.
[8] Das erkennt im Ergebnis auch der BGH an, der zutreffend dem Bereicherungsgläubiger einen Anspruch auf das *commodum ex negotiatione* versagt und ihm einen Wertersatzanspruch gibt, dem Schuldner aber die Möglichkeit zugesteht, sich durch die Leistung des *commodum* zu befreien, vgl. BGH NJW 2004, 1314 f.

Wert des primär Erlangten oder des Surrogats, dessen Herausgabe unmöglich geworden ist.[9]

Streitig ist, ob auch ein Gewinn herauszugeben ist. Die h. M. verneint das, doch ist die Frage ebenso wie bei § 816 I zu bejahen;[10] es gibt keinen überzeugenden Grund, die Frage in § 816 I 1 und § 818 II unterschiedlich zu entscheiden. Die Gegenmeinung kann sich keineswegs auf den Wortlaut oder Sinn des § 818 II stützen. Nach § 818 II ist der Wert des Erlangten zu ersetzen, wobei das „Erlangte" ebenso wie bei § 816 I 1 den Gewinn umfasst. Der Sinn des § 818 II wie der des gesamten Bereicherungsrechts geht dahin, dem Bereicherten alle Vorteile, die er aus der Bereicherung erlangt hat, wieder zu nehmen und dem Gläubiger zuzuführen.

Beispiel: X hat seinem Freund F seinen Sportwagen im Wert von 100.000 € vermacht, Erbe E übergibt und übereignet dem F den Wagen. F verkauft ihn für 120.000 € (bzw. für 80.000 €). Das Testament ist unwirksam.

F haftet dem E nach §§ 812 I 1 (1), 818 II auf Ersatz des objektiven Werts des Wagens (100.000 €) sowie auf Herausgabe des Gewinns. F kann den erzielten Gewinn nicht behalten, er muss die gesamten 120.000 € herausgeben, denn der Bereicherte soll alles an den Bereicherungsgläubiger herausgeben, was er infolge der Bereicherung erlangt hat. Wie bei § 816 ist auch hier eine Ausnahme dann zu machen, wenn der Gewinn auf dem Einsatz besonderer, dem Bereicherten zu Gebote stehender Sachmittel und Kenntnisse beruht, welche dem Eigentümer nicht zur Verfügung standen.[11] Insoweit der Gewinn hierauf beruht, muss der Bereicherte ihn nicht herausgeben.

Hat F nur 80.000 € für den Wagen erlöst, so bleibt es doch dabei, dass der objektive Wert des von ihm Erlangten nach § 818 II 100.000 € beträgt. Die Haftung des F beschränkt sich aber auf 80.000 €, wenn er gutgläubig ist; das ergibt sich aus § 818 III.

b) Wert des Besitzes

7 Bestand die Bereicherung im Erlangen des Besitzes und musste der Bereicherte ihn ursprünglich herausgeben, so ist der Wert des Besitzes festzustellen, wenn die Herausgabe unmöglich ist. Dabei ist zu beachten, dass es nur um die Bereicherung des Schuldners geht: Es ist der Wert festzustellen, den der Besitz für den Bereicherten hatte, nicht der Wert, den die Sache für den Bereicherungsgläubiger hatte. Der Wert des Besitzes richtet sich nach dem Wert des Rechts zum Besitz, entscheidend ist also, welches Recht zum Besitz der Bereicherte an der Sache hatte.

War der Schuldner um Besitz und Eigentum bereichert, so hat er nach § 818 II den Sachwert zu ersetzen, hatte er die Sache aufgrund eines unwirksamen Miet- oder Pachtvertrags erlangt, so haftet er auf den Wert, den der Sachgebrauch für die

---

[9] Ist der Bereicherte gutgläubig, so kann sich jedoch seine Verpflichtung gemäß § 818 III infolge Entreicherung mindern, vgl. Rn. 8 ff.
[10] Vgl. oben § 4 Rn. 42.
[11] Vgl. § 4 Rn. 42.

I. Die Haftung des unverklagten, gutgläubigen Bereicherten

vorgesehene Zeit für ihn gehabt hätte.[12] Hat der Schuldner den Sachbesitz ohne jedes Recht zum Besitz erlangt, so hat der Besitz überhaupt keinen Wert für ihn, wenn er bösgläubig ist. In diesem Fall muss er alles Erlangte herausgeben; ist die Sache untergegangen, so haftet er dafür nicht mehr nach Bereicherungsrecht.[13] Eine Haftung kommt dann nur nach Deliktsrecht in Betracht, nach § 823 und auch über §§ 819 I, 818 IV, 292, 989. War der Schuldner gutgläubig, so hat er an beweglichen Sachen nach § 1007 III ein Recht zum Besitz erlangt, das er nach § 1007 I, II gegen jeden schlechter berechtigten geltend machen kann. Dabei kann es sich um einen Ersitzungsbesitz handeln oder um ein sonstiges Recht zum Besitz, etwa um ein gutgläubig erlangtes Gebrauchsrecht, das einem Miet- oder Pachtrecht entspricht. In diesem Fall muss der Wert dieses Besitzrechts bestimmt werden.

Zum Wert des Besitzes bei der Abwicklung nach der Saldotheorie vgl. Rn. 13.

4. Entreicherung nach § 818 III, aufgedrängte Bereicherung und Saldotheorie

a) Einwand der Entreicherung

Der gutgläubige und unverklagte Bereicherte, der davon ausgeht und ausgehen darf, dass er das Erlangte endgültig behalten darf, wird vom Gesetz in seinem guten Glauben geschützt, und zwar im Ergebnis in ähnlicher Weise wie der gutgläubige Besitzer im Eigentümer-Besitzer-Verhältnis. Er haftet nicht dafür, wie er mit der Bereicherung verfährt, und er haftet auch nicht für das zufällige Schicksal dessen, was er rechtsgrundlos erlangt hat. Die Haftung des Bereicherten entspricht also nicht unbedingt dem durch die Bereicherung Erlangten. Soweit der Bereicherte nämlich nicht mehr bereichert ist, also „entreichert" ist, ist er weder zur Herausgabe des primär Erlangten oder eines Surrogats verpflichtet noch zum Wertersatz, § 818 III. § 818 III gibt dem Entreicherten eine rechtsvernichtende bzw., soweit von Anfang an keine Bereicherung bestand, eine rechtshindernde Einwendung.

aa) Ersparnis von Aufwendungen Ob eine Bereicherung noch vorhanden ist, richtet sich danach, ob das Vermögen des Bereicherten infolge der Bereicherung noch gemehrt ist oder nicht. Hat der Bereicherte weder das primär Erlangte noch ein Surrogat dafür in seinem Besitz, so kann doch sein Vermögen noch weiterhin gemehrt sein.

> **Beispiel**: X hat seinem Freund F seinen Sportwagen im Wert von 100.000 € vermacht. Erbe E übergibt und übereignet dem F den Wagen. F verkauft ihn für 100.000 €, mit dem Geld zahlt er eine Hypothek ab. Das Testament ist unwirksam.

8

9

---

[12] Wird der Vertrag nach Bereicherungsrecht abgewickelt, so hat der Mieter oder Pächter diesen Gebrauchswert zu ersetzen, der Vermieter den empfangenen Mietpreis zurückzuzahlen.
[13] Vgl. auch BGHZ 198, 381 Rn. 14.

F hat weder das primär Erlangte noch ein Surrogat in seinem Vermögen, dennoch ist er nicht entreichert, vielmehr ist durch die Abzahlung der Hypothek sein Vermögen durch Befreiung von einer Verbindlichkeit weiterhin um 100.000 € vermehrt.

Eine Entreicherung wäre im obigen Fall etwa gegeben, wenn F das Geld durch Spekulation oder Glücksspiel verloren hätte oder wenn er davon eine Weltreise bezahlt hätte, die er ohne das Vermächtnis nicht gemacht hätte. Hätte er die Weltreise auf jeden Fall gemacht, so ist er noch bereichert, weil er durch die Verwendung des Geldes aus dem unwirksamen Vermächtnis eigene Aufwendungen erspart hat.[14]

10 **bb) Sonstige Vermögensminderungen** Eine Entreicherung kann auch dann vorliegen, wenn das primär Erlangte oder ein Surrogat dafür noch im Vermögen des Bereicherten vorhanden ist, aber im kausalen Zusammenhang mit der Bereicherung eine sonstige Vermögensminderung eingetreten ist.

Beispiel: Dem F ist in einem unwirksamen Testament ein Barockschrank im Wert von 40.000 € vermacht. Er lässt den Schrank für 5000 € restaurieren.

Der Erbe E kann von F Rückübereignung und Rückgabe des Schranks gemäß § 812 I 1 (1) verlangen, F kann aber gemäß § 818 III eine Entreicherung in Höhe von 5000 € geltend machen, d. h. er ist zur Rückgabe nur Zug um Zug gegen Erstattung von 5000 € verpflichtet. Das ist unabhängig davon, welche Wertsteigerung durch die Restaurierung eingetreten ist.

Dass eine erbrachte Gegenleistung für die erlangte Bereicherung nicht als Entreicherung geltend gemacht werden kann, ist bereits oben ausgeführt.[15]

11 **cc) Schäden als Abzugsposten** Streitig ist, ob der Bereicherte auch einen durch das erlangte Bereicherungsobjekt verursachten Schaden von der Bereicherung abziehen kann.

Beispiel: V hat dem K in einem unwirksamen Vertrag einen jungen Dackel verkauft, dieser hat bei K einen Teppich zerbissen.

Die Rechtsprechung nimmt auch in solchen Fällen eine Entreicherung i. S. d. § 818 III an, weil der Schaden in kausalem Zusammenhang mit der Bereicherung stehe. Die h. L. lehnt das ab. Danach soll eine Entreicherung nur dann anzunehmen sein, wenn sie im Vertrauen auf die Rechtsbeständigkeit des Erwerbs erfolgt, was hier nicht gegeben sei. Richtig ist, dass nur der sich auf Entreicherung berufen kann, der darauf vertraut, das Erlangte behalten zu dürfen, d. h. wer bezüglich der Bereicherung gutgläubig ist.[16] Das kann aber nicht dahin verstanden werden, dass auch jeder einzelne entreichernde Vorgang im Vertrauen auf die Rechtsbeständigkeit des Erwerbs geschehen müsste. Denn das würde bedeuten, dass eine Entreicherung überhaupt nur durch Handlungen des Bereicherten möglich wäre, denn nur dabei

---

[14] Vgl. § 2 Rn. 12.
[15] Vgl. oben § 4 Rn. 46.
[16] Vgl. auch unten § 5 Rn. 27.

kann der Bereicherte auf die Rechtsbeständigkeit des Erwerbs vertrauen. Bei Handlungen Dritter oder bei Naturereignissen kann das Vertrauen des Bereicherten keine Rolle spielen; eine Entreicherung wäre in diesen Fällen nicht möglich. Danach wäre etwa ein Bereicherter nicht entreichert, wenn die rechtsgrundlos erlangte Sache zufällig von einem Unbekannten oder durch ein Naturereignis zerstört würde. Das ist nicht haltbar, zur Entreicherung genügt eine kausale Verbindung mit dem Bereicherungsvorgang. Der Meinung der Rechtsprechung ist daher der Vorzug zu geben; K kann der *condictio indebiti* des V seinen Schaden bis zur Höhe des Werts des Dackels als Entreicherung entgegenhalten, d. h. er kann Zug um Zug gegen Herausgabe des Dackels eine Geldzahlung in Höhe seines Schadens bis maximal zum Wert des Dackels verlangen.

Die Entreicherung ist vom Bereicherten zu beweisen.

b) Aufgedrängte Bereicherung

Ein besonderer Anwendungsfall des § 818 III ist die aufgedrängte Bereicherung. 12
Wenn auch der Wert einer Bereicherung grundsätzlich objektiv zu bestimmen ist, so bestimmt doch § 818 III, dass der Gutgläubige nur insoweit haften soll, als er selbst nach den besonderen Umständen seiner Vermögenssituation bereichert ist.

Beispiel 1: E ist für längere Zeit abwesend. Als das Dach seines Hauses schadhaft wird, lässt sein Nachbar N es reparieren und fordert von E Ersatz. E weigert sich, weil er die Absicht gehabt habe, das ohnehin überalterte Haus abreißen und ein neues errichten zu lassen.

Hätte die Reparatur des Daches dem Interesse und Willen des E entsprochen, so hätte N gemäß §§ 683, 670 Ersatz seiner Auslagen verlangen können. Da dies nicht der Fall ist, kann N von E nach Bereicherungsrecht Ersatz verlangen, §§ 684, 812 I 2 (2). E ist objektiv bereichert in Höhe der Kosten des neuen Daches, er kann aber mit dieser Bereicherung nichts anfangen, weil er das Haus abreißen lassen will. In solchen Fällen ist nicht der objektive Wert der Bereicherung zu ersetzen, vielmehr ist zur Wertfeststellung auf die subjektiven Vorstellungen und Vermögensdispositionen des Bereicherten abzustellen. Im Beispiel hat E nach seinen eigenen wirtschaftlichen Plänen durch die Reparatur des Daches keinerlei Vorteil erlangt, er ist nicht bereichert und haftet dem N nicht.

Allerdings sind in solchen Fällen die gegenseitigen Interessen der Beteiligten sorgsam abzuwägen.

Beispiel 2: N hat aus Versehen ein Haus auf dem Grundstück des E gebaut. E hatte kein Geld, um sein Grundstück zu bebauen.

E wird Eigentümer des Hauses gemäß §§ 946, 94 und schuldet dem N Ersatz aus §§ 951, 812 I 1 (2). Nach den Plänen des E sollte das Grundstück aber in absehbarer Zeit nicht bebaut werden, so dass N gemäß § 818 III keinen Wertersatz verlangen könnte. Zieht E jedoch in das Haus ein, so kann N monatlich die Summe verlangen, welche E an Miete erspart. E könnte von N aber auch nach § 1004 I 1 Beseitigung,

d. h. Abreißen des Hauses verlangen, womit erhebliche Werte vernichtet würden. Würde dagegen E das Grundstück verkaufen, so könnte er auf diese Weise den Wert des Hauses realisieren. Der Verkauf wird dem E auch regelmäßig zumutbar sein, soweit nicht zwingende Gründe dagegen vorgebracht werden können, da andernfalls bei N ein erheblicher Vermögensschaden entsteht. Man wird also dem N einen Wertersatzanspruch gegen E zubilligen können, der allerdings begrenzt ist auf den Kaufpreis, den E erzielen kann, wobei der Wert des Grundstücks noch abzuziehen ist.

c) Saldotheorie

13 Ein Anwendungsfall des § 818 III ist auch die Saldotheorie; man spricht auch von der *Lehre vom faktischen Synallagma*. Es geht dabei um die Rückabwicklung eines unwirksamen, aber durchgeführten gegenseitigen Vertrags; das Problem besteht darin, ob man das Synallagma[17] der gegenseitigen Leistungen trotz der Nichtigkeit des Vertrags aufrecht erhalten soll oder nicht. Das hängt von der Vorstellung ab, welche Erfahrungen und welches Wissen man bei den Rechtsteilnehmern voraussetzen soll und welche Risiken man ihnen zumuten kann. Man kann in dieser Hinsicht einen härteren oder einen entgegenkommenderen Standpunkt einnehmen. Die Römer hatten sich hier für den härteren Standpunkt entschieden: „*ius vigilantibus scriptum est*", das Recht ist für die Aufgeweckten geschrieben! War ein Sklave verkauft worden und trat ein Sachmangel auf, dann konnte der Käufer auch dann mit der Wandelungsklage vom Vertrag zurücktreten, wenn der Sklave inzwischen (nicht wegen des Sachmangels) gestorben war. Der Käufer bekam sein Geld zurück, der Verkäufer bekam nichts.[18] Als man das BGB schuf, übernahm man dieses Prinzip beim Rücktritt in § 350 a. F., wonach ein Rücktritt auch dann möglich ist, wenn die Sache beim Zurücktretenden ohne Verschulden untergegangen war. Der Zurücktretende bekam dann das gezahlte Geld zurück, der Rücktrittsgegner erhielt nichts. Das war ein starres Festhalten an veralteten römischen Regelungen, die zu dieser Zeit bereits als überholt galten und etwa vom preußischen Allgemeinen Landrecht und vom französischen Code civil nicht übernommen wurden. Die Entscheidung des Gesetzgebers war auch keineswegs unumstritten, wiederholte Versuche, das Synallagma auch beim Rücktritt zu wahren, scheiterten jedoch schließlich, weil man mit dem Rücktrittsrecht den Berechtigten vor nachteiligen Folgen des Vertrags schützen wollte.[19] Für das Bereicherungsrecht gab es diese Probleme nicht, beim unwirksamen gegenseitigen Vertrag wurde jede Kondiktion als unabhängiger Anspruch gesehen, mit dem man das verlangen konnte, was beim Gegner noch vorhanden war (Zweikondiktionentheorie, vgl. Rn. 17).

Einen entscheidenden Sieg errang die modernere, das Synallagma wahrende Ansicht durch die Rechtsprechung des Reichsgerichts zum Bereicherungsrecht,

---

[17] Als Synallagma bezeichnet man die gegenseitige Abhängigkeit der Leistungen in gegenseitigen Verträgen, die sich etwa in §§ 320, 322, 326 I zeigt.
[18] Oder, wie die Römer mit leichter Ironie sagten: *mortuus redhibetur* („der Tote wird zurückerstattet"), was man freilich nicht wörtlich nehmen muss.
[19] Zum geltenden § 346 unten Rn. 19.

welche die ursprüngliche, materielle Saldotheorie begründete:[20] Sie verknüpfte im Ergebnis die beiden rückabzuwickelnden Leistungen miteinander, so wie es bei wirksamen Verträgen etwa durch § 320 geschieht. Daher spricht man auch von der *Lehre vom faktischen Synallagma*. Diese Regelung, welche die Parteien gemäß den von ihnen übernommenen Risiken behandelt, ist vorzugswürdig.[21] Dennoch finden sich immer noch Vertreter des alten römischen Prinzips „*mortuus redhibetur*".[22]

> **Beispiel**: K kauft von V eine alte chinesische Vase wertgerecht für 15.000 €. Bei einem Einbruch im Hause des K wird die Vase von Unbekannten gestohlen. Es stellt sich die Unwirksamkeit des Kaufvertrags heraus.

K kann von V die gezahlten 15.000 € gemäß § 812 I 1 (1) zurückverlangen, der Anspruch des V auf Rückübereignung der Vase entfällt, da die Vase nicht mehr vorhanden ist. Der Anspruch auf Wertersatz nach § 818 II scheitert daran, dass K gemäß § 818 III entreichert ist. Dieses Vorgehen, bei welchem die beiden Leistungskondiktionen der Parteien gesondert für sich bewertet werden, entspricht der Zweikondiktionentheorie, vgl. Rn. 17. Das Ergebnis aber, dass K sein Geld zurückerhält, V jedoch nichts bekommt und die Nachteile des bei K eingetretenen Schadens tragen soll, hat man zu Recht als unbillig empfunden; die Saldotheorie bzw. Lehre vom faktischen Synallagma soll gegen diese Unbilligkeit schützen. Dabei geht man von der Überlegung aus, dass K die Risiken der erhaltenen Sache übernommen hat und trotz Nichtigkeit des Vertrags an diese Entscheidung gebunden ist; er soll einen eingetretenen Schaden nicht auf V abwälzen.

aa) Konstruktion

Die Saldotheorie bzw. Lehre vom faktischen Synallagma soll das synallagmatische Verhältnis der beiden Leistungen auch dann aufrechterhalten, wenn der Vertrag unwirksam, aber durchgeführt ist, wie im vorstehenden Beispiel. Es soll nicht eine Partei ihre erbrachte Leistung zurückfordern können, bezüglich der empfangenen Leistung aber sich auf Entreicherung berufen können und von der Rückgabepflicht frei sein. Daher muss das Ergebnis so aussehen, dass entweder auch V von seiner Rückgabepflicht frei wird oder aber K auf Wertersatz haftet. 14

Zur Durchführung der Saldotheorie (Lehre vom faktischen Synallagma) gibt es zwei verschiedene Konstruktionen:

α) Das Reichsgericht wählte den Weg, bei der Befreiung des einen Vertragspartners wegen Entreicherung auch den anderen von seiner Leistungspflicht freizustellen. Das geschah dadurch, dass man den Wert der Leistungen gemäß § 818 III saldierte, ein Vorgehen, das der Theorie auch ihren Namen gab. Im obigen Beispiel ist danach V nicht um die erhaltenen 15.000 € bereichert, er ist vielmehr in gleicher Höhe

---

[20] Zur verfahrensrechtlichen bzw. formellen Saldotheorie, auch Lehre von der Gesamtabrechnung genannt, unten Rn. 20.
[21] Vgl. alsbald Rn. 14.
[22] S. Fn. 18.

entreichert durch die Hingabe der Vase; er haftet dem K im Ergebnis also nicht. Diese Konstruktion der Saldotheorie ist noch immer anwendbar, soweit sie zu befriedigenden Ergebnissen führt.

Eine Saldierung unter Anwendung des § 818 III ist jedoch nicht immer das geeignete Instrument zur Erreichung der gewünschten Ergebnisse. Nach dieser Konstruktion hätte V auch dann keinen Rückgabeanspruch, wenn die Vase bei K noch vorhanden wäre: Empfangene und erbrachte Leistung gleichen sich wertmäßig aus, so dass trotz Unwirksamkeit des Vertrags eine Rückabwicklung nicht möglich wäre. Diese Konstruktion der Saldotheorie versagt ferner – und das ist wichtiger –, wenn eine Partei vorgeleistet hat (vgl. Rn. 15) und wenn der Bereicherungsanspruch mit einem Eigentumsanspruch konkurriert (vgl. Rn. 16). Die ursprüngliche, inzwischen aber veraltete Konstruktion der Saldotheorie kommt in diesen Fällen zwangsläufig zu unbilligen Ergebnissen.

β) Besser ist eine Konstruktion, welche von folgendem Ansatzpunkt ausgeht: Derjenige, der nicht auf den Bestand seines Erwerbs vertrauen kann, darf sich nicht nach § 818 III auf Entreicherung berufen.[23] Ebenso kann auch derjenige, der weiß, dass er etwas nur um eine Gegenleistung erlangt hat, sich nicht darauf berufen, er könne das Erlangte ohne Gegenleistung behalten. Diese materielle Saldotheorie hat mit einem „Saldieren" nichts mehr zu tun.

K hat im obigen Beispiel zwar darauf vertrauen dürfen, die empfangene Leistung endgültig behalten zu dürfen. Er wusste jedoch, dass dies nur unter der Voraussetzung möglich war, dass er die eigene Leistung erbrachte. K wusste also, dass er die empfangene Leistung nur behalten durfte, wenn er seine Gegenleistung erbrachte und sie dem V beließ. Hat er einen Anspruch auf Rückgabe der erbrachten Leistung, so muss er auch das Empfangene zurückgeben. K kann sich also nicht auf Entreicherung wegen der verlorenen Vase berufen, er haftet weiter auf ihren Wert nach § 818 II. Verlangt er von V die Rückgabe der gezahlten 15.000 €, so kann V die Leistung gemäß § 273 verweigern oder aufrechnen.[24]

Umstritten ist, wie man den Wert der untergegangenen Leistung bestimmen soll. Dazu gibt es zwei Möglichkeiten: Man kann vom objektiven Verkehrswert ausgehen oder vom subjektiven Wert, den die Parteien der Sache beigemessen haben: Ist als Preis der unwirksam verkauften Sache 500 € vereinbart, so ist den Parteien die Sache eben 500 € wert. Im Rücktrittsrecht ist diese subjektive Wertbestimmung in § 346 II 2 für verbindlich erklärt.[25] Dagegen will die h. M. im Bereicherungsrecht

---

[23] Vgl. auch Rn. 11 und 29.
[24] Statt von der (materiellen) Saldotheorie oder Lehre vom faktischen Synallagma sprechen manche von der „Gegenleistungskondiktion". Der Ausdruck ist blass, denn er lässt den Leser im Unklaren, welche Kondiktion damit gemeint ist.
[25] Vgl. dazu Bundesminister der Justiz (Hrsg.), Abschlußbericht der Kommission zur Überarbeitung des Schuldrechts, 1992, 185: „Das grundsätzliche Festhalten an den vertraglichen Bewertungen hält die Kommission für interessengerecht, da die aufgetretene Störung allein die Rückabwicklung, nicht aber die von den Parteien privatautonom ausgehandelte Entgeltabrede betrifft", ein Argument, das auch für die bereicherungsrechtliche Rückabwicklung zutrifft.

den Sachwert auch bei der Abwicklung gegenseitiger Verträge objektiv bestimmen. Aber die Mindermeinung, welche bei der Wertbestimmung nach § 818 II von subjektiven Kriterien ausgeht, hat den Vorteil, dass sie den Grundgedanken des „faktischen Synallagma" konsequent aufnimmt und weiterführt: Ebenso wie die Verbindung der gegenseitigen Leistungen aus der Entscheidung der Parteien hergeleitet wird, sollte auch ihre Wertbestimmung übernommen werden.

Das hat insbesondere bei der Wertbestimmung des Besitzes Vorteile, wenn etwa Kaufvertrag und Übereignung unwirksam, die Leistungen aber ausgetauscht sind und die Sache beim Käufer untergegangen ist. Wie soll man den bloßen Besitz des Käufers[26] bewerten? Der Verkäufer muss den Kaufpreis zurückzahlen, er selbst erhält aber nichts, denn der Besitz ohne Recht zum Besitz hat für den Bereicherten keinen Wert.[27] Die Parteien aber haben durch die Vereinbarung eines Kaufpreises den Wert der Leistung des Verkäufers bestimmt, und dieser Wert ist auch bei der Wertberechnung nach § 818 II für die bei K untergegangene Leistung heranzuziehen.

bb) Vorleistung
Die Grundsätze der Saldotheorie (des faktischen Synallagma) sind auch dann anwendbar, wenn erst eine Partei geleistet hat, wenn es also nichts zu saldieren gibt.

> **Beispiel 1**: Im Beispiel aus Rn. 13 hat K den Kaufpreis von 15.000 € noch nicht bezahlt.

Eine Saldierung der Leistungen scheidet hier deswegen aus, weil V vorgeleistet hat. Deswegen wird häufig angenommen, V müsse den Verlust tragen und erhalte nichts zurück, weil er durch die Vorleistung die Risiken übernommen habe. Das trifft aber nicht zu, V hat nämlich durch die Vorleistung nur das Risiko der Solvenz des K übernommen. K ist jedoch solvent, die Risiken der erhaltenen Sache hat K übernommen, also soll er sie auch tragen. K weiß, dass er die Leistung des V nur dann behalten darf, wenn er die geschuldete Gegenleistung erbringt. Da das Kausalgeschäft nicht wirksam ist, kann er nicht davon ausgehen, die Leistung des V behalten zu dürfen. Er kann sich wegen des Verlusts der Vase also nicht auf § 818 III berufen, er haftet dem V auf Wertersatz nach § 818 II.

Das Gleiche muss auch dann gelten, wenn die Sache nicht erst beim Empfänger untergegangen ist, sondern bei einer Schickschuld beim Versand verlorengegangen ist.

> **Beispiel 2**: Hobbysammler V hat eine wertvolle Briefmarke, K will sie ihm für 10.000 € abkaufen. Sie vereinbaren, dass V dem K die Marke mit der Post zusendet und K dann den Preis überweist. Bei der Post geht die Marke verloren, es stellt sich die Unwirksamkeit des Kaufvertrags heraus.

---

[26] Dem allenfalls noch ein Ersitzungsbesitz des Käufers zur Seite steht, vgl. §§ 937, 1007.
[27] Zum Wert des Besitzes vgl. Rn. 7.

In diesem Fall hat K zwar nicht die Risiken der Sache übernommen, weil sie nicht in seinen Machtbereich gekommen ist; er hat aber die Risiken des Versands übernommen, wie dies in § 447 I für den Versendungskauf angeordnet ist: Die Briefmarke reist auf Risiko des Käufers K.[28] Zwar ist der Kaufvertrag unwirksam, K bleibt aber an seine Risikoübernahme gebunden, er muss den vereinbarten Gegenwert bezahlen. Denn den Kaufpreis hatte er als Äquivalent für die Briefmarke des V eingesetzt, die nach der Wertung des § 447 I bereits seinem Vermögen zuzurechnen war und um die er bereichert war.

cc) Konkurrenz mit der Vindikation

16 Weiter sind die Grundsätze der Saldotheorie (des faktischen Synallagma) selbst dann anwendbar, wenn einem Vertragspartner wegen seiner Leistung eine Vindikation nach § 985 zusteht, dergegenüber eine Saldierung nicht denkbar ist.

Beispiel: A und B vereinbaren einen Tausch: A gibt dem B sein Klavier im Wert von 2000 €, B gibt dafür dem A seinen gleichwertigen Computer. Der Computer wird bei A von Unbekannten gestohlen. Es stellt sich heraus, dass der Tauschvertrag und die Übereignungen unwirksam waren.

A hat gegen B einen Anspruch aus § 812 I 1 (1) und aus § 985 auf Herausgabe des Klaviers. Eine Saldierung seiner Leistung nach § 818 III kann dem B gegenüber dem Eigentumsanspruch nicht helfen. A wusste aber, dass er den Computer nur dann endgültig behalten durfte, wenn er dem B sein Klavier überließ. Da er nun einen Rückgabeanspruch bezüglich des Klaviers hat, kann er sich wegen des erhaltenen Computers nicht auf Entreicherung berufen. A haftet dem B auf Wertersatz nach § 818 II.

dd) Minderjährige

17 Die Saldotheorie beruht auf dem Grundgedanken, dass der Empfänger einer Leistung dafür eine Gegenleistung erbringt und damit erklärt, seine Leistung für die empfangene Gegenleistung zu erbringen. Diese Verknüpfung von Leistung und Gegenleistung kann jedoch nicht zum Nachteil eines nicht voll Geschäftsfähigen bestehen. In solchen Fällen ist nicht die Saldotheorie, sondern die *Zweikonditionentheorie*[29] anzuwenden.[30]

Beispiel 1: Der Minderjährige M kauft von V einen Pkw für 3000 €. Die Eltern des M, die von dem Vertrag nichts wussten, genehmigen den Kauf nicht.

---

[28] Das gilt nicht im Verbrauchsgüterkauf, hier reist die Sache regelmäßig auf Gefahr des Verkäufers, vgl. § 475 II.
[29] Sie hat ihren Namen daher, dass sie beiden Parteien eine Kondiktion gibt, während nach der ursprünglichen Konstruktion der Saldotheorie infolge Saldierung der Leistungen nur eine Kondiktion bestehen konnte (Rn. 14).
[30] BGHZ 126, 105, 108.

I. Die Haftung des unverklagten, gutgläubigen Bereicherten

Nehmen wir zunächst an, dass der Pkw noch unbeschädigt vorhanden ist. M kann von V den gezahlten Kaufpreis zurückverlangen, § 812 I 1 (1). Ebenso kann V von M den Pkw nach § 812 I 1 (1) zurückverlangen. Beide Ansprüche sind über § 273 miteinander verknüpft, jeder muss nur Zug um Zug gegen Erhalt der Gegenleistung leisten.

Nehmen wir nun an, M habe den Wagen alsbald zu Schrott gefahren. Weil er nicht voll geschäftsfähig war, ist er an seine Entscheidung, die Risiken des Pkw zu übernehmen, nicht gebunden. Er kann sich also auf Entreicherung nach § 818 III berufen, er war bezüglich seiner Bereicherung auch gutgläubig.[31] M kann von V Rückzahlung der 3000 € verlangen, er selbst haftet dem V wegen Entreicherung nicht.[32] Die Kondiktionen von M und V stehen unverbunden nebeneinander.

Natürlich greift bei der Beteiligung eines nicht voll Geschäftsfähigen die Zweikondiktionentheorie nur dann ein, wenn das Vertragsobjekt beim Minderjährigen untergeht. Dagegen ist die Saldotheorie anzuwenden, wenn das Vertragsobjekt beim geschäftsfähigen Partner untergeht.

Beispiel 2: Der Minderjährige M verkauft dem K seinen Pkw für 3000 €. Die Eltern des M, die von dem Vertrag nichts wussten, genehmigen den Verkauf nicht. Der Pkw wird ohne Verschulden eines Beteiligten bei K zerstört.

K kann von M die 3000 € nach § 812 I 1 (1) zurückverlangen. K hatte von M nur den Besitz am Pkw erlangt, und den hat er ersatzlos verloren; eigentlich könnte M von K nur den Wert des Besitzes gemäß § 818 II kondizieren.[33] K hatte sich jedoch entschieden, den Pkw mit allen seinen Risiken von M zu übernehmen und dafür dem M 3000 € als Gegenleistung zu überlassen. An diese Entscheidung ist K gebunden. K kann daher seine Leistung von M nur zurückverlangen, wenn er ihm den Wert des geleisteten Pkw auszahlt. Da der Kaufvertrag nicht wirksam ist, hat M gegen K einen Anspruch aus §§ 812 I 1 (1), 818 II auf 3000 €. Diese Ansprüche können die Parteien auch gegeneinander aufrechnen.

Nach den gleichen Grundsätzen ist auch zu verfahren, wenn die Sache nicht beim Minderjährigen untergeht, sondern im Fall einer Schickschuld auf dem Versandweg zu ihm. In dieser Fallkonstellation tritt die Problematik der Beteiligung eines Minderjährigen mit der der Vorleistung zusammen. Nehmen wir im Beispiel 2 in Rn. 15 an, K sei minderjährig, so ist er an seine Entscheidung, die Risiken für den Versand der Briefmarke zu tragen, nicht gebunden. K muss den vereinbarten Kaufpreis nicht zahlen.

Nimmt man im Briefmarkenbeispiel an, V und K seien beide minderjährig, so sind beide nicht an irgendwelche Abreden über die Risikoverteilung gebunden. Einer von beiden muss aber das Risiko des Verlusts während des Transports tragen. Es fragt sich also, ob K dem V den Gegenwert zahlen muss. Sollen die Risiken des

---

[31] Vgl. Rn. 29.
[32] § 273 kann nicht eingreifen, da es an einer Gegenforderung des V fehlt.
[33] Vgl. Rn. 14 a. E.

Transports eher den Eigentümer der versandten Sache, also den V, treffen oder den Käufer, der den Versendungskauf gewollt hatte? K hatte die Transportrisiken entsprechend § 447 I übernommen, V hat die Marke auf Veranlassung des K versandt, es erscheint daher billig, dass K dem V den Wert der Marke ersetzt.

ee) Arglistige Täuschung

18 Nach h. M. soll die Saldotheorie dann nicht anwendbar sein, wenn der Käufer vom Verkäufer arglistig getäuscht wurde.[34]

> **Beispiel**: V täuscht den K arglistig über den Kilometerstand des von K gekauften Gebrauchtfahrzeugs. Einige Zeit später fährt K das Auto zu Schrott. Ein Gutachter stellt jetzt den wirklichen Kilometerstand fest. K verlangt Rückabwicklung.

Wendet man hier die Zweikondiktionenlehre an, erhält K den Kaufpreis, V nichts. Verbreitet hält man dies für billig, weil V den K ja getäuscht hat; das Rechtsgefühl geht jedoch in die Irre: Die Täuschung hatte nichts mit dem Unfall zu tun; K hat das Risiko einer Fahrt mit eigenem Auto auf sich genommen, unabhängig davon, ob der Kaufvertrag wirksam ist oder nicht. Er wusste, dass er die Leistung des V nur um den Preis einer Gegenleistung behalten durfte. Es geht nicht um eine Bestrafung des arglistigen Verkäufers, sondern um eine vermögensmäßige Rückabwicklung. Im Übrigen haftet der arglistige V dem K aus § 823 II, § 263 StGB sowie aus § 826. Nur wenn die Täuschung die Risiken bezüglich der übernommenen Sache erhöht hat, wenn sie für den Untergang der Sache kausal war, ist die Anwendung der Zweikondiktionenlehre angebracht.

ff) Analogie zu § 346 III 1 Nr. 3?

19 Abzulehnen ist eine Einschränkung der Saldotheorie nach den Grundsätzen des Rücktrittsrechts, wie sie häufig vertreten wird. Nach altem Recht (§§ 350, 351 a. F.) konnte der Käufer auch dann vom Vertrag zurücktreten, wenn er die Sache ohne Verschulden verloren hatte, wenn ihm der gekaufte Pkw etwa gestohlen worden war. Er konnte dann nach dem Rücktritt gemäß § 346 sein Geld vom Verkäufer zurückverlangen, haftete aber selbst mangels eigenen Verschuldens nicht, vgl. §§ 347 a. F., 989. Das galt sowohl für das vereinbarte wie für das gesetzliche Rücktrittsrecht. Hätte man diese Grundsätze auf die Abwicklung nach Bereicherungsrecht übertragen, wie häufig vorgeschlagen, so hätte der Verkäufer sich nur dann auf die Saldotheorie berufen können, wenn der Käufer den Untergang der Sache verschuldet hatte. Bei zufälligem Untergang wäre die Zweikondiktionentheorie anzuwenden gewesen, der Käufer hätte den Kaufpreis zurückverlangen können, der Verkäufer hätte nichts erhalten. Das hätte im Ergebnis der oben als unbillig zurückgewiesenen römischrechtlichen Auffassung des „*mortuus redhibetur*" entsprochen (Rn. 13). Daher lehnte eine verbreitete Meinung die entsprechende Anwendung der unbilligen und unklaren Regelung des § 350 a. F. auf die Abwicklung nach § 812 ab.

---

[34] BGHZ 53, 144, 148.

I. Die Haftung des unverklagten, gutgläubigen Bereicherten

Die Schuldrechtsreform von 2002 hat den § 350 a. F. gestrichen und durch die Regelungen in § 346 II 1 Nr. 3 und III 1 Nr. 3 ersetzt. Die erste Regelung passt das Rücktrittsrecht an die Ergebnisse der Saldotheorie an, indem in § 346 II 1 Nr. 3 die Leistung eines Wertersatzes angeordnet wird, wenn die empfangene Sache nicht zurückgegeben werden kann;[35] damit ist das Synallagma der gegenseitigen Leistungen gewahrt. Für das vertraglich vereinbarte Rücktrittsrecht gilt dies allgemein, beim gesetzlichen Rücktritt dagegen soll nach § 346 III 1 Nr. 3 eine Ausnahme gelten: Die Pflicht zum Wertersatz soll entfallen, wenn der Schuldner die *diligentia quam in suis* beobachtet hat, in dem Fall also, dass der Käufer die eigenübliche Sorgfalt in der Behandlung der Sache gewahrt hat. Nach Ansicht des Gesetzgebers ist diese Regelung, die als allgemeines Prinzip ungeeignet wäre, im konkreten Anwendungsbereich aber passend, weil das gesetzliche Rücktrittsrecht des Käufers darauf beruhe, dass der Verkäufer seine Pflichten verletzt hat.[36] Die Vorschrift ist zu Recht vielfach kritisiert worden.

§ 346 III 1 Nr. 3 ist eine misslungene Vorschrift der Schuldrechtsmodernisierung. Sie soll den Besitzer, der sich gutgläubig für den Eigentümer hält, schützen. Er soll beim Verlust der Sache entgegen § 346 II 1 Nr. 3 nur dann auf Wertersatz haften, wenn er nicht die *diligentia quam in suis* eingehalten hat, die Sorgfalt wie in eigenen Angelegenheiten (§ 277). Hat er sie eingehalten, haftet er nicht. Diese Unterscheidung ist jedoch willkürlich, denn wer sich für den Eigentümer hält, beachtet immer die *diligentia quam in suis*; er geht ja davon aus, es handele sich um eine eigene Sache. Auch wenn er sie bewusst zerstört oder wegwirft, bewahrt er die *diligentia quam in suis*. Das aber verträgt sich nicht mit § 277, denn offenbar geht er so mit seinen eigenen Sachen um; die *diligentia quam in suis* ist daher keine brauchbare Haftungsgrenze für den Besitzer, der sich redlich für den Eigentümer hält. Will man den Besitzer, der an sein Besitzrecht glauben darf, privilegieren, so ist allein die Freistellung von jeder Haftung richtig, wie das etwa im Eigentümer-Besitzer-Verhältnis geschieht. Insgesamt ist damit der gute Ansatz in § 346 II 1 Nr. 3 durch § 346 III 1 Nr. 3 wieder zunichte gemacht worden, das Ziel der Reform verfehlt.

Doch es geht bei der Frage des Synallagma der Leistungen nicht um eine Verschuldenshaftung; es spielt keine Rolle, wer den Untergang der Sache oder den Rücktrittsgrund verschuldet hat. In synallagmatischen Verhältnissen muss der Besitzer das Schicksal der Sache tragen und wissen, dass der Untergang der Sache, wie auch immer er geschieht, sein eigener Schaden ist.[37] Daher kann in solchen Fällen auch die Wertung des § 346 III 1 Nr. 3 nicht herangezogen werden.

Will man aber dennoch § 346 III 1 Nr. 3 analog auf das Bereicherungsrecht anwenden, dann muss man zumindest beachten, dass diese Vorschrift davon ausgeht, dass der Rücktrittsgegner durch eine nicht vertragsgemäße Leistung die Unwirk-

---

[35] Vgl. Abschlußbericht (Fn. 25), 185 zu § 346 II 1 Nr. 3: „Für den Vorschlag der Kommission spricht weiter der Gedanke, dass für die Rückabwicklung nach Rücktritts- und Bereicherungsrecht, soweit möglich, gleiche Prinzipien gelten sollten".
[36] Vgl. Abschlußbericht (Fn. 25), 188.
[37] Vgl. Wieling, JuS 1973, 397, 401 f.

samkeit des Vertrags ausgelöst haben muss. Nur in diesen Fällen soll der Zurücktretende geschützt sein, nicht in anderen Situationen, wie die Regelung der §§ 357 VII, 357a II 2, 357c, 3 im Verbraucherrecht zeigt: Da das Widerrufsrecht unabhängig von einer Vertragsverletzung des Rücktrittsgegners besteht, ist § 346 III 1 Nr. 3 nicht anwendbar. Es bleibt bei einer Wertersatzpflicht des Käufers.

gg) Lehre von der Gesamtabrechnung (verfahrensrechtliche Saldotheorie)

20 Die ursprüngliche Konstruktion der Saldotheorie, wie das Reichsgericht sie eingeführt hatte, kam infolge der Saldierung zu dem Ergebnis, dass am Ende nur noch ein Bereicherungsanspruch vorhanden war; dagegen kam man mit der neueren Konstruktion zu zwei sich gegenüberstehenden Ansprüchen (Rn. 14). Indessen geht der BGH insofern weiter von der älteren Saldotheorie aus, als er beim Austausch gleichartiger Leistungen nur einen einheitlichen Anspruch auf den Überschuss der Aktivposten über die Passivposten (Saldo) gewährt und bei ungleichartigen Leistungen, in vermeintlich analoger Anwendung dieser Lehre, den Bereicherungsgläubiger für verpflichtet hält, bereits im Klageantrag (und daher ohne entsprechende Einrede des Bereicherungsschuldners) Zug um Zug die von ihm erhaltene Leistung anzubieten. Das ist verfehlt, denn der Zug-um-Zug-Vorbehalt kann sich nur aus einer Einrede des beklagten Bereicherungsschuldners ergeben, und diese muss auch erhoben sein.

In Ergänzung dieser Rechtsprechung verlangt der BGH zusätzlich, dass alle weiteren Ansprüche des Klägers sowie des Beklagten, etwa auf Nutzungsherausgabe, Verwendungsersatz und Schadensersatz, in einem einzigen Saldo zu verrechnen seien. Bei ungleichartigen Leistungen müssten diese Ansprüche beim Zug-um-Zug-Vorbehalt berücksichtigt werden (*Lehre von der Gesamtabrechnung* oder formelle Saldotheorie).[38]

Beispiel: V verkauft dem K ein Grundstück für 200.000 €. Das Grundstück wurde übergeben, nicht aber übereignet. Es stellt sich die Unwirksamkeit des Kaufvertrags heraus. K hatte Mieteinnahmen aus der Vermietung des Grundstücks in Höhe von 20.000 € erzielt. V verlangt von K erstens Herausgabe des Grundstücks Zug um Zug gegen Rückzahlung der 200.000 € und weiter Herausgabe der Mieteinnahmen von 20.000 €.

Der BGH weist gemäß seinen genannten Grundsätzen den Antrag auf Herausgabe des Mietzinses ab, und zwar mit der Begründung, V habe sogleich einen um die Mieteinnahmen gekürzten Betrag Zug um Zug anbieten müssen (also 180.000 €). Diese Rechtsprechung, welche die Parteien zu dergleichen Kunststückchen zwingt, ist unsinnig und daher abzulehnen. Der Anspruch auf Herausgabe der Nutzungen nach § 818 I ist ein selbständiger Anspruch, es muss dem Bereicherungsgläubiger möglich sein, diesen Anspruch jederzeit einzuklagen, und zwar auch unabhängig vom Prozess um die Rückabwicklungen der Hauptleistungen, etwa wenn der Bereicherungsgläubiger erst später von den Nutzungen des Bereicherungsschuldners erfährt. In einem synallagmatischen Verhältnis stehen nur die Hauptleistungen!

---

[38] Vgl. BGH NJW 1995, 454; BGHZ 145, 52; 147, 152 Rn. 15.

Die genannte Rechtsprechung macht den Kläger aber auch unzulässig zum Anwalt des Beklagten, indem der Kläger sogar die Ansprüche des Beklagten bereits in seinem Klageantrag berücksichtigen soll, ohne dass eine entsprechende Einrede erhoben oder die Aufrechnung erklärt worden wäre.

Würde im obigen Fall K auf Rückzahlung des Kaufpreises in Höhe von 200.000 € Zug um Zug gegen Herausgabe des Grundstücks an V klagen, so müsste nach der Rechtsprechung des BGH die Klage in Höhe von 20.000 € abgewiesen werden. K hätte von vornherein den Gegenanspruch des V auf die von ihm gezogenen Nutzungen berücksichtigen und seine Forderung um die Mieteinnahmen kürzen müssen. Aus welchem Grund aber kann man eine Partei als verpflichtet ansehen, dem Gegner bei der Durchsetzung seiner Ansprüche zu helfen?

5. Die Haftung aus § 822

Ist der Bereicherte entreichert, so entfällt seine Haftung ersatzlos, § 818 III. Tritt die Entreicherung dadurch ein, dass der Bereicherte das Erlangte unentgeltlich einem Dritten zuwendet, haftet aber der Dritte als Empfänger der unentgeltlichen Zuwendung dem Bereicherungsgläubiger gemäß § 822 nach Bereicherungsrecht. 21

a) Abgrenzung zu § 816 I 2

Der Anspruch aus § 822 ist wegen seiner Ähnlichkeit zu dem aus § 816 I 2 von diesem genau abzugrenzen. In § 816 I 2 verfügt ein Nichtberechtigter unentgeltlich, in § 822 verfügt ein Berechtigter, aber Bereicherter, unentgeltlich über das Bereicherungsobjekt. 22

> **Beispiel 1**: E ist Erbe des X. Er findet im Nachlass eine Lithographie, die er seinem Freund K, der Kunstsammler ist, schenkt. Die Lithographie gehört dem A, der sie dem X zur Ansicht überlassen hatte.

E hat als Nichtberechtigter verfügt, K hat gutgläubig Eigentum erworben. K haftet dem A aus § 816 I 2 auf Rückübereignung und Rückgabe.

> **Beispiel 2**: Erblasser X hat dem V eine Lithographie vermacht, Erbe E übergibt und übereignet sie dem V. V, der damit nichts anfangen kann, schenkt sie seinem Freund F, der Kunstsammler ist. Es stellt sich heraus, dass das Vermächtnis unwirksam ist.

Trotz der Unwirksamkeit des Vermächtnisses war V Eigentümer der Lithographie, er hat sie von E nach § 929, 1 erworben und als Berechtigter über sie verfügt, als er sie schenkweise an F übertrug. Da es aber an einem wirksamen Vermächtnis fehlte, war V rechtsgrundlos um das Eigentum und den Besitz an der Lithographie bereichert, er haftete dem Erben E mit der *condictio indebiti*. Durch die Schenkung an F ist er gemäß § 818 III entreichert; dafür haftet dem E nun der F gemäß § 822.

Der Umfang der Haftung richtet sich nach § 818: Hätte im Beispiel 2 F für die Lithographie ein Surrogat gemäß § 818 I erlangt, so müsste er dieses herausgeben; hätte er sie eingetauscht, so haftete er nicht auf das *commodum ex negotiatione*, sondern müsste Wertersatz nach § 818 II leisten, soweit er nicht entreichert ist.[39] Hätte F die Lithographie an G weiterverschenkt, so würde F wegen § 818 III frei, und G würde seinerseits nach § 822 haften.

Die Ansprüche aus § 816 I 2 und aus § 822 sind einander ähnlich, weil sie beide in einem Dreiecksverhältnis ausnahmsweise einen Durchgriff gestatten; sie stellen einen letzten Überrest der Versionsklage dar.[40] Der Schuldner haftet, „wie wenn er die Zuwendung von dem Gläubiger erhalten hätte", während er sie in Wirklichkeit doch von einem anderen erhalten hat. Dass eine solche Klage ausnahmsweise im BGB zugelassen wird, liegt daran, dass in beiden Fällen der Anspruchsgegner nicht schutzwürdig ist, weil er für den unentgeltlichen Erwerb keine eigene Vermögensleistung erbracht hat (sog. Schwäche des unentgeltlichen Erwerbs). Die Möglichkeit einer analogen Anwendung dieser Vorschriften drängt sich auf, wobei man freilich nicht einfach und unreflektiert unentgeltlich mit rechtsgrundlos gleichsetzen kann.

b) Entreicherung des ursprünglich Bereicherten

23 § 822 setzt voraus, dass der ursprünglich Bereicherte entreichert ist, und zwar infolge der unentgeltlichen Verfügung, und dass er daher nicht mehr haftet.

> **Beispiel**: Im Beispiel 2 aus Rn. 22 hat V die vermachte Lithographie dem F zum Geburtstag geschenkt. Er hätte ohne das Vermächtnis dem F ein anderes Geschenk in gleichem Wert gemacht.

V ist hier nicht entreichert, weil er eigene Aufwendungen erspart hat; E hat gegen V die *condictio indebiti* auf den Wert der Lithographie, weshalb F nicht nach § 822 haftet.

Ob diese Einschränkung des Anspruchs aus § 822 sinnvoll ist, kann man bezweifeln; der Beschenkte ist im Verhältnis zum Bereicherungsgläubiger auch dann nicht schutzwürdig, wenn dieser auch noch einen Anspruch gegen den Verfügenden hat. § 816 I 2 kennt daher diese Einschränkung nicht.[41]

c) Analoge Anwendung des § 822

24 Umstritten ist die Frage, ob eine analoge Anwendung des § 822 zulässig ist, wenn der ursprünglich Bereicherte zwar weiter haftet, der Gläubiger aber z. B. wegen Vermögensverfalls von ihm keinen Ersatz bekommen kann.

> **Beispiel**: Im obigen Beispiel verschenkt V die Lithographie dem F zum Geburtstag, bald darauf wird V insolvent.

---

[39] Vgl. Rn. 5 mit Fn. 8.
[40] Zur Versionsklage vgl. oben § 4 Rn. 3.
[41] Vgl. oben § 4 Rn. 50.

V haftet dem E mit der *condictio indebiti*, doch kann E von V wegen der Insolvenz nichts mehr erlangen. Haftet F nach § 822?

Die h. M. lehnt eine Anwendung des § 822 mit Hinweis auf den Wortlaut ab. Aber § 822 ist ein Anwendungsfall der Versionsklage, die immer dann eingriff, wenn der Gläubiger vom ursprünglichen Leistungsempfänger nichts bekommen konnte, und zwar aus beliebigen Gründen.[42] Dass der ursprüngliche Leistungsempfänger zahlungsunfähig war, war sogar ein häufiger Grund für die Anwendung der Versionsklage.[43] Nimmt man hinzu, dass in den Fällen des § 822 die Interessen des unentgeltlichen Erwerbers den Interessen dessen gegenüberstehen, der ein Recht verloren hat, so kann die Abwägung nur zugunsten einer entsprechenden Anwendung des § 822 ausfallen.

II. Die verschärfte Bereicherungshaftung wegen Rechtshängigkeit oder Bösgläubigkeit

1. Voraussetzungen der verschärften Haftung

Die verschärfte Haftung bewirkt in erster Linie, dass der Bereicherte sich nicht mehr auf eine Entreicherung berufen kann; §§ 818 IV, 819, 820 lenken die Haftung an § 818 III vorbei auf Vorschriften, welche eine strengere Haftung vorsehen. 25

a) Rechtshängigkeit

Verschärft haftet der Bereicherte, sobald der Bereicherungsanspruch gegen ihn rechtshängig geworden ist, § 818 IV, d. h. sobald ihm die Klageschrift zugestellt ist, §§ 261 I, 253 I ZPO. Eine Entreicherung vor diesem Zeitpunkt kann also der Bereicherte noch nach § 818 III geltend machen, eine Entreicherung danach nicht. Wer verklagt ist, muss mit einer Verurteilung rechnen und kann nicht mehr darauf vertrauen, das Erlangte behalten zu dürfen. Dabei spielt es keine Rolle, ob der Bereicherte durch die Klageerhebung bösgläubig i. S. d. § 819 I geworden ist; auch der gutgläubige verklagte Bereicherte haftet nach § 818 IV. 26

b) Bösgläubigkeit

Wie der verklagte Bereicherte haftet auch der bösgläubige, und zwar vom Augenblick seiner Bösgläubigkeit an, § 819 I. Wer darauf vertraut, das Erlangte behalten zu dürfen, soll für das Schicksal der erlangten Bereicherung nicht verantwortlich sein. Wer aber weiß, dass er bereichert ist, dass er also das Erlangte nicht behalten darf, soll sich nicht auf Entreicherung berufen können, vielmehr für das Schicksal, welches die erlangte Bereicherung bei ihm erleidet, haften. 27

aa) Positive Kenntnis Bösgläubig ist nur, wer positiv weiß, dass er bereichert ist; grobe Fahrlässigkeit schadet nicht. Wer die Tatsachen kennt, aus denen sich die 28

---

[42] Vgl. § 4 Rn. 3.
[43] Vgl. z. B. die Reichsgerichtsentscheidung oben § 4 Rn. 3 bei Fn. 11.

Rechtsgrundlosigkeit ergibt, aber infolge eines falschen Schlusses meint, nicht bereichert zu sein, sondern einen Rechtsgrund für seinen Erwerb zu haben, ist nicht bösgläubig. Abzulehnen sind die bisweilen anzutreffenden Versuche, gröbste Fahrlässigkeit der Kenntnis der Bereicherung gleichzustellen. Das Gesetz will nur den verschärft haften lassen, der positiv weiß, dass sein Erwerb ungerechtfertigt ist. Ob ein solches Wissen besteht, unterliegt im Prozess der freien richterlichen Beweiswürdigung, § 286 ZPO.

29 **bb) Beschränkte Geschäftsfähigkeit** Ist der Bereicherte nicht voll geschäftsfähig, so entscheidet analog §§ 106 ff. nicht die Kenntnis des Bereicherten selbst, sondern die seines gesetzlichen Vertreters. Nur wenn ein beschränkt Geschäftsfähiger derart bereichert ist, dass in dem Bereicherungsvorgang tatbestandlich zugleich ein zivilrechtliches Delikt (§§ 823 ff.) liegt, und wenn dem Gläubiger dadurch ein Schaden entstanden ist, so kommt es nach § 828 III auf die Kenntnis des Bereicherten selbst an.[44]

30 **cc) Analoge Anwendung des § 819 I** Der Rechtsgedanke des § 819 I ist entsprechend auf andere Fälle anzuwenden, in welchen der Bereicherte weiß, dass er das Erlangte nicht oder nicht ohne Gegenleistung behalten darf.

Beispiel:[45] G hat dem S ein Darlehen gegeben, S hat das Geld bei Spekulationen an der Börse restlos verloren. Es stellt sich heraus, dass der Darlehensvertrag unwirksam ist; gegen den Rückgabeanspruch des G aus § 812 I 1 (1) beruft sich S auf Entreicherung nach § 818 III.

S war gutgläubig bezüglich seiner Bereicherung, er glaubte, der Darlehensvertrag sei wirksam. Dennoch ist er als bösgläubig i. S. d. § 819 I zu behandeln, denn er wusste, dass er das Geld nicht behalten durfte; er wusste, dass er das Darlehen zurückzahlen musste und dass er also auf eigenes Risiko mit dem Geld spekulierte; er kann dieses Risiko nicht auf G abwälzen.

c) Gesetzes- oder Sittenverstoß
31 Verschärft haftet nach § 819 II auch, und zwar von Anfang an, wer aus § 817, 1 haftet, weil er mit der Annahme einer Leistung gegen ein gesetzliches Verbot oder gegen die guten Sitten verstoßen hat.

---

[44] Ähnlich BGHZ 55, 128, 136 (Flugreise-Fall), der die Einschränkung, dass ein Schaden entstanden sein muss, nicht macht. Nach anderer Ansicht soll es immer auf den guten oder bösen Glauben des gesetzlichen Vertreters ankommen, andere wollen dagegen immer § 828 III anwenden. Wieder andere unterscheiden: Bei der Leistungskondiktion soll der gute oder böse Glaube des gesetzlichen Vertreters entscheiden, bei der Nichtleistungskondiktion dagegen § 828 III anzuwenden sein.
[45] Nach BGH WM 1969, 857, 858.

d) Verschärfung nach § 820

Mit der *condictio ob rem* nach § 812 I 2 (2) haftet der Bereicherte gemäß § 820 I 1 dann verschärft, wenn der Eintritt des mit der Leistung bezweckten Erfolgs ungewiss war und dieser nicht eingetreten ist, und zwar beginnt diese verschärfte Haftung bereits mit dem Empfang der Leistung. Diese verschärfte Haftung ist deshalb angeordnet, weil der Empfänger mit dem Ausbleiben des bezweckten Erfolgs rechnen musste und daher nicht darauf vertrauen konnte, das Erlangte behalten zu dürfen.[46] Daher ist außer der objektiven Ungewissheit über das Eintreten des bezweckten Erfolgs auch zu fordern, dass der Bereicherte diese Ungewissheit kannte.

Entsprechend haftet bei der *condictio ob causam finitam* nach § 812 I 2 (1) der Bereicherte nach § 820 I 2 verschärft, wenn der nachträgliche Wegfall des Rechtsgrunds objektiv als möglich anzusehen war und auch vom Bereicherten als möglich angesehen wurde.

2. Folgen der verschärften Haftung

Wer verschärft haftet, dessen Haftung richtet sich gemäß § 818 IV „nach den allgemeinen Vorschriften", d. h. nach den Regeln des allgemeinen Schuldrechts für den Fall der Rechtshängigkeit einer Forderung. Diese Formulierung soll eine Anwendung des § 818 III ausschließen.

Als allgemeine Regeln greifen namentlich §§ 291 f. ein. Besteht die Bereicherung in einer bestimmten Sache, ist § 292 anwendbar:

Beispiel: V hat vom Erben E aufgrund eines unwirksamen Vermächtnisses ein Gemälde zu Eigentum erhalten. Nachdem sich die Unwirksamkeit herausgestellt hat, klagt E gegen V auf Rückgabe. Bevor das Urteil ergeht, wird das Bild bei V gestohlen.

V haftet auf Herausgabe gemäß §§ 818 IV, 292 I nach den Regeln des Eigentümer-Besitzer-Verhältnisses wie ein verklagter Besitzer, also nach § 989. Danach würde er nur auf Ersatz haften, wenn ihn an der Unmöglichkeit der Herausgabe ein Verschulden träfe, was nicht der Fall ist. War V allerdings, eventuell durch die Klageerhebung, bösgläubig geworden, dann würde er nach §§ 990 II, 287, 2 wegen Verzugs auch für die zufällige Unmöglichkeit durch den Diebstahl haften. Für Nutzungen haftet der Bereicherte im Rahmen der verschärften Haftung nach §§ 292 II, 987; vgl. aber auch § 820 II (2).

Ging der Bereicherungsanspruch auf eine Geldsumme, so kann sich der Bereicherte mit dem Eintritt der verschärften Haftung nicht mehr auf Entreicherung berufen, er haftet nach § 276 I 1 auf Zahlung dieser Summe und nach § 291 auf Prozesszinsen; vgl. aber auch § 820 II (1). Eine Kumulation von Nutzungsersatz und Prozesszinsen ist unzulässig.[47]

---

[46] Protokolle der zweiten Kommission, in: Mugdan II, 1187 f
[47] BGH NJW 2019, 2851.

Kann der verschärft haftende Bereicherungsschuldner das Erlangte wegen Unmöglichkeit nicht herausgeben, haftet er gemäß §§ 818 IV, 285 auf Herausgabe des Surrogats.

3. Fortbestehen des Wertersatzanspruchs

34 Der Anspruch gegen den bösgläubigen oder verklagen Bereicherungsschuldner gemäß §§ 818 IV, 292, 989, 990 ist ein verschuldensabhängiger Schadensersatzanspruch. Der verschärft haftende Schuldner muss jedoch mindestens Wertersatz gemäß § 818 II leisten, wie eine Abwandlung des Beispiels aus Rn. 13 deutlich macht:

> **Beispiel**: K kauft von V eine alte chinesische Vase wertgerecht für 15.000 €. Weil sich die Unwirksamkeit des Kaufvertrags herausgestellt hat, verklagt V den K auf Herausgabe. Bei einem Einbruch im Hause des K wird die Vase von Unbekannten gestohlen.

Mangels Verschuldens haftet K nicht auf Schadensersatz (Rn. 33). Er muss dem V jedoch Wertersatz gemäß § 818 II zahlen, ohne sich wegen des Diebstahls auf Entreicherung berufen zu können. Der Umstand, dass er u. U. verschärft auf Schadensersatz haftet, entlastet ihn nicht von der Verpflichtung zur Zahlung von Wertersatz.

Anders ist zu entscheiden, wenn K die Vase von V aufgrund eines unwirksamen *Schenkungsvertrags* geschenkt wurde. Auch wenn K verschärft haftet, muss er sich auf Entreicherung berufen dürfen, wenn ihm die Vase gestohlen wird. Das liegt darin begründet, dass K für die Vase keine Gegenleistung erbracht hat und ihn deshalb auch nur das Verlustrisiko bezüglich der Vase treffen darf; er kann sich auf Entreicherung berufen.

III. Die Bereicherungseinrede, § 821

1. Anwendungsbereich

35 Die Bereicherungseinrede betrifft zunächst nur den folgenden Fall: S geht ohne Rechtsgrund gegenüber G eine Verpflichtung ein, kann diese Verpflichtung also kondizieren (Freistellungsanspruch). Ist der Freistellungsanspruch des S aus § 812 I 1 (1) gemäß §§ 195, 199 verjährt[48] und hat S die Forderung des G noch nicht (vollständig) erfüllt, kann S eine (weitere) Inanspruchnahme durch G verweigern, § 821.[49]

---

[48] Dazu § 8 Rn. 1.
[49] Bereits Geleistetes kann er nicht mehr zurückfordern, §§ 813, 2, 214 II.

III. Die Bereicherungseinrede, § 821

§ 821 setzt die rechtsgrundlose Eingehung einer abstrakten Verbindlichkeit voraus, also etwa eines abstrakten Schuldversprechens oder -anerkenntnisses (§ 812 II)[50] oder einer Scheck- oder Wechselverbindlichkeit durch S. Die Konstellation ist jedoch selten, weil sie voraussetzt, dass der Freistellungsanspruch gegen G ausnahmsweise schneller verjährt als die Forderung des G selbst.
Auch im folgenden Fall wird § 821 angewandt:

Beispiel: S hatte dem G an seinem Grundstück eine Hypothek bestellt. Die Hauptforderung gegen S ist unterdessen verjährt, G nimmt den S aus der Hypothek in Anspruch.

Gemäß § 216 I kann G trotz Verjährung der Forderung seine Befriedigung aus der Hypothek suchen. Gemäß § 1169 kann S wegen der dauernden Einrede aus § 821 Verzicht auf die Hypothek verlangen.

2. Konkurrenz zur dolo-agit-Einrede

Vor Eintritt der Verjährung des Freistellungsanspruchs hat S gegen G die von Amts wegen zu berücksichtigende Einwendung aus § 242 (*dolo agit qui petit quod statim redditurus est*[51]).

Beispiel: V übereignet eine Sache aufgrund unwirksamen Kaufs wirksam mittels Übergabesurrogats an K. K verlangt Besitzübergabe.

Dem Eigentumsanspruch des K aus § 985 steht die Einrede des V aus § 242 entgegen, weil er sofort Rückübereignung durch K gemäß § 812 I 1 (1) verlangen kann. Häufig wird in der Rechtsprechung und im Schrifttum in einem solchen Fall allerdings neben oder statt § 242 in einer erweiternden Auslegung § 821 als allgemeine Bereicherungseinrede zitiert, und zwar im Wege eines Erst-Recht-Schlusses.[52]

Zur Wiederholung
1. Erfasst die Bereicherungshaftung auch den erzielten Gewinn? (Rn. 1, 6)
2. Muss der Bereicherte auch die Nutzungen, die er hätte ziehen können, nach § 818 I ersetzen? (Rn. 2)
3. Welcher Regelung im allgemeinen Schuldrecht entspricht die Regelung der Herausgabe des Surrogats in § 818 I? (Rn. 3)
4. Wann kommt Wertersatz nach § 818 II in Betracht? (Rn. 3, 6)
5. Nennen Sie Beispiele für Surrogate i. S. d. § 818 I (3)! (Rn. 5)

---

[50] Dazu oben § 2 Rn. 7.
[51] „Derjenige handelt mit Arglist, der etwas verlangt, das er sogleich wieder herauszugeben hat."
[52] Vgl. auch den Wortlaut des § 821: „kann die Erfüllung auch dann verweigern".

6. Wird auch das *commodum ex negotiatione* von § 818 I (3) erfasst? (Rn. 5)
7. Wonach richtet sich die Haftung des gutgläubigen und unverklagten Bereicherten? (Rn. 8)
8. Wie ist festzustellen, ob noch eine Bereicherung vorhanden ist? (Rn. 9 ff.)
9. Kann das Vermögen des Bereicherten noch gemehrt sein, auch wenn weder das primär Erlangte noch ein Surrogat dafür vorhanden sind? (Rn. 9)
10. Kann eine Entreicherung auch zu bejahen sein, wenn das primär Erlangte oder ein Surrogat noch im Vermögen des Bereicherten vorhanden ist? (Rn. 10)
11. Kann der Bereicherte einen durch das erlangte Bereicherungsobjekt verursachten Schaden von der Bereicherung abziehen? (Rn. 11)
12. Um welches Problem geht es bei der Saldotheorie? (Rn. 13)
13. Welche Vorschrift wird durch die Saldotheorie eingeschränkt? (Rn. 14)
14. Welche Fallkonstellationen sind mit Hilfe der ursprünglichen Konstruktion der Saldotheorie nicht zu bewältigen? (Rn. 15 f.)
15. Unter welchen Umständen ist die Saldotheorie zugunsten der Zweikonditionentheorie aufzugeben? (Rn. 17)
16. Welche Voraussetzungen verlangt § 822, welche § 816 I 2? (Rn. 22)
17. Warum wird mit § 816 I 2 und § 822 eine Versionsklage ausnahmsweise zugelassen? (Rn. 22)
18. Ist eine analoge Anwendung des § 822 zulässig, wenn der ursprünglich Bereicherte zwar weiter haftet, der Gläubiger aber z. B. wegen Vermögensverfalls von ihm keinen Ersatz bekommen kann? (Rn. 24)
19. Was sind in erster Linie die Folgen der verschärften Bereicherungshaftung? (Rn. 25)
20. Was bedeutet Bösgläubigkeit bei § 819 I? (Rn. 28)
21. Auf welche Fälle ist der Rechtsgedanke des § 819 I entsprechend anzuwenden? (Rn. 30)
22. Welches sind allgemeine Vorschriften, die bei Bösgläubigkeit des Bereicherungsschuldners gelten? (Rn. 33)

§ 6. Leistungsketten und Dreiecksverhältnisse

I. Einleitung

Die größten Unsicherheiten und Schwierigkeiten bereitet das Bereicherungsrecht 1
in den Fällen der Leistungsketten und Dreiecksverhältnisse. Die Frage, wer hier von wem kondizieren kann, war und ist umstritten. Die Zahl der hierzu geäußerten verschiedenen Ansichten ist Legion, so dass hier eine Beschränkung auf wenige, aber grundlegende Rechtsgedanken erforderlich, aber auch möglich ist, zumal diese in allen Fallvarianten immer wieder in gleicher Weise auftauchen. Um die folgenden Beispiele in ihrer Terminologie zu vereinfachen, sei folgendes Fallschema zugrunde gelegt:

1. Leistungsketten

> **Beispiel**: D hat dem S eine Sache verkauft und übereignet, S verkauft sie weiter 2
> an G und übereignet sie ihm.

Das Bild, das die Beziehungen der Parteien aufzeigt, sieht wie folgt aus:

D ——— S ——— G

Es handelt sich um eine Leistungskette, weil die Sache von D auf S und dann von S auf G übergegangen ist. Die Übereignung D – S stellt eine Leistung des D an S dar, entsprechend ist die Übereignung S – G eine Leistung des S an G.

2. Dreiecksverhältnisse

3   Während bei der Leistungskette das Leistungsobjekt alle Leistungsstationen durchläuft, also auch in den Besitz des S kommt, geht bei den Dreiecksverhältnissen das Leistungsobjekt direkt von D auf G über.

Beispiel: D hat dem S eine Sache verkauft, S verkauft sie weiter an G. S bittet D, die Sache unmittelbar an G auszuliefern; D tut das.

Entsprechend sieht das Schema bei Dreiecksverhältnissen wie folgt aus:

a) Rechtslage nach Bereicherungsrecht

4   Es handelt sich um den Grundfall der Dreiecksverhältnisse, neben dem es eine Anzahl spezieller Ausgestaltungen gibt, bei welchen aber im Prinzip die gleichen Regeln gelten, vgl. Rn. 33. Man spricht hier auch von *Anweisungsfällen* oder *Anweisungslagen*, weil S den D „anweist", an G zu liefern. Dabei handelt es sich nicht um eine Anweisung im eigentlichen Sinne nach §§ 783 ff., vielmehr um einen Auftrag, verbunden mit einer Ermächtigung nach § 362 II, so dass D durch die Lieferung an G von seiner Schuld gegenüber S frei wird.[1]

In unserem Beispiel wollte D mit der Lieferung an G seine Pflicht aus dem Kaufvertrag mit S erfüllen, D hat also an S geleistet. Gleichzeitig wollte aber auch S durch seine Anweisung und durch die dadurch erfolgende Lieferung des D an G seine Pflicht aus dem Kaufvertrag mit G erfüllen; die Lieferung des D an G stellt also nicht nur eine Leistung des D an S dar, sondern auch eine Leistung des S an G. Dagegen besteht zwischen D und G kein Leistungsverhältnis, D verfolgt gegenüber G keinen Leistungszweck. Es handelt sich um eine bloße Zuwendung des D an G.

b) Rechtslage nach Sachenrecht

5   Dieser schuldrechtlichen Bewertung der Lieferung im Dreiecksverhältnis entspricht die sachenrechtliche. Sachenrechtlich liegt zwischen D und G in aller Regel keine Übereignung vor, da D nicht weiß, aus welchem Grund S an G liefern will, ob er etwa dem G die Sache unter Eigentumsvorbehalt liefern will, ob er sie dem G nur ausleihen, in Verwahrung geben will usw. Das Eigentum an der Sache geht vielmehr

---

[1] Ein typischer Fall dieser Art ist die Banküberweisung, mit welcher der Bankkunde im Rahmen eines mit der Bank abgeschlossenen Girovertrags die Bank anweist, mit Wirkung für ihn an einen Dritten eine Zahlung zu leisten; dazu § 7 Rn. 7.

I. Einleitung

im Wege des Geheißerwerbs zuerst von D auf S über und dann von S auf G.² Wäre aus irgendeinem Grund die Übereignung von S an G unwirksam, so würde doch durch die Lieferung des D an G das Eigentum auf S übergehen; D würde sein Eigentum verlieren und wäre von seiner Schuld gegenüber S befreit.

c) Terminologie
Zwischen S und G besteht das *Valutaverhältnis*, zwischen D und S das *Deckungs-* oder *Innenverhältnis*.³ Zwischen D und G bestehen keine Leistungsbeziehungen, man kann allenfalls von einer Zuwendung des D an G und von einem *Zuwendungsverhältnis* sprechen:⁴

6

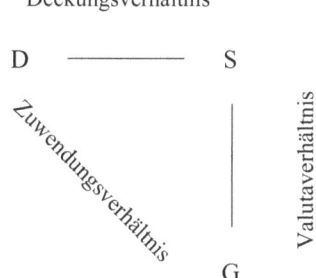

3. Mindestvoraussetzung eines Valuta- als Leistungsverhältnisses

Eine Leistungskette oder ein Dreiecksverhältnis muss nicht unbedingt aus zwei Leistungsverhältnissen bestehen, entscheidend ist, dass das Valutaverhältnis zwischen S und G ein Leistungsverhältnis ist.

7

Beispiel: S stiehlt dem D Inhaberpapiere und veräußert sie an G.

---

²Anders ist es natürlich, wenn S den D ausdrücklich anweist, an G zu übereignen.

³Die Ausdrücke stammen aus dem Anweisungsrecht nach §§ 783 ff.: Der Anweisende (S) weist den Angewiesenen (D) in einer Urkunde an, z. B. eine bestimmte Summe Geldes an den Begünstigten (G, Anweisungsempfänger) zu zahlen. Zwischen S und G besteht das Valutaverhältnis, weil hier die eigentliche Zahlung, der Übergang der Valuta stattfindet. Es schuldet etwa der S dem G Geld; S begleicht diese Schuld, indem er den D anweist, an G zu zahlen. Entsprechend weist im bereicherungsrechtlichen Dreiecksverhältnis S den D an, an G zu liefern und damit die Verpflichtung des S gegenüber G zu tilgen. Der angewiesene D findet seine Deckung (seinen Ausgleich) im Verhältnis zum anweisenden S, von ihm kann er in den echten Anweisungsfällen Aufwendungsersatz verlangen, §§ 783 (2), 670. Man spricht auch vom Innenverhältnis zwischen S und D. In den Dreiecksverhältnissen findet D die Deckung für seine Lieferung/Zuwendung an G darin, dass er dadurch von seiner Verpflichtung gegenüber S frei wird oder aber dadurch Ansprüche gegen S erwirbt.

⁴Vgl. oben § 3 Rn. 7.

G hat nach §§ 929, 932, 935 II Eigentum erworben, und zwar durch eine Leistung des S. D kann nach § 816 I 1 gegen S vorgehen,[5] aber nicht gegen G; G hat gegenüber D mit Rechtsgrund erworben.[6]

4. Gleichbehandlung von Kette und Dreieck

8   Mit der Leistungskette und dem Dreiecksverhältnis haben wir die Grundkonstellation für alle denkbaren Fälle von Beteiligung mehrerer Personen im Bereicherungsrecht, mögen sie auch im konkreten Fall in noch so verschiedenen Formen auftreten. Kette und Dreieck sind gleich zu behandeln, denn es ist für die Interessen der Beteiligten unerheblich, ob die Güterbewegung über S erfolgt oder direkt von D zu G.

II. Das Ziel

9   Ist das Leistungsobjekt von D bei G angekommen und zeigt sich, dass die Leistungsverhältnisse gestört, unwirksam sind, so liegt es nahe, dem D eine direkte Kondiktion gegen G zu geben. Aber gerade das will die Lehre von den Dreiecksverhältnissen und Leistungsketten ausschließen. Ihr Ziel ist es, bei Störungen in den Leistungsverhältnissen dem D nur eine Kondiktion gegen S zu geben, dem S eine Kondiktion gegen G. Es soll also nur in den jeweiligen Leistungsverhältnissen abgewickelt werden. Ein Durchgriff des D gegen G soll ausgeschlossen sein.

Das kann für D recht unangenehme Konsequenzen haben. Da das Leistungsobjekt bei G ist und nicht bei S, D aber nur von S kondizieren kann, läuft D Gefahr, die Sache nicht zurückzuerhalten, sondern allenfalls Ersatz dafür. Noch unangenehmer ist es für D, wenn S nur um eine Kondiktion gegen G bereichert ist. Dann muss D eventuell zwei Prozesse führen, um seine Sache zurückzuerhalten: Er muss gegen S klagen, dass dieser ihm seine Kondiktion gegen G gemäß § 398 abtrete. Ist das geschehen, so muss D gegen G klagen.

Trotz alledem ist grundsätzlich der Durchgriff des D gegen G ausgeschlossen. Betrachten wir, warum das so ist.

III. Die Gründe

10   Ein Durchgriff des D gegen G könnte für die Beteiligten D, S und G unbillig und gefährlich sein, er soll also in ihrem Interesse ausgeschlossen sein. Dadurch wird erreicht, dass jeder Beteiligte als Leistender nur von dem kondizieren kann, an den

---

[5] Ferner nach § 823 und nach §§ 687 II, 681, 667.
[6] Vgl. dazu oben § 4 Rn. 21.

III. Die Gründe

er geleistet hat, und zwar nur dann, wenn gerade in diesem Verhältnis kein Rechtsgrund besteht. Denn die Kondiktion ist ein persönlicher Anspruch, der sich nicht gegen Dritte richten soll und kann.[7] D kann daher nur von S kondizieren, und zwar nur dann, wenn ein Rechtsgrund im Verhältnis D – S fehlt. Ob ein Rechtsgrund im Verhältnis S – G besteht oder nicht, spielt für D keine Rolle. Durch diese Abwicklung in den Verhältnissen D – S und S – G wird auch gewährleistet, dass jedem Vertragspartner seine Rechte gegen den anderen erhalten bleiben, die bei einem Durchgriff D – G beeinträchtigt werden könnten. Zudem wird nur durch die Abwicklung in den Leistungsverhältnissen gewährleistet, dass jeder das Insolvenzrisiko seines Vertragspartners tragen muss. Insgesamt wird der Durchgriff deshalb ausgeschlossen, damit kein Beteiligter einen Schaden dadurch erleidet, dass die Abwicklung nicht korrekt in den Leistungsverhältnissen erfolgt.

Es gelten also folgende Prinzipien:

1. Niemand darf sich auf die Unwirksamkeit eines fremden Leistungsverhältnisses, an welchem er gar nicht beteiligt ist, berufen oder die Unwirksamkeit gegen einen Dritten, nicht Beteiligten geltend machen.
2. Jedem Vertragspartner müssen seine Einreden und Einwendungen gegen seinen Partner erhalten bleiben.
3. Das Insolvenzrisiko muss richtig verteilt werden, und zwar derart, dass jeder das von ihm übernommene Insolvenzrisiko für seinen Partner tragen muss, nicht aber ein nicht übernommenes Insolvenzrisiko für dritte Personen.

Betrachten wir die Problematik anhand des folgenden Grundfalls:

Beispiel: D verkauft sein Bild „Der Elfenreigen" für 10.000 € an S, S verkauft es für 11.000 € weiter an G. Die Übereignung geschieht entweder wie bei der Leistungskette durch Übergabe von D an S und S an G oder wie bei Dreiecksverhältnissen auf Weisung des S durch direkte Übergabe von D an G, wobei jeweils D an S und S an G leistet.

Treten nun in diesen Leistungsverhältnissen Störungen auf, ist etwa der Kaufvertrag D – S oder S – G unwirksam, so stellt sich das Problem der Rückabwicklung. Grundsätzlich soll nur in dem gestörten Leistungsverhältnis abgewickelt werden, und nur mit der Leistungskondiktion. Das gilt selbst dann, wenn beide Kaufverträge unwirksam sind (Doppelmangel). Ein Durchgriff des D gegen G soll grundsätzlich ausgeschlossen sein.

---

[7] Vgl. Motive II, 830: „Ist durch einen den Vermögensübergang an sich begründenden Akt das Vermögen des Einen vermindert und das Vermögen des Anderen vermehrt und fehlt hierzu ein rechtlicher Grund, so hat Jener gegen den Letzteren den persönlichen Anspruch auf Zurückgewährung des ohne Rechtsgrund empfangenen und nur gegen den Letzteren. Der die Kondiktion begründende Tatbestand ist grundsätzlich ein unmittelbar zwischen dem Benachtheiligten und dem Bereicherten eingetretener; gegen Dritte besteht der Kondiktionsanspruch nicht".

1. Störung des Valuta- und Deckungsverhältnisses

11 Nehmen wir in unserem Grundfall an, es bestehe ein Doppelmangel, sowohl das Deckungsverhältnis zwischen D und S als auch das Valutaverhältnis zwischen S und G seien nichtig.

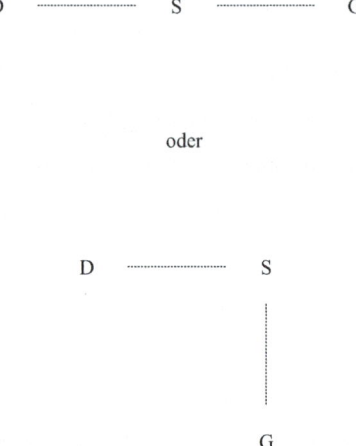

D wollte mit seiner Leistung an S seine Schuld aus dem Kaufvertrag (§ 433 I) tilgen; diesen Zweck hat er nicht erreicht, da die Pflicht nicht bestand; die Leistung erfolgte also rechtsgrundlos, D hat gegen S die *condictio indebiti* gemäß § 812 I 1 (1). Ebenso wollte S mit der Leistung an G seine vertragliche Schuld tilgen, auch er hat den Leistungszweck nicht erreicht und kann von G kondizieren, § 812 I 1 (1). Die Abwicklung erfolgt in den Leistungsverhältnissen:

D kann das Bild selbst von S erst herausverlangen, wenn dieser es wieder im Besitz hat. D könnte also auf den Gedanken kommen, dass Bild direkt von G herauszuverlangen; das Interesse des D daran könnte sich verstärken, wenn etwa S insolvent geworden wäre. Einen solchen Durchgriff hat man früher beim Doppelmangel zugelassen, heute wird er zu Recht allgemein abgelehnt.

a) Nachteile eines Durchgriffs für G

12 Ein Durchgriff wäre zunächst gefährlich für G. Nehmen wir an, D habe an S vorgeleistet, also die Gegenleistung (10.000 €) von S noch nicht erhalten; dagegen habe G erst gegen Erhalt des Bildes den Preis (11.000 €) an S bezahlt.

G hat Zug um Zug an S geleistet und sich so für den gezahlten Preis durch das empfangene Bild gesichert. Fordert S das Bild von ihm zurück, so kann er die Leistung nach § 273 verweigern, bis er Zug um Zug das gezahlte Geld von S zurückerhält;[8] er ist wegen seiner erbrachten Leistung durch das, was er bekommen hat, gesichert. Könnte D von G das Bild herausverlangen, so hätte G nur noch einen

---

[8] Vgl. oben § 5 Rn. 14.

III. Die Gründe

ungesicherten Rückzahlungsanspruch aus § 812 I 1 (1) gegen S, seine Situation hätte sich erheblich verschlechtert (Verstoß gegen Prinzip 2 aus Rn. 10). Durch den Ausschluss des Durchgriffs werden also dem G seine Einreden gegen S erhalten.

Zudem würde ein Durchgriff des D gegen G diesem die Möglichkeit nehmen, das an S gezahlte Geld zurückzuverlangen. Denn S kann gemäß § 273 seinerseits die Rückzahlung verweigern, bis ihm G gleichzeitig das Bild zurückgibt; das kann G aber nicht mehr, wenn er es an D herausgeben musste.

Nimmt man gar an, S sei insolvent geworden, so werden die Nachteile augenscheinlich, welche G durch einen Durchgriff des D erleiden würde. G hatte sich gegen alle Gefahren abgesichert, indem er an S nur Zug um Zug gegen Erhalt der Gegenleistung gezahlt hat. Wird er von S (bzw. von dessen Insolvenzverwalter) auf Rückgabe des Bildes in Anspruch genommen, so kann er die Leistung nach § 273 verweigern, bis er Zug um Zug den gezahlten Kaufpreis zurückerhält.[9] Würde man einen Durchgriff des D gegen G zulassen, so bliebe dem G lediglich eine ungesicherte Insolvenzforderung. G würde also das Risiko einer Insolvenz des S tragen, obwohl er sich dagegen gerade abgesichert hatte.

Dagegen hat D an S eine Vorleistung erbracht, sich also nicht abgesichert und damit das Risiko einer Insolvenz des S bewusst in Kauf genommen. D kann deshalb seinen Kaufpreisanspruch gegen S nur noch als Insolvenzforderung geltend machen und wird dann die Insolvenzquote erhalten. Könnte D gegen G vorgehen, so erhielte er das Bild zurück und hätte keinerlei Schaden, obwohl sich das von ihm übernommene Risiko zu einem vollendeten Schaden (Insolvenz des S) entwickelt hat. G müsste im Ergebnis ein Insolvenzrisiko tragen, das nicht er selbst, sondern D übernommen hatte (Verstoß gegen Prinzip 3 aus Rn. 10).

b) Nachteile eines Durchgriffs für S

Ein Durchgriff des D gegen G könnte aber auch gefährlich für S sein. Nehmen wir an, S habe im Beispiel aus Rn. 10 die 10.000 € an D Zug um Zug gegen Lieferung des Bildes gezahlt, er habe aber gegenüber G vorgeleistet und den Kaufpreis von G noch nicht erhalten. D ist insolvent geworden.

S hat sich gegen das Insolvenzrisiko des D abgesichert, gegen das des G nicht. Das gegenüber G eingegangene Risiko hat sich nicht zum Schaden entwickelt. Aber auch die Insolvenz des D darf S nicht schaden: Verlangt D (bzw. dessen Insolvenzverwalter) nämlich die erbrachte Leistung heraus, so kann S sie nach § 273 verweigern, bis er selbst das gezahlte Geld zurückerhält. S hat zwar nur eine Insolvenzforderung gegen D, ist aber dafür durch die erhaltene Leistung des D abgesichert, so dass ihm dessen Insolvenz nichts anhaben kann. S kann das Bild von G zurückverlangen, und es kann ihm – wirtschaftlich gesehen – gleichgültig sein, ob die Leistungen im Verhältnis zu D rückabgewickelt werden oder nicht.

13

---

[9] § 103 InsO ist nach h. M. analog auf bereicherungsrechtliche Rückabwicklungsverhältnisse anwendbar. Zwar ist § 273 im Gegensatz zu § 320 nach herrschender, aber nicht unbestrittener Auffassung nicht insolvenzfest. Das ist aber bei der bereicherungsrechtlichen Rückabwicklung irrelevant; denn hier sind beide Leistungen je nach Auffassung über § 273, analog § 348 oder wegen der Saldotheorie auch in der Insolvenz miteinander verknüpft.

Würde man dagegen dem D den Durchgriff gegen G zugestehen, so würde S geschädigt: Er könnte nicht mehr gegen G vorgehen, denn dieser kann offenbar wegen des Bildes nicht dem D *und* dem S haften. Es bliebe dem S nur der Rückzahlungsanspruch gegen D, der aber eine Insolvenzforderung wäre und daher wenig wert. Zurückzubehalten hätte in diesem Fall S nichts, denn D hätte das Bild schon von G erlangt und somit alles erhalten, was ihm zusteht. S wäre sowohl das Bild als auch sein an D gezahltes Geld los. Folglich hätte die Insolvenz des D, gegen den er sich abgesichert hatte, dem S infolge des Durchgriffs einen Schaden zugefügt, was offenbar ungerecht wäre (Verstoß gegen Prinzip 3 aus Rn. 10).

c) Nachteile eines Durchgriffs für D

14 Schließlich wäre es auch denkbar, dass dem D aus dem Durchgriff ein Schaden entsteht, wenn etwa D im Beispiel aus Rn. 10 an S vorgeleistet hat und G insolvent geworden ist. D hat das Insolvenzrisiko des S übernommen, aber nicht das des G, mit dem er rechtlich gar nichts zu schaffen hatte. Um die Vermögensverhältnisse des G musste D sich nicht kümmern. Gibt man dem D den Durchgriff gegen G, so erhält dennoch D wegen der Insolvenz des G nichts und ist geschädigt (Verstoß gegen Prinzip 3).

Ein Schaden kann dem D freilich in unserem Beispiel nur dann entstehen, wenn man ihm mit der Zubilligung des Durchgriffs gegen G den Anspruch gegen S versagt. Das aber geschieht meistens und ist auch konsequent.[10] Dem D ein Wahlrecht zu geben, gegen wen er vorgehen will, wäre durch nichts begründet. D hat durch seine Vorleistung das Insolvenzrisiko für S übernommen; durch die Gewährung des Durchgriffs ändert man das willkürlich dahin ab, dass D das Insolvenzrisiko für G trägt. Ihn ganz von allen Risiken zu befreien besteht kein Grund.

d) Grundsätzliche Unzulässigkeit eines Durchgriffs beim Doppelmangel

15 Als Ergebnis kann festgehalten werden, dass auch bei einem Doppelmangel grundsätzlich der Durchgriff zu vermeiden ist. D kann nur von S kondizieren, S nur von G.

2. Störung des Valutaverhältnisses

16 Ist nur das Valutaverhältnis zwischen S und G gestört, so scheidet ein Durchgriff des D gegen G erst recht aus.

D ─────── S ┄┄┄┄┄ G

oder

---

[10] Bei der Anwendung des § 822 ist die Situation insofern anders, als keiner der Beteiligten schützenswerte Interessen gegen ein Wahlrecht des D hat, vgl. Rn. 27.

IV. Die dogmatischen Hilfsmittel

Dass das Valutaverhältnis, der Kaufvertrag zwischen S und G, unwirksam ist, geht den D nichts an, ein Durchgriff des D gegen G kommt nicht in Betracht (Verstoß gegen Prinzip 1 aus Rn. 10). D soll nicht die Unwirksamkeit des Vertrags zwischen S und G zum Anlass nehmen können, selbst gegen G vorzugehen.

3. Störung des Deckungsverhältnisses

Ist nicht das Valutaverhältnis, sondern das Deckungsverhältnis zwischen D und S gestört, so gilt das in Rn. 16 Ausgeführte entsprechend. G hat nur erhalten, was ihm aus dem Vertrag mit S zusteht. Ein Durchgriff des D gegen G lässt sich aus § 812 I nicht begründen (Verstoß gegen Prinzip 1 aus Rn. 10). 17

4. Unzulässigkeit eines Durchgriffs in allen Konstellationen

Als Ergebnis der Interessenabwägung zwischen den Beteiligten kann man festhalten: Die rechtliche Behandlung der Leistungsketten und Dreiecksverhältnisse muss so erfolgen, dass ein Durchgriff des D gegen G grundsätzlich vermieden wird; die Abwicklung darf nur in den gestörten Vertragsverhältnissen selbst geschehen. Betrachten wir nun, wie dieses Ergebnis sich dogmatisch darstellen lässt. 18

IV. Die dogmatischen Hilfsmittel

1. Der Leistungsbegriff

Ein Durchgriff des D gegen G käme nur mit den Mitteln des Bereicherungsrechts in Betracht. Es muss zunächst also vermieden werden, dass dem D gegen G eine Leistungskondiktion zugebilligt wird. Das geschieht mit Hilfe des modernen Leistungsbegriffs,[11] welcher eine Leistung nur dann anerkennt, wenn eine Zuwendung 19

---
[11] Vgl. oben § 3 Rn. 5 ff., 8 ff.

zweckgerichtet zur Erfüllung eines anerkannten Leistungszwecks erfolgt. Im Beispiel in Rn. 10 hat D das Bild an S geleistet, und zwar *solvendi causa*, um seine (wirkliche oder nur angenommene) Verpflichtung aus dem Kaufvertrag (§ 433 I 1) zu erfüllen. D hat also nur an S geleistet, nicht an G, eine Leistungskondiktion steht dem D gegen G also nicht zu.

2. *Die Subsidiaritätsregel*

20 Der Durchgriff des D gegen G muss nicht nur in der Form der Leistungskondiktion verhindert werden, es muss vielmehr auch eine Nichtleistungskondiktion des D gegen G ausgeschlossen werden.[12] Das ist in der Regel unproblematisch, da die Tatbestandsvoraussetzungen einer Nichtleistungskondiktion selten erfüllt sind. Bei Leistungsketten fehlt es an der Tatbestandsvoraussetzung der Bereicherung des G „auf Kosten" des D, da die Bereicherung des G nicht unmittelbar aus dem Vermögen des D stammt, sondern über S zu G gelangt ist.[13] Bei Leistungen im Dreieck löst die Zuwendung des D an G keine Eingriffskondiktion aus, da der Erwerb des G mit Einwilligung des D geschieht.[14] Eine Verwendungskondiktion entfällt, weil deren Voraussetzungen offenbar nicht vorliegen.[15] Regelmäßig besteht das Problem weniger darin, einen Durchgriff mit einer Nichtleistungskondiktion auszuschließen, als vielmehr darin, eine Anspruchsgrundlage zu finden, wenn man ausnahmsweise einen Durchgriff zulassen will.

a) Ausschluss einer Nichtleistungskondiktion
21 In den vorstehenden Fällen kommt eine Nichtleistungskondiktion des D gegen G offenbar nicht in Betracht. Das kann in anderen Fallgestaltungen anders sein, ein Durchgriff mit der Nichtleistungskondiktion muss aber auf jeden Fall ausgeschlossen werden. Das geschieht mit der *Subsidiaritätsregel*: Niemand kann von einem anderen etwas mit der Nichtleistungskondiktion herausverlangen, was dieser aufgrund einer Leistung erlangt hat.[16] G hat im Beispiel aus Rn. 10 das Bild aufgrund einer Leistung des S erlangt, er haftet also dem D nicht mit der Nichtleistungskondiktion.

22 Bisweilen wird eine Nichtleistungskondiktion vorschnell und ohne Prüfung der Voraussetzungen bejaht.

---
[12] Spricht man von einer „Zuwendungskondiktion", ist damit nichts anderes als ein Durchgriff D – G gemeint.
[13] Vgl. oben § 4 Rn. 1 f., 11 ff.
[14] Vgl. oben § 4 Rn. 17 f.
[15] Vgl. oben § 4 Rn. 32 f.
[16] Gegen diese Regel kann man nicht § 816 I 1 anführen. Zwar erhält der Verfügende den Gegenwert durch eine Leistung des Erwerbers und muss das Erlangte dennoch herausgeben. Die Bereicherung des Verfügenden beruht jedoch nicht auf der empfangenen Leistung des Erwerbers, sondern darauf, dass der Bereicherte über ein fremdes Recht verfügt hat, in gleicher Weise wie wenn er eine fremde Sache verbraucht hätte.

IV. Die dogmatischen Hilfsmittel

Beispiel:[17] D hat dem S sein Grundstück verkauft, aber noch nicht übereignet; S verkauft es weiter an G, auf Bitten des S übereignet D das Grundstück an G. Beide Kaufverträge sind mangels behördlicher Genehmigungen unwirksam.

Zu Unrecht lässt das Reichsgericht eine direkte Kondiktion des D gegen G zu, weil für G gegenüber D kein Rechtsgrund bestehe, das Grundstück behalten zu dürfen. Richtig ist aber, dass für D kein Anspruch gegen G besteht. D hat mit der Übereignung an S geleistet, er wäre von seiner Kaufpreisschuld gegenüber S befreit worden, wenn sie bestanden hätte; weil er *solvendi causa* an S geleistet hat, hat er die *condictio indebiti* gegen S,[18] nicht aber gegen G. Eine Nichtleistungskondiktion ist schon tatbestandsmäßig ausgeschlossen, da G das Eigentum am Grundstück mit Einwilligung des D, also mit Rechtsgrund, erlangt hat.[19] Die Nichtleistungskondiktion käme auch gemäß der Subsidiaritätsregel nicht in Betracht: G hat das Eigentum am Grundstück durch eine Leistung des S erlangt, haftet also nicht mit der Eingriffskondiktion (Rn. 21). Nur so sind die Interessen des G und des S gesichert.

b) Leistung von Besitz

Die Subsidiaritätsregel greift nicht nur ein, wenn das Eigentum oder ein sonstiges Recht geleistet wurde, sondern auch, wenn nur der Besitz geleistet wurde. Zwar ist es für die Frage, was Inhalt der Leistung ist und was zurückgefordert werden kann, ein großer Unterschied, ob das Eigentum oder nur der Besitz geleistet wurde; für die Anwendung der Subsidiaritätsregel spielt die Unterscheidung aber keine Rolle.

Beispiel: D hat an den minderjährigen S eine Sache verkauft, S verkauft sie weiter an G, D liefert sie auf Bitten des S an G. Die Verträge des S werden nicht genehmigt.

Beide Kaufverträge sind wegen der Minderjährigkeit des S nicht wirksam. Die Übereignung des D an S (Geheißerwerb) ist wirksam, der Eigentumserwerb ist als lediglich rechtlich vorteilhaft nach § 107 nicht zustimmungsbedürftig. Die Übereignung des S an G ist dagegen unwirksam. G hat nur Besitz an der Sache erlangt. Dennoch ist eine Durchgriffskondiktion des D gegen G wegen Doppelmangels ausgeschlossen, und zwar aus den bekannten, oben in Rn. 10 ff. aufgeführten Gründen. Die Subsidiaritätsregel greift ein, wenn nur die Leistung die Übertragung des Eigentums bezweckte, mag es auch nicht übergegangen sein.[20]

---

[17] Nach RGZ 86, 343, 347 ff.
[18] S kann sich gegenüber D nicht darauf berufen, er habe nicht das Eigentum am Grundstück erlangt, er sei nur um seine eigene Kondiktion gegenüber G bereichert. Dass D auf Anweisung des S das Grundstück an G übereignet hat, ist gemäß § 362 II nicht anders zu bewerten, als hätte er das Eigentum auf S übertragen. S ist deshalb um das Eigentum am Grundstück bereichert und haftet dem D mit der *condictio indebiti* auf dessen Wert, § 818 II.
[19] Vgl. oben § 4 Rn. 18.
[20] Vgl. auch Rn. 31.

c) Subsidiarität gegenüber einem Leistungsverhältnis

24 Die Subsidiaritätsregel wird manchmal irrig dahin formuliert, dass eine Nichtleistungskondiktion gegenüber der Leistungs*kondiktion* subsidiär sei. Das ist zu eng; denn es kommt nicht darauf an, ob der Empfänger der Leistung mit der Leistungskondiktion haftet. Vielmehr greift die Subsidiaritätsregel auch dann ein, wenn er die Leistung mit Rechtsgrund erlangt hat, etwa wenn im Beispiel in Rn. 23 nur das Deckungsverhältnis D – S unwirksam ist.

d) Zweck der Subsidiaritätsregel

25 Die Begründung für die Subsidiaritätsregel wird bisweilen darin gesehen, dass es „logisch ausgeschlossen" sei, eine Bereicherung „in sonstiger Weise" anzunehmen, wenn jemand etwas durch eine Leistung erlangt hat. Das ist aber keineswegs zwingend, denn es ist nicht logisch ausgeschlossen, dass eine Leistung des S zugleich ein Eingriff des G in ein Recht des D ist. Auch geht es nicht um logische Stringenz, sondern um eine wertende juristische Entscheidung, die einen Durchgriff ausschließen will.

Eine Begründung für die Subsidiaritätsregel findet man aber in der gesetzlichen Unterdrückung der Versionsklage.[21] Es soll nicht jeder, aus dessen Vermögen ein Vorteil irgendwie an dritte Personen gelangt war, von diesen Herausgabe verlangen können; er soll sich an seinen Vertragspartner oder an den sonst unmittelbar Bereicherten halten können, nicht aber an Personen, an welche der Vorteil mittelbar auf nicht näher bestimmte Weise gelangt war. Durch den Ausschluss der Versionsklage sollten die Rückforderung der Bereicherung an bestimmte eindeutige Voraussetzungen gebunden und die Unsicherheiten und Unbilligkeiten einer zu weiten und zu unbestimmten Haftung unterbunden werden. Der Durchgriff wäre eine solche Versionsklage; sie ist nicht zuzulassen, weil der Gesetzgeber sie nur noch im Ausnahmefall des § 822 zugelassen hat, also in dem Fall, dass der Dritte eine unentgeltliche Leistung erlangt hat. D muss sich also im Beispiel in Rn. 23 an seinen Vertragspartner S halten; ist das Rechtsverhältnis mit ihm unwirksam, so mag D seine Leistung von S kondizieren, nicht aber von G.

V. Ausnahmen von der Subsidiaritätsregel

1. Analoge Anwendung des § 822

a) Fehlende Schutzbedürftigkeit des Dritten

26 Eine Versionsklage, also ein Durchgriff, wird vom Gesetz nur noch dann zugelassen, wenn der dritte Empfänger durch eine unentgeltliche Leistung bereichert ist, § 822.[22] Der Sinn dieser Ausnahme liegt darin, dass der unentgeltlich Bereicherte

---

[21] Vgl. oben § 4 Rn. 2 f.
[22] Dazu oben § 5 Rn. 22.

weder schutzbedürftig noch schutzwürdig ist. Es stellt sich die Frage nach der analogen Anwendung dieser Vorschrift, wobei die Vergleichbarkeit der Sachverhalte darin bestehen muss, dass Dritten durch den Durchgriff keinerlei Nachteil entsteht, dass sie also ebenfalls nicht schutzbedürftig sind. Die Frage ist im Interesse des Gläubigers zu bejahen, ein Durchgriff ist unter den genannten Voraussetzungen zuzulassen, denn er erleichtert die Rechtsverfolgung erheblich und ist daher nur zu versagen, wenn Interessen Dritter dagegenstehen.

In Betracht kommt eine entsprechende Anwendung des § 822 nur, wenn ein Doppelmangel besteht, also beide Leistungsverhältnisse unwirksam sind; ist auch nur eines der Leistungsverhältnisse wirksam, so darf in dieses nicht störend mit der Durchgriffskondiktion eingegriffen werden.

b) Entreicherung des ursprünglich Bereicherten?
Bei der analogen Anwendung des § 822 sollte darauf verzichtet werden, den Anspruch nur dann anzuerkennen, wenn der ursprünglich Bereicherte nicht mehr haftet. Diese Einschränkung hat schon bei unmittelbarer Anwendung auf unentgeltliche Leistungen wenig Sinn;[23] bei analoger Anwendung in Fällen, in denen durch den Durchgriff keine fremden Interessen berührt werden, ist diese Einschränkung überflüssig.

Beispiel: D hat sein Bild an S verkauft und übereignet, S hat es weiter an G übereignet, weder S noch G haben eine Zahlung auf den Kaufpreis geleistet. Beide Kaufverträge sind unwirksam.

Da weder S noch G eine Gegenleistung erbracht haben, können sie auch kein schutzwürdiges Interesse daran haben, einen Durchgriff des D auf G zu verhindern. Dem D ist also in entsprechender Anwendung des § 822 eine *condictio indebiti* gegen G auf Rückgabe und Übereignung des Bildes zuzubilligen. Dem D kann aber nicht verwehrt werden, seine *condictio indebiti* auch gegen S geltend zu machen und von ihm die Abtretung des Bereicherungsanspruchs gegen G zu verlangen. Da weder S noch G widerstreitende Interessen haben, bestehen gegen eine Haftung beider keine Bedenken,[24] D hat jedoch ein berechtigtes Interesse daran.

Hätte G bereits den Kaufpreis an S bezahlt, so käme eine analoge Anwendung des § 822 nicht in Betracht. G hätte ein schutzwürdiges Interesse daran, das Bild zur Sicherung seiner Gegenforderung gegen S auf Rückzahlung des Kaufpreises zu behalten (Rn. 12). Entsprechend wäre ein Durchgriff entsprechend § 822 auch dann ausgeschlossen, wenn nur S den Kaufpreis an D gezahlt hätte. D kann von S dessen Kondiktion gegen G kondizieren, diesem Anspruch kann S die Einrede entgegenhalten, dass er die Forderung nur Zug um Zug gegen Rückzahlung des Kaufpreises an D abtrete. Die Forderung gegen G dient dem S also als Sicherheit für seine Forderung gegen D (Rn. 13).

---

[23] Vgl. oben § 5 Rn. 23, ferner zu § 816 I 2 oben § 4 Rn. 50.
[24] Vgl. die ähnliche Interessenlage bei § 816 I 2 oben § 4 Rn. 50.

Steht die Zulässigkeit eines Durchgriffs in analoger Anwendung des § 822 in Frage, so hat der Gläubiger nachzuweisen, dass durch einen solchen Durchgriff die Interessen der anderen Beteiligten nicht beeinträchtigt werden.

2. Der Rechtsfortwirkungsanspruch

28   Die Subsidiaritätsregel dient dem Zweck, eine Versionsklage nicht zuzulassen; in ein Leistungsverhältnis soll nicht von außen, durch einen Dritten, eingegriffen werden. Davon ist natürlich dann eine Ausnahme zu machen, wenn dem Dritten an dem Leistungsgegenstand ein *dingliches Recht* zusteht. Unterschlägt Mieter S eine Sache und veräußert er sie an den gutgläubigen G, so kann der frühere Eigentümer D nicht gegen G vorgehen, § 816 I 1 schließt das aus und lässt nur eine Klage gegen den verfügenden S zu. Stiehlt dagegen S eine Sache des D und verkauft er sie an G, so kann D sein Eigentum gegen G geltend machen. Es hilft dem G nicht, dass er die Sache durch eine Leistung des S erworben hat, der Durchgriff D gegen G ist durch § 985 gesichert.

a) Originärer Eigentumserwerb

29   Solange das Eigentum fortbesteht, kann D gegen jedermann vorgehen. Erst wenn er es verliert, ist nicht mehr § 985, sondern Bereicherungsrecht anzuwenden und damit auch die Subsidiaritätsregel. Ersitzt etwa G nach 10 Jahren die erworbene Sache gemäß § 937 I, so kann D gemäß § 816 I 1 nur noch gegen S vorgehen, nicht mehr gegen G.[25] § 935 schützt also den Eigentümer noch mindestens 10 Jahre lang derart, dass er seine Sache von jedem Besitzer herausverlangen kann. Es gibt jedoch Fälle, in welchen das Gesetz aus Gründen der Rechtssicherheit auch dem nach § 935 I geschützten Eigentümer das Eigentum entzieht, so dass er nunmehr auf einen Bereicherungsanspruch angewiesen ist; in solchen Fällen ist die Anwendung der Subsidiaritätsregel fraglich.

> **Beispiel**: S stiehlt bei D einen Sack Mehl und verkauft ihn an G. G verarbeitet das Mehl zu Brot.

D kann bis zur Verarbeitung das Mehl bei G vindizieren, wobei es keine Rolle spielen kann, dass G es durch eine Leistung des S erworben hat (Rn. 28). Mit der Verarbeitung erwirbt G nach § 950 Eigentum. D verliert den Anspruch aus § 985 und hat dafür gegen G die Kondiktion nach § 951 I 1.[26] Kann sich G nun auf die Subsidiaritätsregel berufen? Die Frage ist entsprechend der gesetzlichen Interessenbewertung in §§ 932, 935 zu entscheiden:

---

[25] Vgl. § 4 Rn. 22.
[26] Man beachte, dass hier zum ersten Mal tatbestandsmäßig eine Nichtleistungskondiktion des D gegen G gegeben ist.

b) Interessenbewertung gemäß §§ 932, 935

In §§ 932, 935 werden die Interessen zwischen dem Eigentümer einer Sache und deren Erwerber dahin entschieden, dass der Eigentümer die Vorteile seines Eigentums verlieren soll und dass diese Vorteile auf den Erwerber übergehen sollen, wenn 1. der Erwerber gutgläubig ist und 2. die Sache nicht abhandengekommen ist. Ist dagegen der Erwerber bösgläubig oder ist die Sache abhandengekommen, so soll der Eigentümer nach dem Willen des Gesetzes die Vorteile seiner Eigentümerstellung behalten. Diese Interessenbewertung ist auch dann zu berücksichtigen, wenn das Gesetz ausnahmsweise aus Gründen der Rechtssicherheit dem Eigentümer sein Recht im Wege des originären Eigentumserwerbs nimmt, obwohl der Erwerber bösgläubig ist oder die Sache abhandengekommen ist; es handelt sich um den originären Eigentumserwerb nach §§ 946–950. In diesen Fällen tritt an die Stelle des Eigentumsanspruchs der Bereicherungsanspruch, §§ 951, 812, in welchem sich die Rechte des früheren Eigentümers fortsetzen sollen; man spricht daher vom *Rechtsfortwirkungsanspruch*. Im Beispiel in Rn. 29 kann sich G nicht auf die Subsidiaritätsregel berufen, weil § 935 zeigt, dass der frühere Eigentümer D weiterhin geschützt sein soll; G haftet dem D folglich aus §§ 951, 812. Der Bereicherungsanspruch ersetzt den Eigentumsanspruch.

Die Problematik hat sich am *Jungbullenfall* entzündet:

Beispiel:[27] S stiehlt dem D Jungbullen und veräußert sie an G. G schlachtet sie und verarbeitet sie zu Dosenfleisch. D verlangt von G Ersatz.

G hat gemäß § 950 Eigentum erworben, er haftet dem D aus §§ 951, 812 I 1 (2). Gegenüber diesem Anspruch kann sich G gemäß der Wertung des § 935 I nicht auf das Subsidiaritätsprinzip berufen; deshalb haftet er dem D. Wären die Tiere nicht gestohlen worden, sondern von S unterschlagen, so wäre § 935 I nicht anwendbar und G würde dem D nur haften, wenn G bösgläubig bezüglich des Eigentums des S war. In diesem Fall soll der Eigentümer ausweislich § 932 geschützt werden. War dagegen G gutgläubig, so zeigt § 932, dass nicht der Eigentümer D, sondern der Erwerber G geschützt sein soll. G kann sich auf die Subsidiaritätsregel berufen, er haftet im Ergebnis nicht gemäß §§ 951, 812 I 1 (2).

Die Subsidiaritätsregel ist also nicht anwendbar, wenn D eine absolut geschützte Rechtsposition hatte, welche ihm nach den §§ 932, 935 auch erhalten bleiben sollte, welche er aber dennoch nach den §§ 946 ff. verloren hat. Entscheidend ist allein die Wertung nach den §§ 932, 935; dagegen ist es ohne Bedeutung, ob Eigentum oder nur Besitz an G geleistet wurde (Rn. 23):

Beispiel:[28] D hat dem Bauunternehmer S Baumaterial in Verwahrung gegeben. G beauftragt S mit dem Bau eines Hauses auf seinem Grundstück, S nimmt dafür – absichtlich oder aus Versehen – das dem D gehörende Material.

---

[27] Nach BGHZ 55, 176. Die dort gegebene Begründung des zutreffenden Ergebnisses überzeugt freilich nicht.
[28] Vgl. dazu auch oben § 4 Rn. 37.

Würde S dem G das Material nach den §§ 932 ff. übereignen – wenn etwa S mit dem Material angefahren kommt und er sich mit G einigt, dass das Eigentum übergehen soll –, so wäre das Material nicht abhanden gekommen und der Eigentumserwerb hinge vom guten oder bösen Glauben des G ab. Ist G gutgläubig, so wird er Eigentümer; D kann nicht mehr gegen ihn vorgehen, sondern nur noch gegen S nach § 816 I 1. War G bösgläubig, so behält D sein Eigentum, er kann nach § 985 gegen G vorgehen. Nicht anders darf das Ergebnis sein, wenn infolge zufälliger Umstände S das Eigentum nicht an G übereignet, sondern es an die Baustelle des G liefert, wo es von Arbeitern sofort in dessen Haus eingebaut wird. Weiß G, dass das Material dem S nicht gehört, oder weiß er das aus grober Fahrlässigkeit nicht, ist er also bösgläubig, so wird er dennoch nach §§ 946, 94 II Eigentümer des eingebauten Materials, D verliert es. § 932 zeigt aber, dass G im Verhältnis zu D nicht schutzwürdig ist, dessen Vindikation gegen G soll nicht ersatzlos wegfallen. D hat also gegen G den Anspruch aus §§ 951, 812 I 1 (2) als Durchgriffskondiktion, die Subsidiaritätsregel ist nicht anzuwenden.[29] War G dagegen gutgläubig, so bewertet das Gesetz in § 932 seine Interessen höher als die des früheren Eigentümers D, D kann daher nicht aus §§ 951, 812 I 1 (2) vorgehen.

Die Subsidiaritätsregel ist also grundsätzlich anzuwenden, auch wenn S an G nur den Besitz am Baumaterial leistete, also keine rechtsgeschäftliche Übereignung an G stattgefunden hat, und G das Eigentum erst nach § 946 erwarb. Denn Inhalt der Leistung des S war – auch ohne Übereignung – das Eigentum, nicht der bloße Besitz. Hätte die Leistung des S dagegen nur den bloßen Besitz zum Inhalt gehabt, hätte etwa S das Baumaterial des D bei G nur zur Verwahrung eingelagert und hätte G es verbaut, so würde die Subsidiaritätsregel nicht eingreifen und G würde dem D nach §§ 951, 812 I 1 (2) haften.

32 Es kommt in den Fällen der §§ 946–950 für die Anwendung der Subsidiaritätsregel also darauf an, ob die gesetzlichen Regeln für einen gutgläubigen Erwerb vorliegen, auch wenn der Erwerber (G) nicht auf rechtsgeschäftlichem Weg nach den §§ 932 ff. Eigentum erlangt hat. Dagegen wäre es nicht zutreffend, danach zu unterscheiden, ob D die Sache freiwillig aus der Hand gegeben hat oder ob sie ihm abhandengekommen ist, so dass die Subsidiaritätsregel immer dann nicht anzuwenden sei, wenn ein Abhandenkommen vorliegt. Das Abhandenkommen ist nur ein Faktor neben anderen bei der Entscheidung über den gutgläubigen Erwerb. Denn war der Erwerber (G) bösgläubig, so steht dem D ein Durchgriff gegen G auch dann zu, wenn er die Sache freiwillig aus der Hand gegeben hat. Die Subsidiaritätsregel ist in einem solchen Fall nicht anzuwenden, obwohl kein Abhandenkommen vorliegt. Handelt es sich um Geld oder Inhaberpapiere, so ist die Subsidiaritätsregel nach der Wertung des § 935 II sogar auch dann anwendbar, wenn sie abhandengekommen waren, der Erwerber aber gutgläubig war.

---

[29] Daneben haftet S nach § 816 I 1, oben § 4 Rn. 37.

VI. Besondere Arten der Dreiecksverhältnisse

Neben den bisher behandelten Anweisungsfällen gibt es viele andere Arten von Dreiecksverhältnissen, zu denen man in der Literatur die verschiedenartigsten Behandlungsvorschläge findet. Die verbreitete Unfähigkeit der heutigen Rechtswissenschaft, die Probleme in einen allgemeinen Zusammenhang zu stellen,[30] offenbart sich gerade hier. Vielfach werden die einzelnen Typen der Dreiecksverhältnisse wie selbständige Problemlagen ohne inneren Zusammenhang gesehen, für jeden Typus werden eigene Regeln aufgestellt. All diese Regeln auswendig zu kennen ist weder möglich noch erforderlich. Vielmehr reicht es aus, die Problematik der Anweisungsfälle zu kennen und zu verstehen und die hierfür aufgestellten Regeln zu verstehen und zu beherrschen. Denn die Probleme bei den anderen Dreiecksverhältnissen sind dieselben wie bei den Anweisungsfällen, so dass auch die dort aufgestellten Regeln übernommen werden können: Grundsätzlich ist ein Durchgriff aus den dargestellten Gründen nicht zulässig. Sollte man aber zu dem Ergebnis kommen, dass aus besonderen Gründen wegen einer abweichenden Interessenlage anders zu entscheiden sei, so steht nichts im Wege, dies unter Angabe der Gründe zu tun. Zu vertretbaren Ergebnissen kommt man auf diesem Weg allemal. Das gilt auch deshalb, weil praktisch alle denkbaren Ergebnisse von renommierten Autoren vertreten werden und daher als vertretbar bezeichnet werden müssen. In einer Prüfung kann folglich die Güte einer Leistung nicht vom erzielten Ergebnis abhängen, sondern allein von der Qualität der Argumentation.

33

Unter § 7 sind drei Sonderfälle des Dreiecksverhältnisses behandelt, stellvertretend für alle übrigen. An ihnen kann man sich die Regeln über Dreiecksverhältnisse nochmals vor Augen führen.

VII. Die rechtsgrundlose Verfügung eines Nichtberechtigten

Eine spezielle Variante der Dreiecksverhältnisse mit besonderen Problemen ergibt sich bei rechtsgrundlosen Verfügungen eines Nichtberechtigten.

34

1. Einheits- oder Doppelkondiktion?

Hat ein Nichtberechtigter über eine Sache wirksam verfügt, so dass der Erwerber Eigentümer wurde, war aber das Grundgeschäft unwirksam, so stellt sich die Frage, wer die Sache vom Erwerber zurückverlangen kann, der leistende Nichtberechtigte oder der Eigentümer.

35

---

[30]Vgl. dazu etwa die in der Rechtsprechung häufig anzutreffende Behauptung, man könne einen Fall nicht nach allgemeinen Regeln lösen, es komme immer auf die Besonderheiten des Einzelfalls an.

Beispiel: Der Minderjährige S hat seinen Onkel O beerbt. Im Nachlass findet sich ein Barockschrank im Wert von 20.000 €, den S für 10.000 € an den gutgläubigen G veräußert. Es stellt sich heraus, dass der Schrank dem D gehörte, der ihn bei O untergestellt hatte.

G hat Eigentum an dem Schrank erworben, obwohl der veräußernde S minderjährig war, denn die Übereignung des Schranks war für S ein neutrales Geschäft, das gemäß § 107 keiner Zustimmung des gesetzlichen Vertreters bedurfte.[31] G kann den Schrank auf keinen Fall behalten, da kein wirksamer Kaufvertrag besteht. Wie aber die Abwicklung geschehen soll, ist umstritten. Nach der Theorie von der *Einheitskondiktion* hat D eine Durchgriffskondiktion gegen G aus § 812 I 1 (2) oder § 816 I 2 analog, nach der Theorie von der *Doppelkondiktion* hat D nur einen Anspruch aus § 816 I 1 gegen S, aufgrund dessen D verlangen kann, dass S ihm seine Leistungskondiktion gegen G abtrete. D hat einerseits ein Interesse daran, unmittelbar gegen G vorgehen zu können, andererseits können bei einem Durchgriff des D gegen G die Interessen des G verletzt werden. Nach der Subsidiaritätsregel haftet G dem D nicht mit der Eingriffskondiktion, weil er den Schrank durch eine Leistung des S erlangt hat. Es bleibt zu untersuchen, ob davon hier eine Ausnahme zu machen ist.

D hat gegen S einen Anspruch aus § 816 I 1, er könnte also eigentlich von S die erlangten 10.000 € herausverlangen. S ist aber nicht in dieser Höhe bereichert, weil er dem G auf Rückgabe dieser Summe mit der *condictio indebiti* haftet. Bereichert ist S nur um die *condictio indebiti*, die er durch seine rechtsgrundlose Leistung an G gegen diesen erworben hat. Die Abtretung dieses Anspruchs gegen G kann D von S gemäß § 816 I 1 verlangen.

2. Die Vorteile der Doppelkondiktion

36 Eine Durchgriffskondiktion (Einheitskondiktion) lässt sich nur schwer konstruieren. Indem G gutgläubig den Schrank des D erwarb, könnte er in das Eigentum des D eingegriffen haben. Eine solche Bewertung des gutgläubigen Erwerbs würde aber der Regel widersprechen, dass der gutgläubige Erwerb seinen Rechtsgrund in sich trägt und nicht mit der Eingriffskondiktion rückgängig gemacht werden kann.[32] Es ist auch kein Grund ersichtlich, warum hier von dieser Regel eine Ausnahme gemacht werden sollte. Dass der Kaufvertrag unwirksam ist, begründet eine Leistungskondiktion des S, eine Eingriffskondiktion des D kann diese Tatsache nicht begründen.

Ein anderer Begründungsversuch für die Einheitskondiktion geht von § 816 I 2 aus, indem man den rechtsgrundlosen Erwerb dem unentgeltlichen gleichsetzt.[33] So wie ein unentgeltlicher Erwerber nicht schutzwürdig sei, so sei dies auch von

---

[31] Das ist umstritten, aber zu Recht h. M.
[32] Vgl. oben § 4 Rn. 21.
[33] Wie das auch von der Rechtsprechung zu Unrecht und gegen die h. L. für § 988 vertreten wird.

einem rechtsgrundlosen Erwerber anzunehmen, § 816 I 2 sei also analog anzuwenden. Die schematische Gleichstellung von rechtsgrundlosem und unentgeltlichem Erwerb ist aber nicht haltbar und wird daher zu Recht überwiegend abgelehnt. Der rechtsgrundlose Erwerber ist zwar ebenso wie der unentgeltliche nicht zu einer Gegenleistung verpflichtet, das ändert aber nichts daran, dass er sie schon erbracht haben kann, wie im Beispiel in Rn. 35 der G. Dann aber ist der Erwerber schutzwürdig, so dass eine Abwicklung nur über S erfolgen sollte.

Mit der h. M. ist also von der Theorie der Doppelkondiktion auszugehen, D kann die Kondiktion des S gegen G kondizieren. Gibt G den Schrank an S zurück, so erwirbt nicht etwa S das Eigentum daran; das Eigentum fällt vielmehr nach der Regel über den Rückerwerb des Nichtberechtigten unmittelbar an D zurück.[34] Würde man mit der Lehre von der Einheitskondiktion einen Durchgriff des D gegen G zulassen, so müsste G den Schrank herausgeben und würde so seine Sicherheit für seinen Rückzahlungsanspruch gegen S verlieren. Würde S insolvent, so wäre G sein Geld und den Schrank los, obwohl er sich durch die Leistung Zug um Zug gegen mögliche Verluste abgesichert hatte. Der Durchgriff würde also hier wie auch sonst zu unbilligen Ergebnissen führen (Rn. 12).

3. Ausnahmsweise Zulässigkeit eines Durchgriffs

Dagegen kommt analog § 822 (oder § 816 I 2) ein Durchgriff in Betracht, wenn G seine Gegenleistung noch nicht erbracht hat. Die Abwicklung über S wäre in solchen Fällen ein überflüssiger Umweg, den man dem D nicht zumuten sollte, falls er nachweisen kann, dass durch den Durchgriff weder G noch S in ihren Interessen verletzt werden.

37

4. Ausschluss der Leistungskondiktion

Schwierigkeiten ergeben sich für die Doppelkondiktion in den Fällen, in welchen die Leistungskondiktion des S gegen G nach §§ 814, 815, 817, 2 ausgeschlossen ist. In diesem Fall hat S keine Kondiktion, die er dem D abtreten könnte. Deswegen sollte aber D nicht schutzlos bleiben.

38

Beispiel: D und S erwerben hälftig ein Lotterielos, das S verwahrt. Beim unerlaubten Blackjack-Spiel mit G setzt S das Los ein und verliert es an G. Das Los gewinnt jedoch. D verlangt von G Herausgabe des Gewinns.

---

[34] Vgl. oben § 4 Rn. 40.

G hat das Eigentum am ganzen Los nach §§ 929, 932 erworben.[35] D hat einen Anspruch gegen S aus § 816 I 1,[36] mit dem D eine Kondiktion des S gegen G kondizieren könnte. Dem S steht aber kein Anspruch gegen G zu, auf welchen D zugreifen könnte. Zwar erfüllt das unerlaubte Spiel den Tatbestand des § 284 StGB und ist damit nach § 134 nichtig;[37] die Kondiktion des S ist jedoch nach § 817, 2 gesperrt. In Betracht kommt aber ein Durchgriff des D analog § 816 I 2: G ist nicht schutzwürdig, da er keine Vermögensaufwendungen erbracht hat, um die Leistung des S zu erlangen.

Eine andere Möglichkeit besteht darin, dem D den Anspruch aus § 816 I 1 auf Zession der Kondiktion des S gegen G zu geben und den Einwand aus § 817, 2 im Verhältnis zum Zessionar D nicht anzuerkennen. Denn mag sich auch die Rechtsordnung mit dem gesetzwidrigen Rechtsverhältnis zwischen S und G nicht befassen wollen, so sieht die Interessenlage doch anders aus, wenn D Inhaber des Anspruchs ist; er hat ein berechtigtes Interesse daran, wegen seines verlorenen Rechts gegen G vorzugehen, und für die Rechtsordnung besteht kein Grund, tatenlos zuzusehen, wie D einen Schaden erleidet.[38]

Zur Wiederholung
1. Was ist der Unterschied zwischen einer Leistungskette und einem Dreiecksverhältnis? (Rn. 2 f.)
2. Was bedeutet im Dreiecksverhältnis die Anweisung des S an D, an G zu liefern? (Rn. 4)
3. Inwiefern entspricht im Dreiecksverhältnis die schuldrechtliche Bewertung der Lieferung des D an G der sachenrechtlichen Bewertung? (Rn. 5)
4. Was bedeuten die Begriffe Deckungs-, Valuta- und Zuwendungsverhältnis? (Rn. 6)
5. Was ist das Ziel der Lehre von den Dreiecksverhältnissen? (Rn. 9)
6. Welche drei Prinzipien sollen durch den Ausschluss der Versionsklage gewährleistet werden? (Rn. 10)
7. Aus welchen Gründen ist auch beim Doppelmangel ein Durchgriff nicht zuzulassen? (Rn. 12 ff.)
8. Mit welchen dogmatischen Mitteln wird ein Durchgriff des D gegen G verhindert? (Rn. 19 f.)
9. Warum liegen die Tatbestandsvoraussetzungen einer Nichtleistungskondiktion im Dreiecksverhältnis selten vor? (Rn. 20)
10. Was besagt die Subsidiaritätsregel? (Rn. 21)
11. Wie lässt sich die Subsidiaritätsregel begründen? (Rn. 25)
12. Wann kommt eine entsprechende Anwendung des § 822 in Betracht? (Rn. 26)

---

[35] Das Lotterielos ist ein Inhaberpapier, das nach sachenrechtlichen Grundsätzen übertragen wird.
[36] Zum Inhalt vgl. oben § 4 Rn. 41, 43.
[37] Nach h. M. verdrängt in diesem Fall das bereicherungsrechtliche Regime § 762 I 2.
[38] Vgl. auch oben § 3 Rn. 57.

13. Wer hat nachzuweisen, dass durch einen Durchgriff in analoger Anwendung des § 822 die Interessen der anderen Beteiligten nicht beeinträchtigt werden? (Rn. 27)
14. In welchen Fällen ist von der Subsidiaritätsregel eine Ausnahme zu machen? (Rn. 28 ff.)
15. Was versteht man unter einem Rechtsfortwirkungsanspruch? (Rn. 30)
16. Was besagen die Theorien von der Einheitskondiktion und von der Doppelkondiktion? Welche Argumente lassen sich für und gegen diese Theorien vorbringen? (Rn. 35 f.)

§ 7. Einige besondere Dreiecksverhältnisse

Als spezielle Dreiecksverhältnisse sollen hier behandelt werden die Drittleistung nach § 267, die fehlende Anweisung und der Vertrag zugunsten Dritter. Dabei wird sich zeigen, dass hierfür grundsätzlich nichts anderes gilt, als bei den Anweisungsfällen oben in § 6 aufgezeigt wurde. Die meisten Stellungnahmen zu diesem Problemkreis kranken daran, dass sie nicht zwischen den normalen Fällen unterscheiden, bei welchen gemäß dem Subsidiaritätsprinzip der Durchgriff ausgeschlossen ist (oben § 6 Rn. 19 ff.), und den Fällen, in welchen mangels entgegenstehender Interessen der Beteiligten ein Durchgriff zulässig ist (oben § 6 Rn. 26 f.). Vielmehr wird häufig die Entscheidung eines beliebigen Falles verallgemeinert, so dass sie allgemein für alle Fälle einer ganzen Fallgruppe gelten soll. Dass mit dieser Methode eine sachgerechte Entscheidung dem Zufall überlassen ist, ist leicht einzusehen.

I. Leistung auf fremde Schuld nach § 267 I

1. *Unzulässigkeit eines Durchgriffs*

Grundsätzlich ist ein Durchgriff nicht zuzulassen.

> **Beispiel**: G hat eine verjährte Deliktsforderung über 10.000 € gegen S sowie eine Forderung aus einem Kaufvertrag, ebenfalls über 10.000 €. D, ein Freund des S, überweist dem G 10.000 € mit der Bestimmung, er wolle damit die Kaufpreisschuld des S tilgen.

D hat durch die Zahlung an G ein Geschäft des S geführt, entweder, um dem S die Summe zu schenken, *donandi causa*,[1] § 685, oder um sich das Geld von S zurückzuholen, *credendi causa*;[2] von letzterem ist auszugehen, wenn S nicht die Schenkungsabsicht des D beweist. D hat mit der Zahlung an G also an S geleistet. Wenn die Geschäftsführung des D dem Interesse und Willen des S entsprach, so hat D gegen S den Ersatzanspruch aus §§ 683, 670, sein Leistungszweck ist erreicht. Entsprach die Geschäftsführung des D nicht dem Interesse und Willen des S, dann entfällt der Ersatzanspruch aus §§ 683, 670, der Leistungszweck ist verfehlt, D hat die *condictio ob rem* gegen S, §§ 684, 812 I 2 (2).[3]

In der Zahlung des D an G lag aber weiter eine Leistung des S an G; sie erfolgte durch D; denn D war gemäß § 267 I berechtigt, für S zu leisten und dabei natürlich auch den Leistungszweck zu bestimmen.[4] Die Zahlung des D an G stellt deshalb eine Leistung auf die Kaufpreisschuld des S dar, nicht etwa auf die verjährte Deliktsschuld.

Hier ebenso wie bei den Anweisungsfällen[5] ist grundsätzlich ein Durchgriff des D gegen G nicht zuzulassen, wenn nicht die Wertung des Falles ausnahmsweise eine entsprechende Anwendung des § 822 gebietet; die Probleme und Interessen sind hier nicht anders als bei den Anweisungsfällen. Eine Leistungskondiktion des D gegen G entfällt, weil D gegenüber G keinen eigenen Leistungszweck verfolgte, sondern nur die Schuld des S tilgen wollte; der Leistungszweck, den D berechtigterweise gemäß § 267 I setzte, wirkte nur gegenüber S.[6] G hat aber auch nicht irgendwie in ein Recht des D eingegriffen,[7] so dass sich auch keine Nichtleistungskondiktion gegen G konstruieren lässt. Zudem wäre eine Nichtleistungskondiktion durch die Subsidiaritätsregel ausgeschlossen, da G das Geld durch eine Leistung des S erlangt hat.[8]

a) Störung des Deckungsverhältnisses

3   Lag die Geschäftsführung des D nicht im Interesse oder Willen des S, wollte etwa S grundsätzlich nicht, dass Dritte seine Schulden zahlen – ist also das Deckungsverhältnis gestört[9] –, so hat D gegen S nicht den Ersatzanspruch aus §§ 683, 670; vielmehr hat er seinen Leistungszweck verfehlt und daher den Bereicherungsanspruch aus §§ 684, 812 I 2 (2). S hat die Befreiung von der Verbindlichkeit gegenüber G erlangt, weshalb er dem D auf Herausgabe des Werts dieser Befreiung haftet, § 818 II, also in Höhe des von D gezahlten Kaufpreises.

---

[1] Vgl. dazu oben § 3 Rn. 10.
[2] Vgl. dazu oben § 3 Rn. 12.
[3] Vgl. § 3 Rn. 12.
[4] Vgl. oben § 3 Rn. 18.
[5] Oben § 6 Rn. 3 f., 6, 10 ff.
[6] Die Absicht des D, die Schuld des S gegenüber G zu tilgen, ist kein anerkannter Leistungszweck zwischen D und G, vgl. oben § 3 Rn. 14.
[7] Vgl. oben § 4 Rn. 17; § 6 Rn. 20.
[8] Vgl. § 6 Rn. 21.
[9] Oben § 6 Rn. 6.

I. Leistung auf fremde Schuld nach § 267 I

Ein Bereicherungsanspruch des D gegen G lässt sich hier ebenso wenig begründen wie im vorhergehenden Fall. Ein Durchgriff verstieße zudem gegen das Prinzip, dass man die Störung im Leistungs- bzw. Deckungsverhältnis D – S nicht gegen den außenstehenden G geltend machen kann.[10] Die Bewertung der Interessen zeigt, dass D mit der unbeauftragten Geschäftsführung für S das Risiko auf sich genommen hat, seinen Ausgleich bei S zu suchen. Entspricht das Geschäft nicht dem Interesse oder Willen des S, so bestimmt § 684 die Rechte des Geschäftsführers für diesen Fall. Könnte der Geschäftsführer bei unberechtigter Geschäftsführung seine Zahlung beim Empfänger kondizieren, so könnte D das übernommene Risiko auf G abwälzen, etwa für den Fall, dass S insolvent wird.[11]

b) Störung des Deckungs- und Valutaverhältnisses
Ein Durchgriff ist auch beim Doppelmangel grundsätzlich nicht zuzulassen, ebenso wenig wie bei den Anweisungsfällen,[12] und zwar aus den dort genannten Gründen.

4

Beispiel: D hat gegen den Willen des S an G gezahlt, nach Erhalt der Zahlung hat G die von S gekaufte Ware an diesen geliefert. Nun stellt sich heraus, dass der Kaufvertrag S – G unwirksam ist.

G hat sich durch die Leistung Zug um Zug nach Empfang des Preises gegen das Insolvenzrisiko des S abgesichert, D hat durch seine ungesicherte Leistung an S dieses Risiko auf sich genommen. Verlangt S von G die geleistete Zahlung zurück, so kann G die Leistung verweigern, bis er seinerseits die gelieferten Waren zurückerhält, § 273. Das empfangene Geld dient dem G als Sicherheit für seinen Rückgabeanspruch wegen der Waren. Wird etwa S insolvent, so dass G die Waren nicht zurückerhält, so ist er doch durch das Geld abgesichert. D dagegen, der das Insolvenzrisiko bei S auf sich genommen hat, kann seinen Anspruch aus § 684 nur als Insolvenzforderung durchsetzen.[13]

Diese interessengerechte Risikoverteilung würde durch einen Durchgriff des D gegen G auf den Kopf gestellt. Dennoch will die h. M. bei einer Drittleistung nach § 267 immer einen Bereicherungsanspruch des D gegen G zulassen, wobei die Art des Anspruchs freilich umstritten ist.[14] Das widerspricht offenbar der Wertung, von welcher für Dreiecksverhältnisse allgemein auszugehen ist. Die Argumente, welche für diese Ansicht vorgetragen werden, leuchten nicht ein und sind

---

[10] Vgl. oben § 6 Rn. 10, Prinzip 1.
[11] Vgl. oben § 6 Rn. 17.
[12] Vgl. oben § 6 Rn. 11.
[13] Vgl. oben § 6 Rn. 12.
[14] Z. T. wird irrig eine Leistung D – G angenommen und eine Leistungskondiktion zugelassen, z. T. wird eine Nichtleistungskondiktion bejaht, deren Voraussetzungen freilich nicht geprüft werden; sie liegen nicht vor.

z. T. verwunderlich.[15] Der Durchgriff würde dazu führen, dass dem G seine Sicherheit entzogen würde, so dass er das Insolvenzrisiko des S, gegen das er sich abgesichert hatte, doch tragen müsste. D dagegen, der das Insolvenzrisiko auf sich genommen hatte, könnte es mit einem Durchgriff auf G abwälzen.

Dem D ist also nur ein Bereicherungsanspruch gegen S zuzugestehen. Bereichert ist S um die ihm zustehende Kondiktion gegen G; diese hat er an D abzutreten.[16]

Im Ergebnis ist also bei der Drittleistung nach § 267 nicht anders zu verfahren als bei den Anweisungsfällen, vgl. oben § 6 Rn. 19 ff.

c) Vorleistung

5   Nichts anderes kann gelten, wenn G im Fall aus Rn. 4 die Ware schon vor Empfang des Geldes an S geliefert hatte. G hatte dann zwar ohne Sicherheit vorgeleistet, das übernommene Risiko hat sich aber nicht realisiert. Durch die Zahlung, die D für S vornimmt, hat G nun eine Sicherheit, welche ihm durch einen Durchgriff des D nicht genommen werden darf.

2. Ausnahmsweise Zulässigkeit eines Durchgriffs

6   Es kann freilich auch hier Fälle geben, in welchen ein Durchgriff in analoger Anwendung des § 822 zuzulassen ist, weil nachweislich dadurch weder dem G noch dem S ein Nachteil entsteht.[17]

Beispiel: G hat eine Darlehensforderung über 5000 € gegen S. D, ein Freund des S, zahlt die Summe an G, weil er glaubt, S sei momentan in Geldschwierigkeiten. In Wirklichkeit hatte S das Darlehen bereits an G zurückgezahlt.

---

[15] Dass S nicht bereichert sei, trifft nicht zu, er hat durch die Leistung des D entweder die Befreiung von einer Verbindlichkeit erlangt oder eine Kondiktion gegen G, die er an D abtreten muss. Befremdend im Hinblick auf die §§ 683, 684 ist das Argument, S könne nicht in die Abwicklung einbezogen werden, da er die Leistung des D nicht veranlasst habe. Dass D das Insolvenzrisiko des S und des G trägt, wenn er von S eine Kondiktion gegen G kondiziert, ist keineswegs unbillig angesichts der Tatsache, dass D sich unbeauftragt in fremde Angelegenheiten gemengt hat. Auch dass dadurch die Insolvenzgläubiger des S ungerecht zum Nachteil des D begünstigt würden, ist nicht erkennbar; D hat bewusst an S vorgeleistet und dessen Insolvenzrisiko übernommen. Das Argument, G sei nach der Herausgabe der empfangenen Leistung an D gemäß § 818 III gegen S geschützt, ist angesichts der doch anerkannten Saldotheorie nicht nachvollziehbar. Unwiderleglich freilich, weil jeder rationalen Grundlage entbehrend, ist die Argumentation, es sei durchaus billig, dem G seine Einwendungen gegen S zu entziehen, weil G nicht erwarten könne, durch die ihm in den Schoß gefallene Leistung eines Dritten auch noch Einwendungen gegen S zu erwerben.
[16] Da S den D nicht angewiesen hat, an G zu zahlen, ist er auch nicht um das geleistete Geld bereichert, da § 362 II nicht anwendbar ist, vgl. oben § 6 Fn. 18.
[17] Vgl. oben § 6 Rn. 26 f.

G muss das doppelt gezahlte Geld zurückgeben, er hat keinerlei berechtigte Interessen, es zurückzuhalten. Zu beachten ist aber hier wie immer, dass ein Durchgriff nach § 822 analog nur bei einem Doppelmangel in Betracht kommt.[18]

Auch hier gilt also nichts anderes als bei den einfachen Anweisungsfällen, so dass sich zeigt, dass für die Drittzahlung nach § 267 I entgegen einer verbreiteten Ansicht keine besonderen Regeln erforderlich sind.

II. Fehlende und fehlerhafte Anweisung

1. Terminologie

Eigentlich sollte die bereicherungsrechtliche Anweisung[19] keine Besonderheiten gegenüber anderen Dreiecksverhältnissen aufweisen. Rechtsprechung und Schrifttum befürworten jedoch für die Fallgruppen der fehlenden und fehlerhaften Anweisung Durchbrechungen der allgemeinen Prinzipien, zu Unrecht, wie zu zeigen ist. Die Rechtslage verkompliziert sich dadurch, dass 2009/2018 mit dem neuen Zahlungsdiensterecht[20] ein Erstattungsanspruch gemäß § 675u geschaffen wurde, welcher den BGH 2015 veranlasste, seine Rechtsprechung zur fehlerhaften und fehlenden Anweisung für Zahlungsdienste aufzugeben.

7

Von einer *fehlenden Anweisung* spricht man, wenn sie von vornherein nicht existiert, also etwa der Anweisende geschäftsunfähig ist, das Überweisungsformular nicht unterschrieben war, ein Dritter die Anweisung gefälscht hat oder eine bestehende Anweisung ein zweites Mal ausgeführt wird.[21] Eine *fehlerhafte Anweisung* liegt namentlich dann vor, wenn eine ursprünglich wirksame Anweisung rechtzeitig widerrufen wurde oder der Angewiesene bei wirksamer Anweisung zu viel dem Empfänger zuwendet.[22] Eine Unterscheidung danach, ob die Anweisung von vornherein fehlte oder ob sie aufgrund eines Widerrufs oder einer Fälschung fehlerhaft ist, ist jedoch willkürlich; in beiden Fällen besteht der Zahlungsauftrag bei seiner Ausführung nämlich rechtlich nicht. Die Interessenlage ist in beiden Fällen

---

[18] Vgl. oben § 6 Rn. 26.

[19] Die Anweisung ist hier nicht im Sinne des technischen Begriffs in den §§ 783–792 gebraucht (oben § 6 Rn. 4).

[20] Nach den §§ 675c–676c wird die Erbringung von sog. Zahlungsdiensten, also die Vornahme von Ein- und Auszahlungen unter Einschaltung eines Zahlungsdienstleisters (einer Bank), als Geschäftsbesorgung verstanden, § 675c I verweist dafür weitgehend ins Auftragsrecht. Der Zahlungsdiensterahmenvertrag (Girovertrag) verpflichtet gemäß § 675f den Zahlungsdienstleister, Zahlungsvorgänge für einen Zahlungsdienstnutzer (Zahler oder Zahlungsempfänger) auszuführen und ggf. für ihn ein Zahlungskonto zu führen. Die Überweisung ist einseitige Weisung innerhalb des Zahlungsdiensterahmenvertrags (§§ 675c I, 665), der „Zahlungsauftrag" in § 675f IV 2 ist daher gerade kein „Auftrag" gemäß § 662.

[21] BGH NJW 2011, 66 Rn. 33, 36.

[22] BGH WM 2020, 2287.

identisch, sie stimmt mit der allgemeinen Interessenlage bei Dreiecksverhältnissen überein. Auch das Gesetz spricht für die Banküberweisung in § 675u, 1 i. V. m. § 675j für beide Fälle unterschiedslos von einem nicht autorisierten Zahlungsvorgang. Auch bei der fehlenden oder fehlerhaften Anweisung zahlt D ohne Auftrag für S an G. Der Unterschied zur Leistung auf fremde Schuld (Rn. 2 ff.) liegt darin, dass hier D keine Zweckbestimmung nach § 267 mit Wirkung für S trifft, sondern dass D dem G eine Zweckbestimmung, die S selbst getroffen hat oder getroffen zu haben scheint, als Bote übermittelt.

In der Praxis betreffen die weitaus meisten Anweisungsfälle den bargeldlosen Zahlungsverkehr und sind daher von dem Zahlungsdiensterecht, also den §§ 675c–676c, erfasst. Freilich muss nicht jeder Anweisungsfall ein Zahlungsdienstefall sein.[23] Ersetzt man etwa den Zahlungsdienstleister (die Bank) durch einen Schuldner des Anweisenden, der die Anweisung ausführt, ist der Bereich des Zahlungsdiensterechts, nicht aber der Anweisung, verlassen.

2. Störung des Deckungsverhältnisses

8   Ist das Verhältnis D – S gestört, ist ein Durchgriff grundsätzlich ausgeschlossen.

> **Beispiel 1**: S hat von G Ware für 10.000 € gekauft, er gibt seinem vermeintlichen Schuldner D die Anweisung, an G 10.000 € zu zahlen. D zahlt an G die Summe aus.

Die Schuld des S bei G wurde getilgt, aus Sicht des G leistete S durch die Zahlung des D an ihn. Zudem hat D die vermeintliche Schuld bei S tilgen wollen, D hat also die Kondiktion aus § 812 I 1 (1) gegen S. S schuldet Wertersatz nach § 818 II für die erfolgte Befreiung von seiner Schuld gegenüber G.

> **Beispiel 2**: S hat von G Ware für 10.000 € gekauft, er gibt seiner Bank D gemäß § 675f einen Zahlungsauftrag (Überweisungsauftrag), gemäß dem die D dem G 10.000 € überweisen soll. S widerruft gemäß § 675p III wirksam die Überweisung. Durch ein Versehen wird der Widerruf jedoch nicht beachtet, die Überweisung ausgeführt und das Konto des S belastet.

Auch hier kann D nicht mit einer Kondiktion gegen G vorgehen; es gilt, dass ein Durchgriff entsprechend § 822 nur bei einem Doppelmangel in Betracht kommt.[24] Hier ist nur das Deckungsverhältnis D – S gestört, ein Durchgriff würde gegen den selbstverständlichen Grundsatz verstoßen, dass D sich gegenüber G nicht auf die Unwirksamkeit seines Rechtsverhältnisses mit S berufen kann.[25]

---

[23] Vgl. das Beispiel 1 in Rn. 8 oder das Beispiel 3 in Rn. 10.
[24] Vgl. oben § 6 Rn. 26.
[25] Vgl. oben § 6 Rn. 10, Prinzip 1.

II. Fehlende und fehlerhafte Anweisung

Zwischen D und S bestand zunächst ein Zahlungsauftrag, kraft dessen die Bank D verpflichtet war, 10.000 € an G zu überweisen. D wollte mit der Überweisung an G diese Pflicht gegenüber S erfüllen; wegen des Widerrufs bestand diese Pflicht jedoch nicht, D hat daher ohne Rechtsgrund an S geleistet. S seinerseits hat mit Rechtsgrund an G geleistet. Dem steht nicht entgegen, dass S wegen des Widerrufs keine Leistung an G erbringen und dass D keine Zweckbestimmung für S nach § 267 erklären wollte. D wollte dem G nur eine Zweckbestimmung des S als Bote übermitteln, die allerdings nicht bestand. Dem G musste aber die Überweisung objektiv als eine Leistung des S erscheinen, und das ist entscheidend.[26] Die Überweisung ist also eine Leistung des S an G. Damit ist die Forderung des G gegen S getilgt.[27]

D kann also nicht gegen G vorgehen, der nur erhalten hat, was ihm gebührt. Eine Kondiktion des D gegen G scheidet aus, denn D hat nicht an G geleistet; eine Nichtleistungskondiktion besteht schon tatbestandsmäßig nicht und wäre zudem auch aufgrund des Subsidiaritätsprinzips ausgeschlossen.[28] Verlangt S von D gemäß § 675u, 2 Ausgleich seines Kontos, kann D mit seinem Anspruch aus §§ 812 I 1 (1), 818 II auf Wertersatz aufrechnen. Im Ergebnis bleibt das Konto des S mit dem an G gezahlten Betrag belastet.

Dagegen erkennt der BGH seit 2015 entgegen den allgemeinen Prinzipien die Tilgungswirkung der Leistung S – G wegen § 675u nicht mehr an, legt also zu Unrecht die Zweckbestimmung nicht mehr nach dem Empfängerhorizont aus.[29] Er nimmt eine Leistung an G nur bei autorisierter Zahlung an und würde in Fällen der fehlerhaften wie fehlenden Anweisung zu einem Durchgriff D – G gelangen.

3. Störung des Deckungs- und Valutaverhältnisses

Bei einem Doppelmangel ist ebenfalls ein Durchgriff des D gegen G grundsätzlich auszuschließen,[30] wie die folgenden Beispiele zeigen. 9

---

[26] Vgl. oben § 3 Rn. 18 f.
[27] S könnte allerdings die von D übermittelte Zweckbestimmung nach § 120 anfechten, es läge dann eine rechtsgrundlose Leistung des S an G vor, S könnte bei G kondizieren. G hätte gegen S einen Anspruch auf 10.000 € aus § 433 II, S hätte gegen G einen Anspruch in gleicher Höhe aus § 812 I 2 (1) bzw. § 812 I 1 (1) (vgl. § 3 Rn. 34). Beide Ansprüche ständen sich aufrechenbar gegenüber. G hätte ferner gegen D einen Anspruch analog § 179 (falls er einen Schaden erlitten hat), weil D als Bote ohne Botenmacht gehandelt hat. S hätte schließlich gegen D einen Anspruch aus § 675u; diesem Anspruch kann D gemäß § 273 seinen Anspruch gegen S auf Abtretung von dessen Kondiktion gegen G entgegensetzen.
[28] Vgl. oben § 4 Rn. 10, 32, 34; § 6 Rn. 20.
[29] BGHZ 205, 377 Rn. 22 ff.; BGH WM 2020, 2287.
[30] Zu den Möglichkeiten des Durchgriffs nach der älteren Rechtsprechung vgl. z. B. BGH NJW 2001, 2880; NJW 2003, 582 ff. Nach der neueren Rechtsprechung ist in Zahlungsdienstefällen nunmehr immer ein Durchgriff statthaft; vgl. BGHZ 205, 377 Rn. 22 ff.

a) Fehlerhafte Anweisung
Wird eine wirksame Anweisung fehlerhaft ausgeführt, ist in den Leistungsverhältnissen zu kondizieren.

Beispiel: Der von S rechtzeitig widerrufene Überweisungsauftrag zugunsten des G wird von D dennoch irrtümlich ausgeführt; zudem ist der Kaufvertrag S – G unwirksam. Nachdem G das Geld erhalten hat, liefert er dem S die gekaufte Ware aus.

Wie in den Beispielen in Rn. 8 erfolgt eine Leistung des D an S und des S an G, in diesen Leistungsverhältnissen ist zu kondizieren; S hat eine Kondiktion gegen G, D kann deren Zession an sich verlangen. G hat sich gegen alle Risiken durch eine Leistung Zug um Zug abgesichert, er darf nicht durch einen Durchgriff des D gegen G mit Risiken belastet werden, gegen die er sich gesichert hatte. D kann also nur gegen S vorgehen, es gilt nichts anderes als bei anderen Anweisungsfällen.[31]

Das entspricht nicht nur der bis zur Rechtsprechungsänderung von 2015 h. M. zur fehlerhaften Anweisung,[32] sondern auch dem Willen des Gesetzgebers. Der Redaktor des Schuldrechts-Vorentwurfs v. Kübel hatte in § 4 TE bestimmt: „Hat jemand an den Gläubiger eines Dritten für Letzteren geleistet, um damit eine Verbindlichkeit gegen den Dritten zu erfüllen, so kann er, auch wenn diese Verbindlichkeit nicht bestand, das Geleistete von dem Empfänger nicht zurückfordern, ausgenommen wenn dieser das Nichtbestehen der Verbindlichkeit und die Absicht des Leistenden, solche zu erfüllen, gekannt hat." Der Wortlaut der Vorschrift umfasst auch den Fall, dass die Pflicht des Zuwendenden (D) gegenüber dem Gläubiger (S) nicht bestand; dass auch dieser Fall erfasst sein sollte, zeigt die Begründung.[33] Die erste Kommission strich die Vorschrift als selbstverständlich,[34] die zweite Kommission änderte an dieser Bewertung nichts.

Nichts anderes kann gelten, wenn G die Ware schon vor Empfang des Geldes an S geliefert hatte (Rn. 5).

Die bisher h. M. ließ einen Durchgriff in Übereinstimmung mit § 4 TE aber zu Recht dann zu, wenn der Empfänger G wusste, dass S den D nicht wirksam angewiesen hatte. Denn G ist in diesen Fällen tatsächlich nicht schutzwürdig.

b) Fehlende Anweisung
10 Zu Unrecht wollte die Rechtsprechung vor 2015 einen Durchgriff immer dann zulassen, wenn die Anweisung (der Zahlungsauftrag) von Anfang an nicht wirksam war oder nicht bestand (fehlende Anweisung).[35] Hier könne das Handeln des

---

[31] Vgl. oben § 6 Rn. 12.
[32] Vgl. BGHZ 87, 393 (Widerruf eines Zahlungsauftrags); BGHZ 89, 376 (Widerruf des Dauerauftrags); BGHZ 176, 234 Rn. 9, 22 (für eine Zuvielüberweisung hinsichtlich des Mehrbetrags).
[33] Vgl. v. Kübel bei Schubert, 693.
[34] Vgl. Protokolle der ersten Kommission, in: Jakobs/Schubert, Recht der Schuldverhältnisse III, 775.
[35] Daran, dass es sich hier um einen Durchgriff handelt, obwohl die Voraussetzungen einer Nichtleistungskondiktion nicht vorliegen, ändert sich auch nichts, wenn man diese Kondiktion „Aufwendungskondiktion" nennt.

II. Fehlende und fehlerhafte Anweisung

Angewiesenen (D) dem nur scheinbar Anweisenden (S) nicht zugerechnet werden.[36] Seit 2015 unterscheidet die Rechtsprechung in Zahlungsdienstefällen nicht mehr zwischen fehlerhafter und fehlender Anweisung, sondern lässt gleichmäßig einen Durchgriff zu, was aus den oben genannten Gründen abzulehnen ist.[37] Gleichmäßigkeit in der Behandlung der Fälle ist im Gegenteil dadurch zu erreichen, dass in beiden Fällen grundsätzlich kein Durchgriff stattfindet:

Beispiel 1: G hat dem S in einem unwirksamen Vertrag Waren im Wert von 10.000 € verkauft. Aufgrund eines von S nicht unterschriebenen Überweisungsformulars überweist die Bank D 10.000 € an G. G liefert daraufhin die Ware an S aus. S wird insolvent.

Hier fehlt es von vornherein an einem Zahlungsauftrag (fehlende Anweisung). D wollte an S leisten, zudem musste die Überweisung dem G objektiv wie eine Leistung des S erscheinen (Auslegung nach dem Empfängerhorizont). Die Abwicklung muss daher in den Leistungsverhältnissen erfolgen, ein Durchgriff würde dem G seine Sicherheit, welche er sich durch die Leistung Zug um Zug geschaffen hat, entziehen. Die Abwicklung über die Leistungsverhältnisse ist auch gerechtfertigt, warum sollte G durch den Fehler des D und S einen Nachteil erleiden? Gegen den Anspruch des S aus § 675u, 2 auf Gutschrift des überwiesenen Betrags kann D seinen Anspruch auf Abtretung der Kondiktion gegen G setzen.

Beispiel 2: Der geschäftsunfähige S hat bei D ein Darlehen über 10.000 € aufgenommen und dafür bei G einen Teppich für 10.000 € gekauft. S erteilt der D einen Überweisungsauftrag zugunsten des G, D überweist 10.000 € an G. G liefert nun den Teppich an S.

Darlehensvertrag, Zahlungsauftrag und Kaufvertrag sind unwirksam. S hat gegen G einen Bereicherungsanspruch auf Rückzahlung des Kaufpreises, dem der G nach § 273 seinen Anspruch auf Rückgabe des gelieferten Teppichs bzw. auf Wertersatz nach § 818 II entgegenhalten kann.[38] Nach h. M. soll D dagegen keinen Bereicherungsanspruch gegen S, sondern nur gegen G haben. G verlöre so mit dem Geld die Sicherheit, die er für die gelieferten Waren hatte, und hätte nur einen ungesicherten Rückgabeanspruch gegen S. Würde S insolvent, verlöre G sowohl das Geld als auch die gelieferte Ware, obwohl er sich durch eine Leistung Zug um Zug abgesichert hatte.[39] Das kann nicht richtig sein.

---

[36] S. etwa BGHZ 176, 234 Rn. 11; BGHZ 205, 334 Rn. 14, 20.
[37] Rn. 8.
[38] Dass S geschäftsunfähig ist und dass daher die Zweikondiktionentheorie anzuwenden ist, ändert daran nichts, da S noch bereichert ist, vgl. oben § 5 Rn. 17.
[39] Vgl. oben § 6 Rn. 12.

Der Durchgriff D – G kann sich aber auch zum Nachteil des geschäftsunfähigen S auswirken:

> **Beispiel 3:**[40] D hat dem geschäftsunfähigen S ein Grundstück für 100.000 € verkauft, S verkauft es für 120.000 € weiter an G. S bittet D, das Grundstück direkt dem G aufzulassen, was geschieht. Gleichzeitig zahlt S den Kaufpreis an D; S hat den Kaufpreis von G noch nicht erhalten.

Die Kaufverträge und die Weisung nach § 362 II des S an D sind unwirksam, die Übereignung des Grundstücks von D an G ist wirksam. Bei einer Durchgriffskondiktion ergeben sich für S die gleichen Probleme wie immer in dieser Situation.[41] Nimmt man an, D sei insolvent geworden, so kann der Insolvenzverwalter nach h. M. von G das Grundstück kondizieren, S hat lediglich eine Insolvenzforderung gegen D, obwohl er sich durch eine Leistung Zug um Zug an D gegen dessen Insolvenz abgesichert hatte. Nimmt man an, G sei insolvent geworden, so hat D nur eine Insolvenzforderung gegen G; D erleidet dann einen Nachteil, obwohl er sich nicht mit G, sondern nur mit S in ein Geschäft eingelassen hat.[42]

Es zeigt sich, dass bei fehlendem oder fehlerhaftem Überweisungsauftrag bzw. bei fehlender oder fehlerhafter Weisung die Probleme und die Interessen nicht anders sind als allgemein in Dreiecksverhältnissen. Lässt man einen Durchgriff zu, so kann man zwar zuweilen auch zu billigenswerten Ergebnissen kommen, oft ist das aber nicht der Fall. In dieser Situation ergibt sich keine Veranlassung, von den allgemeinen Regeln über Dreiecksverhältnisse abzuweichen und für die fehlende Anweisung neue zu erfinden.

4. Ausnahmsweise Zulässigkeit des Durchgriffs

11 Ein Durchgriff ist beim Doppelmangel in analoger Anwendung des § 822 denkbar, wenn er nachweislich weder dem G noch dem S einen Nachteil zufügt.

> **Beispiel:**[43] S schuldet dem G 1500 €. Er erteilt seiner Bank D einen Überweisungsauftrag zugunsten des G über diese Summe. D überweist 15.000 € an G.

Der Doppelmangel liegt hier darin, dass S weder dem G 15.000 € schuldete noch der D einen entsprechenden Überweisungsauftrag gab. Nur in Höhe von 1500 € hat G erhalten, was ihm gebührt, er haftet insoweit nicht auf Herausgabe. Auf die rest-

---

[40] Nach RGZ 86, 343.
[41] Vgl. oben § 6 Rn. 13.
[42] Vgl. oben § 6 Rn. 14.
[43] Nach BGH NJW 1987, 185 ff., welcher § 242 zur Lösung des Falles bemüht!

II. Fehlende und fehlerhafte Anweisung

lichen 13.500 € hatte G jedoch keinen Anspruch, so dass weder G noch S ein Interesse haben, das einer direkten Kondiktion des D gegen G analog § 822 entgegenstehen könnte.

Ähnliche Interessenlagen können etwa auftreten, wenn aufgrund eines Zahlungsauftrags die Summe doppelt ausgezahlt wird, wenn eine Überweisung irrig auf ein falsches Konto erfolgt oder wenn infolge eines unwirksamen Zahlungsauftrags auf eine nichtbestehende Schuld des Anweisenden aus angeblichem Delikt gezahlt wird.

Ist im Teppichbeispiel aus Rn. 10 der geschäftsunfähige S mittellos,[44] also entreichert, so haftet G dem S auf Rückzahlung des Kaufpreises. Dem G steht dagegen nach der Zweikondiktionentheorie[45] kein Gegenanspruch gegen S zu, zu dessen Sicherung der erhaltene Kaufpreis dienen könnte. Da G den Kaufpreis ohnehin ersatzlos an S herausgeben und S ihn an D weitergeben muss, stehen weder die Interessen des G noch des S einem Durchgriff D – G entgegen. Anders wäre die Situation, wenn S noch bereichert wäre oder wenn S entreichert und insolvent geworden wäre. Im letzteren Fall lassen die Interessen der Insolvenzgläubiger nicht zu, dem D ausnahmsweise einen Durchgriff zu gewähren; auch D ist nur ein Gläubiger des S unter anderen, dem keine privilegierte Stellung zukommt.

5. Sperrwirkung des Zahlungsdiensterechts?

Wenn die Anweisung einen Zahlungsauftrag betrifft, ist das Verhältnis von Zahlungsdiensterecht und Bereicherungsrecht streitig. Gemäß § 675j I muss der Zahler (in Rn. 8–11 also S) den Zahlungsvorgang autorisiert haben. Ist die Zahlung nicht autorisiert, weil die Autorisierung von vornherein fehlt oder wirksam widerrufen wurde, hat der Zahlungsdienstleister (hier die D) gegen S keinen Aufwendungsersatzanspruch, § 675u, 1. Außerdem haftet D darauf, dem S unverzüglich den an den Empfänger gezahlten Betrag zu erstatten (gutzuschreiben), § 675u, 2. Nach § 675z, 1 sind die Ansprüche des Kunden gegen die Bank aus § 675u abschließend. Nach dem BGH ist damit die Geltendmachung eines Anspruchs zwischen dem Kunden und der Bank, der auf die gleiche Rechtsfolge gerichtet ist, ausgeschlossen. Möglich bleibt nach dieser Rechtsprechung jedoch eine Kondiktion der Bank gegen den Zahlungsempfänger aus § 812 I 1 (2). Diese angebliche Nichtleistungskondiktion D – G bestehe wegen des Erstattungsanspruchs S – D unabhängig davon, ob G einen Anspruch gegen S hatte oder nicht. Bestehe ein solcher Anspruch, könne G weiterhin von S Zahlung verlangen, eine empfängerorientierte Auslegung der Zahlung als Tilgung scheide aus.[46]

12

---

[44] So die Situation in OLG Celle NJW 1992, 3178, wo ein Durchgriff D – G bejaht wurde. S hatte die erhaltene Ware veräußert und das Geld verbraucht.
[45] Sie ist hier anzuwenden, da S geschäftsunfähig ist, vgl. oben § 5 Rn. 17.
[46] BGHZ 205, 377 Rn. 22 ff.

Die Sperrwirkung des Zahlungsdiensterechts ist abzulehnen, § 675z ist abschließend nur, was den Erstattungsanspruch des Kunden gegen die Bank angeht, nicht aber im Hinblick auf Ansprüche gegen ihn.[47] Denn das Zahlungsdiensterecht hat weder von seiner systematischen Stellung noch von seinem Zweck her die Aufgabe, die Tilgungswirkung einer Zahlung gemäß § 362 bzw. den Bereicherungsausgleich zu bestimmen.[48] Wenn bei wirklich bestehender Schuld im Valutaverhältnis G die Zahlung von D nach dem objektiven Empfängerhorizont als Tilgung der Schuld des S verstehen darf, so tritt die Tilgungswirkung ein, S wird frei. Die Harmonisierung des Bereicherungsausgleichs und der Erfüllung liegt außerhalb der Aufgabe der Zahlungsdiensterichtlinie, die nur die vertraglichen Beziehungen zwischen dem Zahlungsdienstnutzer und dem Zahlungsdienstleister zum Gegenstand hat und damit nur das Deckungsverhältnis betrifft. Es bleibt daher bei den dargelegten allgemeinen Regeln: Hat D eine Leistung an S erbracht und dieser gemäß objektiver Auslegung an G, erfolgt die Abwicklung im Dreieck. War die Leistung an S rechtsgrundlos, kann D von S daher z. B. die von S erlangte Befreiung gegenüber G kondizieren; war darüber hinaus die Leistung an G rechtsgrundlos, kann D von S dessen Kondiktion kondizieren.

Eine Sperrwirkung analog den Grundsätzen der neueren Rechtsprechung in Fällen ohne Zahlungsdienste ist in jedem Fall abzulehnen.[49]

III. Vertrag zugunsten Dritter

13 Wird beim Vertrag zugunsten Dritter vereinbart, dass auch dem Dritten ein Anspruch auf die Leistung zusteht, so sieht sich der Versprechende zwei Gläubigern gegenüber: Sowohl der Dritte als auch der Versprechensempfänger kann von ihm verlangen, dass er die Leistung an den Dritten erbringe, §§ 328 I, 335. Geschieht das, so stellt sich die Frage, an wen der Versprechende leistet und von wem er gegebenenfalls kondizieren kann.

1. Störung des Deckungsverhältnisses

14 Ist das Verhältnis D – S gestört, bleibt es bei der Rückabwicklung im Dreieck.

Beispiel: G hat dem S sein Hausgrundstück übereignet, als Gegenleistung wird vereinbart, dass S mit dem Versicherer D eine Lebensversicherung zugunsten des G abschließt. Beim Tod des S oder wenn er 60 Jahre alt wird, soll die Versiche-

---

[47] Zutreffend AG Hamburg-Harburg WM 2014, 352 Rn. 21 ff.
[48] Vgl. BT-Drucks. 16/11643, S. 113.
[49] Auch der BGH lehnt eine Ausdehnung seiner Rechtsprechung zum Zahlungsdiensterecht auf andere Fälle des Bereicherungsausgleichs ab, BGH WM 2020, 2287.

III. Vertrag zugunsten Dritter

rungssumme fällig sein und an G ausgezahlt werden. Als S 60 Jahre alt wird, zahlt D die Versicherungssumme an G aus. Es stellt sich heraus, dass der Versicherungsvertrag unwirksam war.

Auch beim Vertrag zugunsten Dritter sind die Probleme und die Interessenlage nicht anders als bei allen Dreiecksverhältnissen. G hat einen eigenen Anspruch gegen D, §§ 328 I, 330, 1. Man könnte also meinen, D habe an G geleistet, er habe die Forderung des G tilgen wollen. Indessen liegt der Grund der Leistung in dem mit S abgeschlossenen Vertrag, und jedenfalls ist beim Vertrag zugunsten Dritter wie bei allen Dreiecksverhältnissen ein Durchgriff nur ausnahmsweise bei einem Doppelmangel in analoger Anwendung des § 822 zulässig. D hat also an S geleistet und S an G. Im obigen Fall ist das Deckungsverhältnis D – S gestört, das Valutaverhältnis S – G aber intakt; G hat nur erhalten, was ihm gebührt. Schon aus diesem Grund ist ein Durchgriff D gegen G ausgeschlossen.

2. Störung des Deckungs- und Valutaverhältnisses

Auch beim Doppelmangel bleibt es bei den allgemeinen Regeln. 15

Beispiel: G verkauft dem S sein Hausgrundstück, der Kaufpreis soll über eine von S abzuschließende Lebensversicherung finanziert werden. S schließt die Versicherung zugunsten des G bei D ab. Als S 60 Jahre alt ist, zahlt D vereinbarungsgemäß die Versicherungssumme an G aus. G überträgt daraufhin das Grundeigentum auf S. Nun stellt sich die Unwirksamkeit des Kaufvertrags und des Versicherungsvertrags heraus.

Ein Durchgriff des D gegen G würde diesen der Gefahr aussetzen, den Wert seines Grundstücks zu verlieren, wenn etwa S insolvent wird und G deshalb auf eine ungesicherte Insolvenzforderung gegen S verwiesen wäre, obwohl er nur Zug um Zug geleistet hat. Das ist hier wie in allen anderen Fällen nicht zuzulassen.[50] D hat an S geleistet und S an G, in diesen Leistungsverhältnissen muss die Rückabwicklung erfolgen.

Nichts anderes kann gelten, wenn G das Grundstück schon vor Erhalt des Kaufpreises an S übereignet hatte (Rn. 5).

3. Ausnahmsweise Zulässigkeit eines Durchgriffs

Ein Durchgriff ist bei einem Vertrag zugunsten Dritter analog § 822 dann möglich, 16 wenn dem G und dem S dadurch nachweislich kein Schaden entsteht.

---

[50] Vgl. oben § 6 Rn. 12.

Beispiel: S vereinbart mit dem Versicherer D, dass die Versicherungssumme nach seinem Tod an seine Frau G ausgezahlt werden soll. Das geschieht, der Versicherungsvertrag war unwirksam.

S hat der G die Versicherungssumme unentgeltlich geleistet,[51] D hat aber gegen G keinen Anspruch aus § 822, weil er sich an S (d. h. an dessen Erben) halten kann. Der Durchgriff würde die Interessen des S (bzw. dessen Erben) gefährden, wenn etwa D nach der Auszahlung des Geldes an G insolvent geworden ist. Der Insolvenzverwalter des D könnte das Geld von G zurückholen, S hätte dann wegen seiner rechtsgrundlos geleisteten Versicherungsprämien nur eine Insolvenzforderung gegen D.

17 **Beispiel**: G hat dem S sein Haus verkauft, der Kaufpreis soll über eine Lebensversicherung finanziert werden, welche S bei D zugunsten des G abschließt. Als die Versicherungssumme fällig ist, überweist D sie an G. Es stellt sich heraus, dass Kauf- und Versicherungsvertrag unwirksam sind; daher weigert sich auch G, das Grundstück an S aufzulassen.

Da G noch nicht geleistet hat, kann er keine Interessen geltend machen, welche einem Durchgriff des D gegen G entgegenstünden; § 822 ist entsprechend anzuwenden.[52]

Denkbar ist aber, dass auch hier durch den Durchgriff Interessen des S verletzt würden, ebenso wie im Beispiel in Rn. 16. Besteht die Gefahr einer solchen Interessenverletzung zum Nachteil des S, so ist dem D der Durchgriff gegen G zu verweigern. D kann dann nur von S kondizieren sowie S von G.

Ebenso wie in den anderen Fällen zeigt sich also auch beim Vertrag zugunsten Dritter, dass die allgemeinen Regeln über Dreiecksverhältnisse anzuwenden sind und dass das Aufstellen spezieller Regelungen überflüssig ist und falsch wäre.

Zur Wiederholung
1. Ist bei einer Leistung auf eine fremde Schuld nach § 267 beim Doppelmangel der Durchgriff D gegen G zuzulassen? (Rn. 2, 4) In welchen Fällen kommt ein Durchgriff in Betracht? (Rn. 6)
2. Ist ein Durchgriff zuzulassen, wenn eine Anweisung von Anfang an nicht wirksam war? Wenn sie nachträglich unwirksam wurde? (Rn. 9 f.) In welchen Fällen ist ein Durchgriff des D gegen G zuzulassen? (Rn. 11)
3. Wann ist beim Vertrag zugunsten Dritter ein Durchgriff ausnahmsweise zulässig? (Rn. 16 f.)

---

[51] § 516 spricht jedoch von unentgeltlicher „Zuwendung".
[52] Vgl. oben § 6 Rn. 26 f.

§ 8. Die Verjährung des Bereicherungsanspruchs

a) § 812 I als Ersatzanspruch für verlorenes Eigentum
Der Bereicherungsanspruch verjährt gemäß § 195 in drei Jahren, die Verjährungsfrist beginnt gemäß § 199 I, IV mit dem Abschluss des Jahres, in welchem der Anspruch entstanden ist und der Gläubiger von den anspruchsbegründenden Tatsachen sowie der Person des Schuldners Kenntnis erlangt; der Anspruch verjährt aber spätestens 10 Jahre nach Entstehen des Anspruchs. Der Anspruch trifft oft mit dem Anspruch aus § 985 zusammen oder steht wahlweise mit ihm zur Verfügung, doch während vor der Schuldrechtsreform von 2002 beide Ansprüche gemäß § 195 a. F. gleichermaßen in 30 Jahren verjährten, ist nun die Verjährungsfrist verschieden: Während der Bereicherungsanspruch in drei Jahren verjährt, spätestens in 10 Jahren, verjährt der Eigentumsanspruch aus § 985 gemäß § 197 I Nr. 2 erst in 30 Jahren.

Während also früher die Frage, ob dem Gläubiger ein Anspruch aus § 985 oder aus § 812 zustand, jedenfalls bezüglich der Verjährung keinen Unterschied ausmachte, ist die Unterscheidung heute wichtig geworden. Sie ist aber oft schwierig zu treffen, bleibt unsicher und hängt von Zufälligkeiten und Unwägbarkeiten ab. Über die Frage etwa, ob bei einer Sittenwidrigkeit nur der Schuldvertrag nach § 138 I nichtig ist oder auch der dingliche Vertrag, kann man in vielen Fällen unterschiedlicher Meinung sein. Da es oft von reinen Zufälligkeiten abhängt, ob beide Geschäfte oder nur eines unwirksam sind, ist die unterschiedliche Verjährung der Ansprüche nicht akzeptabel. Immer dann, wenn der Bereicherungsanspruch als Ersatz für einen anderen Anspruch auftritt, sollte sich die Verjährung nach den Regeln des ursprünglichen Anspruchs richten. Das ist im Gesetz zwar nicht ausgesprochen, der genannte Grundsatz war dem Gesetzgeber jedoch bekannt, und man darf davon ausgehen, dass er ihn weiterhin anerkennen wollte. So war es anerkannt, dass die kurze Verjährungsfrist der §§ 196, 197 a. F. für gewerbliche Ansprüche und Zinsen auch für eventuelle Ansprüche aus § 812 galt, wenn aus irgendeinem Grund das Vertragsverhältnis unwirksam war.[1] Ebenso gilt die kurze Verjährungsfrist des § 548

---
[1] Vgl. etwa BGHZ 48, 125, 127; 68, 307, 310; 98, 174, 180.

nicht nur für Ansprüche aus dem Mietvertrag, sondern auch für konkurrierende Bereicherungsansprüche.[2] Schließlich wendet der BGH die zehnjährige Sonderverjährung des § 196 entgegen dem Wortlaut nicht nur auf den Anspruch auf Übertragung des Eigentums und den Anspruch auf die Gegenleistung an, sondern auch auf die bereicherungsrechtliche Rückabwicklung.[3]

Wenn also der Bereicherungsanspruch als Ersatz für die Vindikation auftritt, sollte § 197 I Nr. 2 entgegen der h. M. analog auf seine Verjährung angewendet werden.

b) Rechtsfortwirkungsanspruch gemäß § 816 I

2   Ein ähnliches Problem ergibt sich zu § 816 I, der nach einer wirksamen Verfügung eines Nichtberechtigten als „Rechtsfortwirkungsanspruch" an die Stelle der Vindikation tritt:[4] Soll dieser Anspruch wirklich in der regelmäßigen Frist der §§ 195, 199 I, IV in zehn Jahren verjähren, wäre es nicht richtiger, ihn wie den ursprünglichen Eigentumsanspruch durch eine 30-jährige Verjährung zu schützen? Der Rechtsfortwirkungsanspruch aus § 816 I 1 soll den durch gutgläubigen Erwerb „enteigneten" Eigentümer schützen. Die gleiche Situation ergibt sich, wenn der Eigentümer sein Recht nicht durch gutgläubigen Erwerb verloren hat, sondern durch einen sonstigen originären Erwerb eines Dritten nach den §§ 946–950 für den Bereicherungsanspruch nach §§ 951, 812.

Dass der bereicherungsrechtliche Rechtsfortwirkungsanspruch infolge seiner schuldrechtlichen Schwäche viele Nachteile für den Gläubiger mit sich bringt, ist offensichtlich. Beispielsweise ist er im Vergleich zur Vindikation nicht insolvenzfest. Aus diesem Grund wurde verschiedentlich die verfassungsrechtliche Unbedenklichkeit dieser Regeln bezweifelt, wenn auch schließlich bejaht. Man sollte jedoch diesen Rechtsfortsetzungsanspruch nicht noch weiter schwächen und ihn nicht in der Dreijahresfrist des § 195 verjähren lassen. Er sollte vielmehr als Ersatz für die Vindikation in der gleichen Zeit verjähren wie der Anspruch, an dessen Stelle er getreten ist: in der Dreißigjahresfrist des § 197 I Nr. 2.

c) Konkurrenz der Eingriffskondiktion zum Deliktsrecht

3   Die neue Regelverjährung kehrt im Hinblick auf die Verjährung auch das Verhältnis der Ansprüche aus Delikt und Eingriffskondiktion um: Früher verjährte die Eingriffskondiktion in 30 Jahren, der deliktische Anspruch gemäß § 852 a. F. in drei Jahren seit der Kenntnis des Schadens und der Person des Schädigers. Jetzt verjähren zwar beide Ansprüche regelmäßig nach §§ 195, 199 I in drei Jahren ab Kenntnis, aber die längeren Höchstfristen des § 199 II, III gelten nur für Schadensersatzansprüche. Auch hier sollte man den Widerspruch dadurch beseitigen, dass man die Eingriffskondiktion in verjährungsrechtlicher Hinsicht dem deliktischen Anspruch gleichstellt.

---

[2] Zu § 548 II: BGH NJW 2011, 1866 Rn. 15; NJW 2012, 3031 Rn. 1.
[3] BGH NJW-RR 2008, 824 Rn. 20.
[4] Dazu § 6 Rn. 28 ff.

§ 8. Die Verjährung des Bereicherungsanspruchs

Zur Wiederholung
1. In welcher Zeit verjähren der Bereicherungsanspruch aus § 812 und der Eigentumsanspruch aus § 985? (Rn. 1)
2. Wenn der Bereicherungsanspruch an die Stelle eines vertraglichen Anspruchs tritt, wie ist dann die Verjährungszeit anzusetzen? (Rn. 1)
3. In welcher Zeit verjährt der Rechtsfortsetzungsanspruch? (Rn. 2)

Gesetzesverzeichnis

Hauptfundstellen sind fett gedruckt.

BGB
§ 93 § 4 Rn. 8
§ 94 § 4 Rn. 8, 23; § 5 Rn. 12; § 6 Rn. 31
§§ 106 ff. § 5 Rn. 29
§ 107 § 2 Rn. 15; § 3 Rn. 18; § 6 Rn. 35
§ 108 § 4 Rn. 47
§§ 107 f. § 2 Rn. 8; § 3 Rn. 28
§ 111 § 3 Rn. 18
§ 117 § 3 Rn. 40
§ 119 § 3 Rn. 18, 21, 28, Fn. 22; § 4 Fn. 30
§ 120 § 7 Fn. 27
§ 122 § 3 Rn. 21
§ 125 § 3 Rn. 40
§ 134 § 3 Rn. 13, 60, 64; § 6 Rn. 38
§ 138 I **§ 3 Rn. 13, 52, 60 ff.**; § 8 Rn. 1
§ 138 II **§ 3 Rn. 51, 58**, 62, 64
§ 142 **§ 3 Rn. 34**
§ 158 § 3 Rn. 36
§ 164 § 3 Rn. 18
§ 179 § 7 Fn. 27
§ 185 **§ 4 Rn. 36, 38**
§ 195 § 5 Rn. 36; **§ 8 Rn. 1 ff.**
§ 195 a.F. § 8 Rn. 1
§ 196 § 8 Rn. 1
§ 197 § 8 Rn. 1 f.
§§ 196, 197 a.F. § 8 Rn. 1
§ 199 § 5 Rn. 36; **§ 8 Rn. 1, 3**
§ 214 § 3 Rn. 26
§ 242 § 3 Fn. 22, Rn. 58; **§ 5 Rn. 37**; § 7 Fn. 43

§ 267 § 2 Rn. 11; **§ 3** Fn. 9, Fn. 14, **Rn.** 18, **32; § 7 Rn. 2 ff.**, 8
§ 273 § 5 Rn. 14, 17; **§ 6 Rn. 12 f., Fn. 9; § 7 Rn. 4**, 10
§ 275 § 3 Rn. 36
§§ 275–292 § 5 Rn. 1
§ 276 § 5 Rn. 33
§ 277 § 5 Rn. 19
§§ 280, 281 § 3 Rn. 42
§ 285 § 5 Rn. 3, 5, 33
§ 287 § 5 Rn. 33
§ 291 § 5 Rn. 33
§ 292 § 4 Rn. 44, Fn. 51; **§ 5 Rn. 7, 33**
§ 311b § 3 Rn. 40
§ 313 § 3 Rn. 42
§ 320 § 3 Rn. 26; § 5 Fn. 17, Rn. 13
§ 322 § 5 Fn. 17
§ 323 § 3 Rn. 42
§ 326 § 3 Rn. 36; § 5 Fn. 17
§ 328 § 7 Rn. 13 ff.
§ 330 § 7 Rn. 14
§ 335 § 7 Rn. 13
§ 346 § 3 Rn. 36; § 5 Rn. 14, 19
§ 348 § 6 Fn. 9
§ 350 a.F. § 5 Rn. 13, 18 f.
§ 351 a.F. § 5 Rn. 18
§ 357 § 5 Rn. 19
§ 357a § 5 Rn. 19
§ 357c § 5 Rn. 19
§ 362 § 3 Rn. 6 f., 15 f. mit Fn. 14; § 4 Rn. 49; § 6 Rn. 4, Fn. 18; § 7 Fn. 16, Rn. 10
§ 366 **§ 3 Rn. 15 f. mit Fn. 14**, 44
§ 397 § 2 Rn. 7

§ 398 § 2 Rn. 7; § 4 Rn. 35
§ 407 § 4 Rn. 15, 48
§ 409 § 2 Rn. 9; § 4 Rn. 48
§ 433 I § 3 Rn. 5 ff.; § 6 Rn. 19
§ 433 II § 3 Rn. 60
§ 434 § 1 Fn. 6
§ 435 § 4 Rn. 42
§ 437 § 4 Rn. 42; § 5 Rn. 15
§ 438 § 3 Rn. 26
§ 447 § 5 Rn. 15, 17
§ 453 § 2 Rn. 7
§ 475 § 5 Fn. 28
§ 518 § 3 Rn. 10, 23
§ 539 § 3 Fn. 41; § 4 Rn. 31
§ 548 § 8 Rn. 1
§ 581 § 3 Rn. 41
§ 662 § 7 Fn. 20
§ 665 § 7 Fn. 20
§§ 675c–676c § 7 Fn. 20
§ 675c § 7 Fn. 20
§ 675f § 7 Fn. 20
§ 675j § 7 Rn. 7, 12
§ 675p § 7 Rn. 8
§ 675u § 7 Rn. 7, 8, 12, Fn. 27
§ 675z § 7 Rn. 12
§ 681 § 4 Fn. 15, Rn. 15; § 6 Fn. 5
§§ 683, 670 **§ 3 Rn. 12**, 32, 48, Fn. 29; § 4 Rn. 5, 31 f.; § 5 Rn. 12; **§ 7 Rn. 2, 3**
§§ 684, 812 **§ 3 Rn. 12**, 32, 41, **48; § 4 Rn. 5**, 31; § 5 Rn. 12; **§ 7 Rn. 2, 3**
§ 685 **§ 3 Rn. 12**; § 7 Rn. 2
§ 687 § 4 Fn. 15, 35, Rn. 15; § 6 Fn. 5
§ 762 § 6 Fn. 37
§ 780 § 2 Rn. 7; § 3 Rn. 63
§ 781 § 2 Rn. 7
§§ 783 ff. § 6 Rn. 4, Fn. 3
§ 812 I 1 § 1 Rn. 9; § 2 Rn. 2, 4
§ 812 I 1 (1) **§ 1 Rn. 16**; § 2 Rn. 9; **§ 3 Rn.** 7, 9, 15, 23, **25 ff., 34**; § 4 Rn. 23, 46; § 5 Rn. 6, 13; § 7 Rn. 8
§ 812 I 1 (2) **§ 1 Rn. 5**, 13, **17; § 4 Rn. 3, 6 ff.**; § 6 Rn. 35; § 7 Rn. 12
§ 812 I 2 (1) § 1 Rn. 11; § 2 Rn. 9; **§ 3 Rn. 9, 34**; § 7 Rn. 2
§ 812 I 2 (2) **§ 1 Rn.** 10, 16, **19**; **§ 3 Rn. 11 f.**, 32, **35 ff., 48**; § 4 Rn. 31
§ 812 II § 2 Rn. 7; § 5 Rn. 36
§ 813 I § 3 Rn. 26, 33
§ 813 II § 3 Rn. 26
§ 814 **§ 3 Rn. 27 ff., 33**, 43, 46, 51
§ 815 **§ 3 Rn.** 12, **46**, 47
§ 816 I 1 **§ 4 Rn.** 21, **34 ff.**, 50; § 6 Rn. 7, 28 f., 31, 35, 38, Fn. 16

§ 816 I 2 **§ 4 Rn. 50 ff.; § 5 Rn. 21**, 22; § 6 Rn. 35 ff., 38
§ 816 II **§ 4 Rn. 15, 48 f.**
§ 817, 1 § 1 Rn. 12; **§ 3 Rn.** 13, **49 ff.**
§ 817, 2 **§ 3 Rn. 56 ff.**; § 6 Rn. 38
§ 818 I § 2 Rn. 14; **§ 5 Rn. 2 ff., 20**
§ 818 II § 2 Rn. 2; § 4 Rn. 43 f., 47; **§ 5 Rn.** 2, 5, **6 ff.**, 13, **14 f., 17**, 22; § 6 Fn. 18; § 7 Rn. 3, 8, 10
§ 818 III § 2 Rn. 12; § 4 Rn. 43 f., 46; **§ 5 Rn.** 2, **8 ff.**, 21 f., 26, 30
§ 818 IV § 4 Rn. 44, Fn. 51; **§ 5 Rn.** 7, 25, **26, 33**
§§ 818–822 § 5 Rn. 1
§ 819 I § 4 Rn. 44, Fn. 51; **§ 5 Rn.** 7, 25, **27**
§ 820 I § 5 Rn. 32
§ 820 II § 5 Rn. 33
§ 821 § 2 Fn. 2, Rn. 7; § 3 Rn. 26, 63; § **5 Rn. 36**
§ 822 **§ 5 Rn.** 1, **21**; **§ 6** Fn. 10, **Rn.** 22, **26 f., 37; § 7 Rn. 6, 8, 11, 16,** 17
§ 823 § 1 Rn. 14; § 2 Rn. 12; § 3 Rn. 62; § 4 Rn. 13, 21, Fn. 35; § 5 Rn. 7, 18, 29; § 6 Fn. 5
§ 826 § 5 Rn. 18
§ 828 § 4 Rn. 47; § 5 Rn. 29
§ 839 § 2 Fn. 8
§ 852 a.F. § 8 Rn. 3
§ 853 § 3 Rn. 26
§ 861 § 4 Rn. 13
§ 869 § 4 Rn. 13
§ 879 § 2 Rn. 10
§ 892 § 4 Rn. 21, 41
§ 893 § 4 Rn. 47
§ 894 § 2 Rn. 9
§ 903 § 4 Rn. 1, 7, 12
§ 929 § 2 Rn. 4; § 4 Rn. 35; § 6 Rn. 7, 38
§ 932 § 4 Rn. 21, 35; **§ 6 Rn.** 7, **30 f.**, 38
§ 935 § 4 Rn. 37; **§ 6 Rn.** 7, **29 ff.**
§ 936 § 4 Rn. 35
§ 937 § 2 Rn. 8; § 4 Rn. 22; § 5 Fn. 26; § 6 Rn. 29
§§ 946–950 § 4 Rn. 23; **§ 6 Rn. 30 ff.**
§ 946 § 4 Rn. 8, 23 f., 37; **§ 5 Rn.** 12, **31**
§ 948 § 4 Rn. 7
§ 950 § 4 Rn. 39; § 6 Rn. 29
§ 951 **§ 4 Rn.** 19, **23 ff.**; § 5 Rn. 12; **§ 6 Rn. 29 ff.**
§ 973 § 4 Rn. 20
§ 977 § 4 Rn. 20
§ 985 § 2 Fn. 2; § 3 Rn. 59; § 4 Rn. 13; § 6 Rn. 28 f., 31; § 5 Rn. 36; § 8 Rn. 1
§ 987 § 4 Rn. 13, 35; § 5 Rn. 33

§ 988 § 6 Fn. 33
§ 989 § 4 Rn. 44, Fn. 51; **§ 5 Rn. 7**, **33**
§ 990 § 4 Rn. 13; § 5 Rn. 33
§ 991 § 4 Rn. 35
§ 993 § 4 Fn. 16, Rn. 35
§§ 994 ff. § 4 Rn. 30
§ 994 § 4 Rn. 30
§ 996 § 4 Rn. 30, 42
§ 1000 § 4 Rn. 30
§ 1001 § 4 Rn. 42
§ 1004 § 5 Rn. 12
§ 1006 § 2 Rn. 8
§ 1007 § 4 Rn. 13; § 5 Rn. 7
§ 1030 § 4 Rn. 12
§ 1163 § 3 Rn. 60
§ 1204 § 4 Rn. 12
§§ 1204 f. § 2 Rn. 6, 11
§ 1253 § 2 Rn. 11
§ 1255 § 2 Rn. 6, 11
§ 1353 § 3 Rn. 40
§§ 1814 f. § 3 Rn. 62
§ 1825 § 3 Rn. 62
§ 1990 § 3 Rn. 26
§ 2083 § 3 Rn. 26
§ 2366 § 4 Rn. 35

FamFG
§ 120 § 3 Rn. 40

GBO
§ 17 § 2 Rn. 10

InsO
§ 103 § 6 Fn. 9

ProstG
§ 1 **§ 3 Rn.** 19, **53**

SchwarzArbG
§ 1 § 3 Rn. 60

StGB
§ 180a § 3 Rn. 61
§ 263 § 2 Rn. 12; § 3 Rn. 62; § 5 Rn. 18
§ 284 § 6 Rn. 39

ZPO
§ 253 § 5 Rn. 26
§ 261 § 5 Rn. 26
§ 286 § 5 Rn. 28

Sachregister

Hauptfundstellen sind fett gedruckt.
abstraktes Schuldanerkenntnis: § 2 Rn. 7
abstraktes Schuldversprechen: § 2 Rn. 7; § 3 Rn. 63
Abtretungsanzeige: § 2 Rn. 9
actio de in rem verso: § 4 Rn. 3
aliud: § 1 Fn. 6
analoge Anwendung
 - des § 817, 2: § 3 Rn. 59
 - des § 819 I: § 5 Rn. 30
 - des § 822: § 6 Rn. 26 f.
Anfechtung: § 3 Rn. 34
 - der Zweckbestimmung: **§ 3 Rn. 18**, 21; § 7 Fn. 27
angestaffelte Zwecke: § 3 Rn. 42
Anstandspflicht vgl. *condictio indebiti*
Anweisung, fehlende: § 7 Rn. 7 ff.
Anweisungsfälle: § 6 Rn. 4, Fn. 3; **§ 7 Rn. 7 ff.**
Arglistige Täuschung: § 5 Rn. 18
Asphaltfall: § 3 Rn. 22
auf Kosten: § 1 Rn. 16 ff.; **§ 4 Rn. 1, 11 ff.**
aufgedrängte Bereicherung: **§ 5 Rn. 5, 12**
Aufrechnung: § 5 Rn. 14, 17, 20; § 7 Rn. 8, Fn. 27
Aufwendungskondiktion: § 7 Fn. 35
Ausschluss der Kondiktion
 - analoge Anwendung des § 817, 2: § 3 Rn. 59
 - wegen Gesetzes- oder Sittenverstoßes: § 3 Rn. 52 ff.; § 6 Rn. 38
 - wegen Kenntnis der Nichtschuld: **§ 3 Rn. 27 ff.**, 34
 - wegen Nichteintritts des Erfolges: § 3 Rn. 43 f.

Bedingung: § 3 Rn. 34, 37; § 4 Rn. 38
Befreiung von einer Verbindlichkeit: § 2 Rn. 11
Behaltensgrund vgl. *causa*
Bereicherung
 - aufgedrängte: § 5 Rn. 12
 - durch Befreiung von einer Verbindlichkeit: § 2 Rn. 11
 - Besitz: § 2 Rn. 8; § 4 Rn. 13; § 5 Rn. 7, 14
 - durch nichtvermögenswerte Vorteile: § 2 Rn. 2
 - durch Nutzungsmöglichkeit: § 2 Rn. 15
 - durch Vermögensmehrung: § 2 Rn. 5 ff.
 - durch Verwertung fremder Sachen und Dienstleistungen: § 2 Rn. 12 ff.
 - durch Schuldanerkenntnis: § 2 Rn. 7
 - und erlangtes „Etwas": § 2 Rn. 3
Bereicherungseinrede: § 2 Fn. 2, Rn. 7; § 3 Rn. 26, 63; **§ 5 Rn. 35 f.**
Besitz: § 2 Rn. 8; § 4 Rn. 13; § 6 Rn. 23, 31
Besitzwert: **§ 5 Rn. 7**, 14
betagte Verbindlichkeit: § 3 Rn. 26
Beweislast
 - für *condictio indebiti*: § 3 Rn. 33
 - für *condictio ob turpem vel iniustam causam*: § 3 Rn. 33
 - für Entreicherung: § 5 Rn. 11
 - für Kenntnis der Bereicherung: § 5 Rn. 28
 - für Kenntnis vom Nichtbestehen der Schuld: § 3 Rn. 27
 - für Nichteintritt des bezweckten Erfolgs: § 3 Rn. 47
 - für Rechtsgrund bei einem Eingriff: § 4 Rn. 17
 - bei behaupteter Schenkung: § 3 Rn. 33

Billigkeit: § 1 Rn. 2; § 3 Rn. 61
Bösgläubigkeit: § 5 Rn. 27 ff.
- des Minderjährigen: § 5 Rn. 29
bona fides: § 3 Fn. 22
Bordellkauf: § 3 Rn. 60 f.
Botenschaft: § 3 Rn. 18, § 7 Fn. 27

causa, einseitig gesetzte: § 3 Rn. 28, 43
commodum, stellvertretendes: § 5 Rn. 5
commodum ex negotiatione § 5 Rn. 5, 22
commodum ex re: § 5 Rn. 5
condictio: § 1 Rn. 1
condictio indebiti: § 1 Rn. 9, 15 f.; § 3 Rn. 8 ff., **25 ff.**
- Kenntnis des fehlenden Rechtsgrunds: § 3 Rn. 28
- Leistung auf sittliche Pflicht oder Anstandspflicht: § 3 Rn. 26
condictio data causa non secuta vgl. *condictio ob rem*
condictio ob causam (datorum) vgl. *condictio ob rem*
condictio ob causam finitam: § 1 Rn. 11, 18; § 3 Rn. 8 f., 31, **34**, 42; § 5 Rn. 32
condictio ob rem: § 1 Rn. 10, 19; **§ 3 Rn. 11 ff.**, 31, **35 ff.**, **48**, 50; § 5 Rn. 32
- Ausschluss: § 3 Rn. 36 f.
- Geschichte: § 3 Rn. 35
condictio ob turpem vel iniustam causam: § 1 Rn. 11
condictio sine causa: § 1 Rn. 7, 13, 15 ff.

datio
- Begriff: § 1 Rn. 1
- *credendi causa* vgl. *datio ob rem* und *datio obligandi causa*
- *donandi causa*: **§ 3 Rn. 10**; § 7 Rn. 2
- *negotii gerendi causa* vgl. *datio ob rem*
- *obligandi causa*: **§ 3 Rn. 12, 48**; § 7 Rn. 2 f.
- *ob rem*: **§ 3 Rn. 11 ff., 23**; § 7 Rn. 2
- *ob turpem vel iniustam causam*: **§ 3 Rn. 13, 49 ff.**
- *solvendi causa*: § 3 Rn. 9 f., 13 f., 23
Deckungsverhältnis: § 6 Rn. 6
Deliktsrecht: § 1 Rn. 14; § 5 Rn. 7; § 8 Rn. 3
dingliche Rechte: § 2 Rn. 6, 10; § 6 Rn. 28
dolo-agit-Einrede: § 5 Rn. 36
donatio non praesumitur: § 3 Rn. 33
Doppelkondiktion: § 6 Rn. 35 f.

Doppelmangel: **§ 6 Rn. 10,** 11 ff., **15**, 23, 26; **§ 7 Rn. 4,** 6, **9 ff., 14, 15.**
Doppelüberweisung: § 7 Rn. 7
Dreiecksverhältnisse: § 3 Rn. 7, 14; **§ 6 Rn. 3 ff.**; **§ 7**
- Arten: § 6 Rn. 33; § 7
Drittleistung vgl. Leistung auf fremde Schuld
Durchgriff: § 4 Rn. 50; § 5 Rn. 21 ff.
- Ausschluss: § 6 Rn. 9 ff., 36 f.; § 7 Rn. 2 ff., 8 ff., 14 ff.
- Gefahren: § 6 Rn. 12 ff., 23, 36
- Zulässigkeit: § 6 Rn. 26 ff., 37; § 7 Rn. 6, 11, 16 f.

Einbaufälle: § 4 Rn. 23 ff., 37; § 6 Rn. 31
Eingriff: § 4 Rn. 7 ff.
Eingriffskondiktion: § 4 Rn. 4, 6 ff.; vgl. auch Verfügung eines Nichtberechtigten
- und Leistungskondiktion: § 4 Rn. 47
- Subsidiarität: § 4 Rn. 47; **§ 6 Rn. 20 ff., 22**
- durch Verbindung, Vermischung, Verarbeitung: § 4 Rn. 23 ff.
- wegen Verfügung eines Nichtberechtigten: § 4 Rn. 34 ff.
- Verjährung: § 8 Rn. 3
Einheitskondiktion: § 6 Rn. 35 f.
Einrede
- dilatorische: § 3 Rn. 26
- der Bereicherung: § 2 Rn. 7; § 3 Rn. 26, 63
- der Dürftigkeit des Nachlasses: § 3 Rn. 26
- Fälligkeit: § 3 Rn. 26
- der unerlaubten Handlung: § 3 Rn. 26
- der Verjährung: § 3 Rn. 26
- peremptorische: § 3 Rn. 26
- Sachmangel: § 3 Rn. 26
einredebehaftete Forderung vgl. Leistung
Einwendung
- Erhaltung der -: § 6 Rn. 10 ff.
- rechtsvernichtend, rechtshindernd: § 3 Rn. 28, 56; § 5 Rn. 8
Einwilligung in Eingriff: § 4 Rn. 18
Einziehung einer Forderung vgl. Verfügung eines Nichtberechtigten
Empfängerhorizont: **§ 3 Rn. 19 ff.**; § 7 Rn. 8, 10, 12
Entreicherung: § 1 Rn. 3, 5; § 2 Rn. 12 f.; § 3 Rn. 20; **§ 4 Rn. 44, 46**; **§ 5 Rn. 8 ff.**, 23

Sachregister

- Zahlung an Dritte zum Erwerb: § 3 Rn. 20
Erfüllungstheorien: § 3 Fn. 14
Erlangtes
- „Etwas": § 2
- nach § 816 I 1: § 4 Rn. 41 ff.
Ersparnis von Aufwendungen: § 2 Rn. 12; § 4 Rn. 43 f.; § 5 Rn. 9, 23
Ersitzung: § 4 Rn. 22
„Etwas": § 2

faktisches Synallagma: § 5 Rn. 13 ff.
Fehlen des Rechtsgrunds: § 3 Rn. 23 f.
fehlende Anweisung: § 7 Rn. 7 ff.
Flugreise-Fall: § 2 Rn. 13; § 5 Fn. 44
Forderungseinziehung vgl. Verfügung eines Nichtberechtigten
Freistellungsanspruch: § 5 Rn. 35
Fund: § 4 Rn. 20

Gegenleistung, Nichtberücksichtigung: § 4 Rn. 45 f.
Gegenleistungskondiktion: § 5 Fn. 24
Geheißerwerb: § 6 Rn. 5, 23
Genehmigung der Verfügung eines Nichtberechtigten: **§ 4 Rn. 38 ff.**, 46, 49; § 5 Rn. 17
- nachträgliche G. einer Forderungseinziehung: § 4 Rn. 48
Gesamtabrechnung: § 5 Rn. 20
Geschäftsführung ohne Auftrag: **§ 3 Rn. 48**; § 4 Rn. 29
Gesetzesverstoß: § 3 Rn. 50 ff.; § 5 Rn. 33
gesetzlicher Erwerb und Rechtsgrund: § 4 Rn. 19 ff.
Gewinnherausgabe: § 4 Rn. 42 f.; § 5 Rn. 1, 6
Girovertrag: § 6 Fn. 1; **§ 7 Fn. 20**
Grundbuchberichtigung: § 2 Rn. 9
Grundbucheintragung: § 2 Rn. 9
gutgläubiger Erwerb: § 4 Rn. 21, 35
gutgläubig lastenfreier Erwerb: § 4 Rn. 35

Handschenkung: § 3 Rn. 10, 23
Hausmeister-Fall: § 3 Rn. 4; § 4 Rn. 8, 27

Innenverhältnis: § 6 Rn. 6
Insolvenz
- des Bereicherungsschuldners: § 5 Rn. 24
- Rückabwicklung in der -: § 6 Rn. 12, Fn. 9

Insolvenzrisiko: § 6 Rn. 10 ff.; § 8 Rn. 2
iustum pretium: § 3 Rn. 52

Jungbullen-Fall: § 6 Rn. 30

Kenntnis des fehlenden Rechtsgrunds: § 3 Rn. 28
Kondiktion: § 1 Rn. 1
- Kondiktion der Kondiktion: § 2 Rn. 7; **§ 6 Rn. 9, 27, 35,** Fn. 18; § 7 Rn. 4, 9 f.
- als persönlicher Anspruch: § 6 Rn. 10

laesio enormis: § 3 Rn. 52
Leistung auf sittliche Pflicht oder Anstandspflicht: § 3 Rn. 26
Leistung: **§ 3 Rn. 2 ff.**; § 6 Rn. 4
- auf angeblich eigene Schuld: § 3 Rn. 32
- auf einredebehaftete Forderung: § 3 Rn. 26
- auf fremde Schuld: § 2 Rn. 11; § 3 Rn. 12, 18, 48; **§ 7 Rn. 2 ff.**
- Definition: § 3 Rn. 4 f.
- unter Vorbehalt: § 3 Rn. 28
Leistungsbegriff: § 3 Rn. 3 ff.
Leistungsketten: **§ 6 Rn. 2 ff.**
Leistungskondiktion: **§ 3**; § 4 Rn. 19, 28
- und Eingriffskondiktion: § 4 Rn. 47
Leistungszweck: **§ 3** Rn. 5 ff., **8 ff.**
Lotteriegewinn: § 4 Rn. 43; § 5 Rn. 4; § 6 Rn. 38

Minderjähriger: § 2 Rn. 8, 10, 15; § 3 Rn. 28, 43; § 4 Rn. 47; **§ 5 Rn. 17, 29**; § 6 Rn. 23, 35; § 7 Rn. 10 f.
mortuus redhibetur: § 5 Rn. 13, 19

Nichtberechtigten, rechtsgrundlose Verfügung des -: § 6 Rn. 34 ff.
Nichtleistungskondiktion: **§ 4**; vgl. auch Eingriffskondiktion und Verwendungskondiktion
nichtvermögenswerte Vorteile: § 2 Rn. 2
Nutzungen, Herausgabe: **§ 5 Rn. 2**, 20
Nutzungsmöglichkeit: § 2 Rn. 14 f.

obligatorische Rechte: § 4 Rn. 14
öffentliches Interesse: § 3 Rn. 62
originärer Eigentumserwerb: § 6 Rn. 29 f.

Prostitutionsgesetz: § 3 Rn. 53

Rang dinglicher Rechte: § 2 Rn. 6, 10
Rechtsfolgenverweisung: § 3 Rn. 12
Rechtsfortwirkungsanspruch: **§ 6 Rn. 28 ff.**, 30; § 8 Rn. 2
Rechtsgrund, fehlender
- bei der Leistungskondiktion: § 3 Rn. 23 f.
- bei der Nichtleistungskondiktion: § 4 Rn. 17 ff.
rechtsgrundlose Verfügung eines Nichtberechtigten: § 6 Rn. 34 ff.
Rechtsgrundverweisung: § 3 Rn. 12, 48; § 4 Rn. 23
Rechtshängigkeit: § 5 Rn. 26
Rückerwerb des Nichtberechtigten: § 4 Rn. 40; § 6 Rn. 36
Rückgriffskondiktion: § 4 Rn. 5
Rücktrittsrecht: § 5 Rn. 19

Saldotheorie: § 5 Rn. 13 ff.
- Arglist: § 5 Rn. 18
- formelle: § 5 Rn. 20
- materielle: § 5 Rn. 13
- Minderjähriger: § 5 Rn. 17
- verfahrensrechtliche: § 5 Rn. 20
- Vorleistung: § 5 Rn. 14 f.
Schäden als Entreicherung: § 5 Rn. 11
Schenkkreis: § 3 Rn. 62
Schenkung: § 3 Rn. 10, 28, 33, 34, 40, 44; § 4 Rn. 44; § 5 Rn. 34
- und Beweislast: § 3 Rn. 33
Schuldanerkenntnis: § 2 Rn. 7; § 5 Rn. 35
Schuldversprechen, abstraktes: § 3 Rn. 63; § 5 Rn. 35
Schwarzarbeit: § 3 Rn. 60
Schwäche des unentgeltlichen Erwerbs: § 4 Rn. 50; § 5 Rn. 22; § 6 Rn. 36
Sittenverstoß: **§ 3 Rn. 49 ff., 52, 61**; § 5 Rn. 31
sittliche Pflicht vgl. *condictio indebiti*
Spiel: § 3 Rn. 62
Stellvertreter: § 3 Rn. 18, 22
stellvertretendes *commodum*: § 5 Rn. 5
Strafgedanke im Bereicherungsrecht: § 3 Rn. 54; § 5 Rn. 18
Subsidiarität der Nichtleistungskondiktion: § 4 Rn. 47; **§ 6 Rn. 20 ff.**, 22
- Ausnahmen: § 6 Rn. 26 ff.
Surrogate, Herausgabe: § 5 Rn. 3 ff., 33
Synallagma: § 5 Rn. 13 ff.

Theorie von der finalen (realen) Leistungsbewirkung: § 3 Fn. 14
Tilgungsbestimmung: § 3 Rn. 15 ff., Fn. 14; vgl. Zweckbestimmung
Tilgungswirkung: § 7 Rn. 8, 12
Titelkauf: § 3 Fn. 55
Treu und Glauben: § 3 Fn. 22, Rn. 58

Überweisung: § 6 Fn. 1; **§ 7 Rn. 7 ff.**
Unentgeltlichkeit vgl. Verfügung eines Nichtberechtigten
unentgeltlicher Erwerb: § 4 Rn. 50; § 5 Rn. 22; § 6 Rn. 36; § 7 Rn. 16
unmittelbare Vermögensverschiebung: § 1 Rn. 16; **§ 4 Rn. 2**
Untervermietung, unberechtigte: § 4 Fn. 17
unverbindliche Motive: § 3 Rn. 38

Valutaverhältnis: § 6 Rn. 6, Fn. 3
venire contra factum proprium: § 3 Fn. 22
Verarbeitung: **§ 4 Rn. 20, 23 ff.**, 39, 42; § 6 Rn. 29
Verbindung: **§ 4 Rn. 20, 23 ff.**
Verfügung: § 4 Rn. 34
Verfügung eines Nichtberechtigten: § 4 Rn. 6 ff., 34 ff.
- analoge Anwendung des § 819 I: § 5 Rn. 30
- durch Forderungseinziehung: § 4 Rn. 48 f.
- durch Vermietung oder Verpachtung: § 4 Rn. 35
- Folgen: § 5 Rn. 27 ff.
- unentgeltliche: § 4 Rn. 40 f.; **§ 4 Rn. 50 f.**; § 5 Rn. 21 ff.
Verjährung: § 5 Rn. 35; **§ 8**
Vermengung: **§ 4 Rn. 20, 23 ff.**
Vermietung als Verfügung vgl. Verfügung eines Nichtberechtigten
Vermischung: **§ 4 Rn. 20, 23 ff.**
Vermögensmehrung: § 2 Rn. 5 ff.
Vermögensverschiebung, unmittelbare: § 1 Rn. 15 ff.
verschärfte Haftung: § 5 Rn. 25 ff.
- nach Bösgläubigkeit: § 5 Rn. 27 ff.
- nach Rechtshängigkeit: § 5 Rn. 26
- nicht voll Geschäftsfähiger: § 5 Rn. 29
Verschulden (bei Gesetzes- und Sittenverstoß): § 3 Rn. 53 f.
Versendungskauf: § 5 Rn. 15, 17
Versicherungsvertrag: § 7 Rn. 14 ff.
Versionsklage: **§ 4 Rn. 2, 3**, 50; § 5 Rn. 21 ff.; § 6 Rn. 25 f.
Vertrag zugunsten Dritter: § 7 Rn. 13 ff.

Vertreter: § 3 Rn. 18, 22
Verwendungen: § 4 Rn. 30
Verwendungskondiktion: **§ 4 Rn. 4,** 10, **27 ff.**
Verwertung fremder Sachen und Dienstleistungen: § 2 Rn. 12 ff.
Vindikation: § 3 Rn. 59; § 5 Rn. 16; § 8 Rn. 1 f.
Voraussetzung: § 3 Rn. 39
Vorleistung: **§ 5 Rn. 14 f.**; § 6 Rn. 21, 14; § 7 Rn. 5
vorzeitige Tilgung einer Verbindlichkeit: § 3 Rn. 26

Wahlrecht des Vorgehens im Dreipersonenverhältnis: § 3 Rn. 32; § 6 Rn. 14, 27
Wegfall der Geschäftsgrundlage: **§ 3 Rn.** 38, 40, **42**
Wertersatz: § 4 Rn. 44 f.; § 5 Rn. 1, 6, 34
Wettbewerbsverbot: § 4 Rn. 16
Widerrufsrecht: § 5 Rn. 19
Wucherdarlehen: **§ 3 Rn. 51**, 52, 58, **64**

Zahlung vgl. Leistung
 - unter Vorbehalt: § 3 Rn. 28

Zahlungsauftrag: § 7 Rn. 7
Zahlungsdiensterahmenvertrag: § 7 Rn. 7, Fn. 20
Zahlungsdiensterichtlinie: **§ 7 Rn.** 7, **12**
Zinsen: § 3 Rn. 51, 64; § 5 Rn. 2, 33
Zug-um-Zug-Verurteilung: § 4 Rn. 38
Zuvielüberweisung: § 7 Rn. 11
Zurückbehaltungsrecht: § 6 Rn. 13
Zuweisungstheorie: § 4 Rn. 11 ff.
 - absolute Rechte: § 4 Rn. 12
 - Besitz: § 4 Rn. 13
 - obligatorische Rechte: § 4 Rn. 14 ff.
Zuwendung: § 3 Rn. 7; § 6 Rn. 4, 6
Zuwendungskondiktion: § 6 Fn. 12
Zweckbestimmung: § 3 Rn. 15 ff.
 - Anfechtung: **§ 3 Rn. 18**, 21
 - Änderung, nachträgliche: § 3 Rn. 32
 - Anstaffelung: § 3 Rn. 42
 - durch Dritte nach § 267: § 3 Rn. 18; § 7 Rn. 2
 - einseitige: § 3 Rn. 43 f.
 – Geschäftsfähigkeit: § 3 Rn. 18
 - Minderjährige: § 3 Rn. 18
 - Nachholen: § 3 Rn. 18, 21
 - nachträgliche: § 3 Rn. 32
 - Stellvertretung: § 3 Rn. 18
Zweckvereinbarung: § 3 Rn. 17, 44
Zweikondiktionentheorie: § 5 Rn. 17 f.

The manufacturer's authorised representative in the EU is Springer Nature Customer Service Centre GmbH, Europaplatz 3, 69115 Heidelberg, Germany. If you have any concerns regarding our products, please contact ProductSafety@springernature.com

Printed and bound by CPI Group (UK) Ltd, Croydon, CR0 4YY
23/03/2026
02076397-0020